O SEGREDO DOS BÓRGIAS

O LIVRO FECHADO

WILLIAM LE QUEUX

O SEGREDO DOS BÓRGIAS

O LIVRO FECHADO

Tradução
Gabriela Peres Gomes

Principis

Esta é uma publicação Principis, selo exclusivo da Ciranda Cultural
© 2021 Ciranda Cultural Editora e Distribuidora Ltda.

Traduzido do inglês
The closed book - concerning the secret of the Borgia

Texto
William Le Queux

Editora
Michele de Souza Barbosa

Tradução
Gabriela Peres Gomes

Revisão
Nair Hitomi Kayo

Produção editorial
Ciranda Cultural

Diagramação
Linea Editora

Design de capa
Ana Dobón

Imagens
Unholy Vault Designs/shutterstock.com

Dados Internacionais de Catalogação na Publicação (CIP) de acordo com ISBD

Q5s	Queux, William Le
	O segredo dos Bórgias: O livro fechado / William Le Queux ; traduzido por Gabriela Peres Gomes. – Jandira, SP : Principis, 2021. 320 p. ; 15,5cm x 22,6cm. - (Clássicos da Literatura Mundial)
	Tradução de: The closed book: Concerning the secret of the Borgias ISBN: 978-65-5552-551-9
	1. Biografia. 2. Bórgias. I. Gomes, Gabriela Peres. II. Título. III. Série.
2021-2231	CDD 920 CDU 929

Elaborado por Vagner Rodolfo da Silva - CRB-8/9410

Índice para catálogo sistemático:
1. Biografia 920
2. Biografia 929

1ª edição em 2021
www.cirandacultural.com.br

Sumário

Que diz respeito principalmente a um corcunda

Esses fatos estranhos nunca teriam sido registrados, nem este capítulo emocionante de uma vida atribulada teria sido escrito, se não fosse por duas razões: a primeira porque a descoberta que fiz foi considerada de grande importância para cientistas, bibliófilos e para o mundo como um todo; e, a segunda, porque é o desejo de minha querida esposa, que, a fim de ser expiada aos olhos de amigos e inimigos, não quer que nada seja escondido, desvirtuado ou ocultado.

De fato foi um dia memorável aquele em que parei diante da casa branca e quase desprovida de janelas do prior da San Sisto e bati duas vezes na porta lisa e pintada de verde. A cidade de Florença, fustigada pelo sol e suavizada pelo tempo, estava silenciosa, reluzente e deserta na tarde escaldante de um dia de julho. Os florentinos haviam fugido para as montanhas em busca de ar. As persianas, ou cortinas, estavam baixadas por toda a parte, as lojas fechadas, as pessoas cochilando e o silêncio sendo quebrado apenas pela melodia cálida das cigarras chilreando nas árvores ressequidas no fim do extenso rio Arno.

Como muitas outras cidades da Toscana, esta se assomava com longas fileiras de palácios altos com afrescos esculpidos de frente para o rio marrom, com seu magnífico domo e campanário, as ruas pitorescas do século XIV e a Ponte Vecchio medieval, todos constituindo uma relíquia lúgubre e imponente das glórias de outrora. Em muitos pontos, seu aspecto pouco havia se alterado desde os tempos do antigo *quattrocento*, quando era o centro de todas as artes e a poderosa rival de Veneza e Gênova, embora seu comércio tenha decaído e seu poder, partido. O Leão e a Flor-de-Lis de Florença estampados em uma bandeira não são mais temidos como o eram antigamente, nem mesmo pelos corsários sanguinários, e os ricos brocados, veludos e armas finamente revenidas florentinos não estão mais sendo solicitados nos mercados ao redor do mundo.

À parte da afluência de turistas, é uma das cidades mortas da Europa. O comércio moderno passa despercebido; seu próprio nome seria esquecido se não fosse por aquelas maravilhosas obras de arte em suas galerias e ruas.

Sempre amei a pitoresca e antiga cidade, desde que era criança, quando meu pai, um oficial aposentado da marinha britânica, morava naquela casa antiga com afrescos marrons na via di Pinti, em épocas passadas, antes de os bondes a vapor estridentes terem chegado a Prato ou de o esplêndido Palazzo Riccardi ter sido profanado pelo governo. Aos 14 anos de idade, parti daquelas ruas pitorescas e tranquilas, com suas lógias frescas e pátios silenciosos e revestidos de musgo, e segui rumo à agitada Paris, e em seguida morei e trabalhei em Londres. Então, depois de uma ausência de quase vinte anos, voltei a morar em minha amada Toscana, perto do Mediterrâneo, em Livorno, a cerca de sessenta quilômetros da cidade medieval da minha infância. Seria, portanto, surpreendente que o ânimo com frequência me impelisse a revisitar os antigos lugares que conheci quando era menino? Encontrei-os todos inalterados – na verdade, nada muda em "Firenza la

Bella", exceto as fortunas de sua nobreza arruinada e a profusão de hotéis extravagantes para acomodar estrangeiros.

Eu era uma espécie de antiquário e, ao longo de muitos anos, vim colecionando manuscritos medievais em pergaminho, capítulos antigos, diplomas, escrituras públicas e documentos do tipo, nenhum datando de período posterior ao século XV. Devo admitir que decifrar o trabalho dos antigos escribas é uma tarefa demasiado enfadonha; no entanto, é um trabalho do qual se passa a gostar, e o paleógrafo é sempre um entusiasta. Nos passatempos, deve-se sempre combinar vantagem e diversão e buscar obter lucro com algo prazeroso.

Minha coleção de pergaminhos recendendo a mofo e rolos de documentos de velino dobrados, com seus formidáveis lacres de cera ou chumbo; de pesados livros de velino encadernados em tábuas de carvalho e relevos de bronze, ou minúsculos livrinhos missais com iluminuras, escritos tão diminutamente que quase se fazia necessário usar um microscópio para lê-los, não era atrativa para muita gente. A maioria dos meus amigos os considerava apenas livros e pergaminhos antigos e indecifráveis, sem interesse e sem valor. Eles se perguntavam se, estando continuamente ocupado escrevendo romances em minha escrivaninha, eu deveria assumir uma tarefa tão maçante.

Tinha sido esse amor por colecionar que me levara a conhecer Francesco Graniani, um velhinho corcunda excêntrico, que era uma espécie de vendedor de antiguidades itinerante. Com a barba por fazer, muito maltrapilho e não particularmente limpo, trajava sempre o mesmo terno desbotado e sem graça, e, fosse verão ou inverno, usava o mesmo chapéu de palha descorado pelo sol desde que o conheci, anos antes.

Frequentemente, essa figura estranha e bastante trágica me encontrava nas ruas ensolaradas de Livorno, erguia o chapéu surrado de forma respeitosa e, levando-me para um canto, tirava misteriosamente de seu bolso uma carta em pergaminho lacrada, algumas folhas de um saltério medieval, ou talvez um códice com iluminuras, ou então um livro missal com miniaturas pintadas. Onde ele conseguia tais preciosidades, não descobri até hoje. Ninguém sabia quem era o velho ou onde morava; ele era um completo mistério.

Certa manhã, ao cruzar a grande praça, encontrei-o e ele me informou, com seu jeito estranho e misterioso, sobre a existência de um manuscrito muito raro e interessante que estava em posse do prior da antiga igreja de San Sisto, em Florença.

– Se o *signore* for para *Firenze*, o padre Landini sem dúvida permitirá que veja o livro de pergaminhos – declarou ele. – Diga a ele que este é o desejo de Francesco Graniani.

– Mas do que se trata o manuscrito? – perguntei.

– Não sei nada quanto a isso – respondeu de forma evasiva –, exceto que acredito que um dia já pertenceu ao Mosteiro de Certosa. Fiquei sabendo disso ontem à noite e pensei que talvez pudesse ser de seu interesse.

Certamente era. Qualquer descoberta desse tipo sempre me atraiu – estava constantemente à procura de um único fólio original de Dante.

Com o intuito de analisar o tesouro paleográfico, no dia seguinte peguei o trem para Florença e, uma hora depois de minha chegada, bati com certo receio na porta verde do prior.

A comprida igreja cinza, uma das mais velhas daquela antiga cidade, ficava em uma pequena praça ao lado da via San Gallao, e era contígua à casa do prior, uma construção comprida e baixa do século XIV, com janelas altas em cruz e um maravilhoso jardim do velho mundo na parte dos fundos.

Em resposta às minhas batidas, apareceu uma empregada magra, de rosto amarelo e língua afiada, e quando perguntei sobre o padre, fui imediatamente convidado a entrar em um grande salão de pedra, fresco e escuro, comparado ao sol radiante do lado de fora.

– Macacos me mordam! Teresa, quem veio me incomodar agora? – ouvi um homem perguntar com raiva de uma porta no fim do corredor escuro.

– Eu não disse a você que só estaria em casa depois da missa de amanhã? Mas que raios, Teresa!

Gaguejei um pedido de desculpas para a mulher de rosto encovado, mas no mesmo instante vi emergir da sala uma figura enorme, quase gigantesca, trajando uma longa batina preta e um barrete.

– Ah, *signore*? – chamou-me em tom de desculpas assim que me avistou. – Faça o favor de me desculpar. Tantos dos meus pobres vêm aqui suplicar que às vezes sou obrigado a fingir que não estou. Entre! Entre! – Então, voltou-se para a governanta e acrescentou em tom de censura: – Teresa, que falta de modos a sua! Como pôde deixar este cavalheiro parado no corredor como um mendicante? O que o *signore* deve estar pensando... e é estrangeiro, ainda por cima!

Em um instante, eu e o reverendíssimo Bernardo Landini já havíamos nos tornado amigos. Percebi que ele era completamente genuíno, uma estranha mistura de bom companheirismo e piedade. Suas proporções eram colossais. O rosto bem barbeado era perfeitamente redondo, revigorado e de compleição quase juvenil. Os olhos escuros cintilavam de alegria, a barriga era enorme e trazia a indicação muda de um apetite saudável. A mão grande tinha um aperto vigoroso e, ao falar, o homem aspirava seus "e's", o que indicava que era um florentino de nascença.

Depois que expliquei que meu nome era Allan Kennedy e que ficara sabendo dele por meio do giboso de Livorno, o homem pegou uma grande caixa de rapé de chifre, abriu-a ruidosamente e me ofereceu uma pitada.

– Ah! – comentou. – O *signore* é britânico, mas ainda assim fala tão bem o nosso toscano?

Agradeci o elogio e contei a ele que havia passado a juventude em Florença, e era quase um florentino de coração.

Isso o agradou imensamente e, a partir do momento que insinuei meus gostos por antiguidades, ele se pôs a tagarelar como um entusiasta.

O cômodo em que eu estava, escurecido por suas cortinas fechadas, era certamente estranho, pequeno e tão abarrotado de antiguidades de todos os tipos e formatos que mal havia espaço para se mexer. Sobre a velha escrivaninha imperial em que ele se sentara, havia um pequeno crucifixo de latão de aparência requintada, e ao redor pendiam antigas pinturas de cunho religioso – santos, *pietàs*, retratos do Redentor e uma porção de telas grandes estendendo-se do chão ao teto, evidentemente de altares de igreja. As cadeiras eram do século XV, pesadas, maciças e revestidas de couro estampado; as mesas eram da época do Renascimento; e o perfeito caos de objetos de arte valiosos armazenados ali era, para um colecionador como eu, absolutamente desconcertante.

E no meio de tudo isso, sentado à sua mesa, estava o clérigo corpulento e sorridente, vez ou outra enxugando a testa com um grande lenço vermelho, recostando-se na cadeira para rir e conversar comigo.

Porém, quando mencionei que havia sido enviado pelo velho corcunda de Livorno, sua expressão ficou séria de súbito e, com um suspiro baixo, ele disse:

– Ah, pobre Francesco! Pobre camarada!

– Você o conhece bem, *signor priore* – comentei. – Conte-me sobre ele. Estou muito ansioso para saber quem e o que ele realmente é. Ele sempre foi um mistério para mim.

Mas o prior robusto meneou a cabeça e respondeu com uma voz bastante dura:

– Não, *signore*. Lamento, mas minha boca é um túmulo.

Sua resposta foi estranha e me levou a suspeitar de que meu novo amigo estava envolvido em algum segredo sério. Portanto, percebendo que sua decisão era resoluta, abandonei o assunto, embora estivesse mais interessado do que nunca no velho excêntrico e deformado que me intrigava havia tanto tempo.

Meu amigo, o padre, me levou para conhecer sua esplêndida coleção e me mostrou uma verdadeira confusão de antiguidades valiosas: uma Madonna de Andrea del Sarto, uma Sagrada Família de Tintoretto, um exemplar pequeno, porém primoroso, daquela arte perdida de Luca della

Robbia, e uma miríade de tapeçarias velhas, artigos de ferro medievais e móveis entalhados.

Em um cômodo adiante estava armazenada uma coleção esplendorosa de armaduras florentinas: elmos, peitorais, manoplas e lanças de cavalaria, com uma pilha de espadas antigas, rapieiras e punhais. Apanhei vários itens para examiná-los e descobri que eram, sem exceção, obras esplêndidas de armeiros espanhóis, e na maioria das lâminas bem temperadas se viam os símbolos conhecidos de Blanco, Martinez, Ruiz, Tomas e Pedro de Lezama.

Alguns dos exemplares eram maravilhosamente incrustados com latão e cobre; e a coleção parecia ser expressiva, variando das espadas de punhos em cruz dos etruscos até as finas rapieiras espanholas do século XVII.

Um terceiro cômodo, ainda mais adiante, era o quarto do padre, e até mesmo este estava tão apinhado de curiosidades e quinquilharias que mal havia espaço para entrar.

Acima da pequena cama estreita havia um crucifixo antigo de bronze, posicionado sobre um fundo de madeira entalhada coberto com brocado roxo antigo, ao passo que as paredes caiadas de branco estavam quase escondidas atrás da profusão de pinturas religiosas. O piso de tijolinhos vermelhos não tinha carpete, assim como o de todos os outros cômodos; mas toda a mobília era velha, e sobre as cadeiras amontoavam-se sedas e veludos dos teares genoveses do século XVII – uma profusão fantástica de relíquias das antigas glórias da Itália.

O prior sorriu diante das minhas exclamações de surpresa enquanto, com um olhar penetrante e perscrutador, eu analisava com entusiasmo cada objeto. Então, quando comentei sobre o valor dos objetos de arte com os quais sua morada despretensiosa estava abarrotada, ele respondeu:

– Fico muito feliz, *signore*, por você sentir tanto interesse pelas poucas coisas que tenho. Sou um entusiasta, assim como você, e talvez por conta de minha vocação, eu receba recursos excepcionais para colecionar. Aqui, na minha paróquia assolada pela pobreza, há muitas antiguidades armazenadas tanto nas cabanas quanto nos palacetes, e os *contadini* das zonas rurais, mesmo além da comuna de Pistoia, preferem trazer seus tesouros a mim em segredo a oferecê-los diretamente ao penhorista.

– Mas Graniani me disse que você descobriu um manuscrito de caráter extraordinário. Tenho uma pequena coleção; sendo assim, poderia me conceder uma permissão para analisá-lo? – perguntei, abordando o assunto com cuidado.

– Certamente que posso – respondeu ele, após o que parecia um momento de hesitação. – Está no cofre de meu escritório. Vamos voltar para lá. – E segui sua silhueta corpulenta de volta ao pequeno cômodo onde ficava a escrivaninha com o crucifixo, sobre a qual estavam uma Bíblia pesadamente encadernada e um livro missal.

Mas enquanto eu seguia atrás dele, incapaz de ver seu rosto, fiquei surpreso com o tom do comentário que proferiu, como se estivesse falando sozinho:

– Então Francesco contou a você sobre o livro, é? Ah!

Falou como se sentisse uma raiva reprimida pelo fato de o velho corcunda excêntrico ter traído sua confiança.

O padre e o livro

O prior mais uma vez enxugou o rosto redondo com o lenço vermelho e, tirando uma chave do bolso, enfiou-a na fechadura do cofrinho antiquado. Alguns instantes depois, tinha em mãos o precioso manuscrito para minha análise.

Era um fólio grosso, encadernado em suas tábuas de carvalho originais, revestidas com um couro roxo e desbotado que havia desaparecido em alguns pedaços. Para maior proteção, foram adicionados grandes relevos de latão descorados, comuns nas encadernações do século XV, mas a madeira em si estava se deteriorando rapidamente; a encadernação tinha uma aparência tristemente gasta e surrada, e o pesado volume só parecia estar se mantendo inteiro graças ao grande fecho de latão.

O prior o colocou diante de mim na mesa e, com dedos ansiosos, desprendi o fecho e abri o livro. Assim que meus olhos recaíram sobre as folhas de pergaminho, reconheci que se tratava de um manuscrito muito raro e notável do século XIV, e de súbito fui invadido pelo desejo de tê-lo em minha posse.

Escrito pelo monge Arnoldus de Siena, era lindamente composto por caracteres góticos uniformes, com capitulares vermelhas e azuis, e ornamentado com uma série de desenhos curiosos em dourado e outras cores representando os sete pecados capitais. Na primeira página havia uma longa capitular quadrada em dourado; e embora fosse escrito com as contrações comuns da época, consegui decifrar as primeiras linhas em latim:

Arnoldus Cenni de Senis, professus in monasterio Viridis vallis canon regul. S. Augustini in Zonie silva Camerac. dioec. Liber Gnotosolitos de septem peccatis mortalibus, de decem praeceptis, de duodecim consiliis evangelicis, de quinque sensibus, de simbolo fidei, de septem sacramentis, de octo beatitudinibus, de septem donis spiritus sancti, de quatuor peccatis ad Deum clamantibus..., etc.

No topo da primeira página, escrita com letra cursiva em tinta marrom e datando de um período posterior, estava a inscrição:

Liber canonicor. regul. monasterii S. Maynulfi in Bodeke prope Paderborn. Qui rapit hunc librum rapiant sua viscera corvi.

A introdução mostrava que o esplêndido manuscrito fora escrito pelo próprio monge de Siena, na Abadia de São Paulo em Groenendale. A data foi determinada pelo "Expresso": "*Iste liber est mei Fris Arnoldi Cenni de Senis Frum ordis B'te Marie carmelo. Ouem ppria manu scripsi i anno dni MoCCCoXXXIX. die. XXVIII. Maij. Finito libro Reseram' gra Xo.*"

Realmente, não sei por que senti tanto interesse pelo volume, pois as iluminuras eram claramente obra de um iluminador flamengo, e eu já havia encontrado muitas mais louváveis na obra dos escribas normandos.

Talvez fosse por conta do caráter singular das gravuras; talvez pela raridade do trabalho; porém, mais provavelmente, porque, no fim do livro, cerca de cinquenta folhas haviam sido deixadas em branco, como era praxe em manuscritos daquela época, e sobre elas, em uma caligrafia cursiva estranha e complexa, havia um longo registro que despertou minha curiosidade.

Como todo colecionador de manuscritos sabe, às vezes encontramos inscrições curiosas nas páginas em branco dos livros de velino. Antes de a arte da impressão ter sido descoberta, quando o uso do papel não era comum e os pergaminhos e velinos eram caros, cada centímetro deles era preenchido, e um registro destinado a ser permanente geralmente era escrito na frente ou no verso de algum volume precioso. Sendo assim, a visão dessas cem páginas ou mais preenchidas por uma escrita de aparência estranha em tinta marrom desbotada, grafada com muitos floreios descendentes, desiguais e complexos se comparados à notável regularidade dos escritos do velho monge sobre os sete pecados, despertou em meu interior uma avidez por decifrá-la.

Livros missais, saltérios, ofícios de Nossa Senhora e códices dos santos Agostinho, Bernardo, Ambrósio e outros podem ser encontrados em qualquer coleção particular; portanto, meu objetivo sempre foi adquirir manuscritos originais. O volume em si era de fato um tesouro, e seu apelo foi multiplicado por dez graças àquelas páginas de caligrafia espremida e quase desbotada, provavelmente escritas um século depois do restante do livro, e com uma tinta diferente da usada pelo velho monge.

– Bem, *signore* – disse o prior, depois de eu ter passado alguns minutos em silêncio debruçado sobre o livro –, qual é a sua opinião? Você é um especialista, é claro, ao contrário de mim. Não sei nada sobre manuscritos.

A franqueza dele me agradou. Não tentou expor seus méritos ou tecer críticas sem ter bases para sustentar suas declarações.

– Um códice muito interessante – declarei com a mesma franqueza. – Não me recordo de ter me deparado com algo de Arnoldus antes. E, pelo que me lembro, Quain não o menciona. Como isso veio parar em suas mãos?

Landini permaneceu em silêncio. O rosto enorme e redondo, tão diferente dos semblantes cinzentos e encovados da maioria dos padres, assumiu uma expressão misteriosa, e seus lábios se contraíram por um instante. Percebi sua hesitação e, lembrando-me do que ele havia me contado sobre as pessoas da vizinhança que o procuravam em segredo e lhe vendiam suas posses mais preciosas, vi que minha pergunta não era exatamente justa. Em vez de responder, ele apenas comentou que, se eu tivesse interesse em adquirir o volume, ele estaria aberto a negociações. Então, acrescentou:

– Eu acho, meu caro *signore*, que quando nos conhecermos melhor, gostaremos um do outro. Sendo assim, posso muito bem lhe dizer que, além do ofício sagrado que exerço, também comercio antiguidades. Você provavelmente vai me condenar, assim como metade de Florença já fez. Mas certamente não pode representar uma desgraça para o hábito que uso, não é? Do sacrílego governo recebo o magnífico estipêndio de mil liras (quarenta libras) por ano. – Soltou uma risada um pouco amargurada. – É possível que um homem viva com isso? Tenho pai e mãe ainda vivos, aquelas queridas e velhas almas! *Babbo* tem 81 anos e minha mãe, 78. Eles moram nas cinco vias no Val d'Ema, na antiga casa de fazenda onde nasci. Com os lucros que ganho no comércio de antiguidades, consigo mantê-los e a mim mesmo com grande dificuldade, e sobra apenas uma ninharia para dar aos pobres merecedores da minha paróquia. *Você* me acha culpado, *signore*?

Como eu poderia? Sua franqueza encantadora, tão típica dos padres toscanos, mas tão diferente dos comerciantes toscanos, me deu uma ideia de seu verdadeiro caráter. A extrema simplicidade de sua casa sem carpete e sem conforto, o desfiado andrajoso de sua batina e a condição lastimável de seus enormes sapatos de fivela eram indícios mudos de sua vida difícil. Por outro lado, entretanto, tinha o rosto de um homem extremamente satisfeito. Sua coleção era tal que, se vendida na Christie's, renderia milhares e milhares de libras; não obstante, sendo ele mesmo um antiquário, era apegado, ao que parecia, a uma grande parcela dela, e não se desfaria de muitos de seus tesouros.

Eu lhe disse que sentia admiração, e não repreensão, por seus negócios como comerciante, e então ele me explicou com franqueza que seu método de venda não consistia em levar em conta o valor comercial do objeto, e sim obter um pequeno lucro sobre a quantia que tinha pagado por ele.

– Acredito que esse método funcione melhor – declarou ele –, pois assim posso prestar um serviço aos que se encontram em uma situação difícil e, ao mesmo tempo, ganhar o suficiente para suprir as necessidades da minha família. Sou completamente ignorante a respeito do valor de muitas das coisas. Este manuscrito, por exemplo, comprei por cem francos. Se você me der cento e vinte e cinco e achar que vale, ficarei muito satisfeito. O valor parece bom para você?

Bom para mim! Meu coração foi parar no céu da boca. Se ele tivesse sugerido cinquenta libras em vez de cinco, ainda assim eu teria cogitado. Tanto Quaritch em Londres, quanto Rosenthal em Munique ou Olschki em Florença ficariam, tenho certeza, ávidos para comprá-lo por pelo menos cem libras. Manuscritos como aquele não eram colocados à venda todos os dias.

– O valor não é nem um pouco elevado – respondi. – Na verdade, é mais baixo do que eu esperava. Portanto, o livro é meu. – E tirando a carteira do bolso, contei e entreguei a ele uma dúzia ou mais daquelas notinhas gastas que constituem o dinheiro da Itália, para as quais ele rabiscou um recibo em um pedaço de papel que tinha apanhado no chão, um gesto que mostrou que ele era tão pouco convencional quanto franco e honesto em suas negociações.

Negociantes de antiguidades de qualquer ramo, sejam pinturas, porcelanas, móveis ou manuscritos, são – com exceção de empresas conhecidas – em sua maioria pessoas inescrupulosas do pior tipo; portanto, foi agradável adquirir um produto mediante tamanha franqueza e transparência.

Quando ele me entregou o recibo, porém, pensei ter detectado uma expressão estranha e misteriosa em seu rosto grande e sorridente quando disse:

– Agradeço-lhe, meu caro *Signor* Kennedy, por seu mecenato, e espero que você nunca se arrependa desta compra… nunca.

Ele parecia enfatizar as palavras em um tom que não lhe era comum. Ocorreu-me que o manuscrito poderia ser, afinal, uma falsificação alemã perspicaz, como muitos são, e que sua autenticidade já houvesse sido posta em dúvida. Entretanto, se fosse o caso, eu tinha certeza de que aquele homem nunca desonraria seu ofício me enganando de forma consciente.

Ainda assim, o mistério em sua forma de agir me intrigou, e vejo-me obrigado a confessar que minha confiança nele ficou um tanto abalada.

Sua recusa em me contar qualquer coisa a respeito do velho corcunda feio, cujas ordens ele tinha obedecido ao me mostrar o livro, e sua relutância em me dizer onde ele o havia conseguido, foram circunstâncias curiosas que invadiram minha mente. Também me ocorreu que muito provavelmente Graniani fosse apenas um agente daquele clérigo negociante de antiguidades, responsável por seus bolsos estarem sempre cheios de manuscritos preciosos, fragmentos de porcelanas valiosas, miniaturas e coisas desse tipo.

Entretanto, se o *Livro de Arnoldus* fosse realmente genuíno, eu havia pagado um preço ridiculamente baixo por tamanho tesouro. Não duvidei por um momento de sua autenticidade; portanto, um sentimento de intensa satisfação prevaleceu acima de tudo.

Ele me mostrou vários outros manuscritos, incluindo um *De Vita Solitaria*, de Petrarca, do século XV, um livro missal repleto de iluminuras datando mais ou menos da mesma época, e *Evangelia quatuor*, os quatro evangelhos, de um século anterior aos outros itens; mas nenhum deles me atraiu tanto quanto o grande volume que eu tinha comprado.

Então, a meu pedido, ele me guiou ao longo do corredor escuro e através de uma porta lateral até o interior da bela igreja antiga, onde a luz era fraca em conformidade com as antigas pinturas rafaelitas desbotadas pelo tempo e com as douraduras opacas que revestiam o teto e o altar. O ar estava carregado com o cheiro de incenso, e o único som além do eco de nossos passos era o gorjeio insolente de um pássaro que se abrigava do sol escaldante. Era um lugar antigo, construído em 1089 pelos florentinos para comemorar suas vitórias em 6 de agosto, dia de São Sisto.

Fazia mais de vinte anos que eu não entrava lá. Lembro-me de ter estado ali em minha juventude, porque estava apaixonado por uma modista de olhos escuros da via Dante que ia à missa regularmente. O passado surgiu à minha frente e sorri diante daquele amor esquecido da minha juventude ardente. O prior destacou objetos interessantes não mencionados nos livros-guia vermelhos, visto que ele era o único que os conhecia. Mostrou-me as esplêndidas tumbas esculpidas das famílias nobres Cioni e Gherardesca, sobre as quais jaziam os cavaleiros com armadura; a Madonna de Fra Bartolommeo; os curiosos afrescos da sacristia e outros objetos que nós dois achávamos interessantes. Então, levando-me de volta para a casa dele, saímos para o jardim emaranhado do velho mundo, um lugar abandonado e repleto de ervas daninhas, com laranjeiras e figueiras, estátuas quebradas e cobertas de musgo e uma lógia comprida e fresca revestida de vinhas carregadas.

Juntos, nos sentamos em um banco a uma sombra bem-vinda, e aos nossos pés os lagartos corriam pelas lajes brancas e gastas pelo caminhar de gerações. Padre Bernardo aceitou o longo charuto toscano que ofereci a ele; e, ao chamar a velha Teresa para trazer uma vela, ambos acendemos, pois o ato de acender uma "Virginia" na Itália é, como se sabe, uma arte em si. Ele me confidenciou que amava fumar, a única indulgência que se permitia. E então, enquanto relaxávamos, vencidos pelo calor e esforço do dia, conversamos sobre antiguidades, e ele me contou algumas estranhas histórias dos tesouros que, em várias ocasiões, haviam saído de suas mãos direto para as galerias nacionais ou para os ricos visitantes americanos.

Uma dezena de vezes tentei tirar dele a história do velho códice de pergaminho que eu acabara de comprar, porém sem sucesso. Ele havia estabelecido como regra, disse-me com franqueza, nunca divulgar com quem conseguia os objetos que tinha para vender, e se ele não fosse um clérigo, eu certamente teria desconfiado de que fosse um receptor de itens roubados.

A velha Teresa, trajando um avental azul e arrastando os pés sobre as pedras, voltou de imediato para junto do mestre, informando-o de que alguém o aguardava para se confessar; portanto, meu amigo, desculpando-se, jogou fora o charuto, fez o sinal da cruz e se apressou de volta ao seu dever sagrado. Ele era um homem estranho, de fato; charmoso, mas em alguns momentos austero, reservado e misterioso.

Sozinho e ainda fumando, continuei sentado onde ele havia me deixado. À frente, o jardim repleto de frutas e flores era delimitado pela antiga parede de estuque da igreja, em torno da qual, em uma linha sobre as janelas, corria uma fileira de lindos medalhões de della Robbia, escondidos do resto do mundo.

Quando eu tinha comentado sobre sua beleza com Landini, ele havia suspirado e dito:

– Ah, *signore*, se eu pudesse vendê-los e pagar a restauração da minha igreja! Cada um deles vale pelo menos mil libras esterlinas, pois são exemplares ainda melhores do que os do Hospital Foundling. Um ano atrás, o Museu do Louvre, em Paris, ofereceu-me vinte mil francos pelo que está à direita ali naquele canto.

Sim, o ar do antigo lugar exalava a uma época passada, a era da Renascença na Itália, e fiquei sentado ali meditando enquanto fumava, tentando compreender o caráter do homem corpulento e de respiração pesada que naquele momento tinha entrado no confessionário, e imaginando qual poderia ser sua ligação com Francesco Graniani.

No lado oposto, bem à minha frente, havia uma janelinha quadrada de treliça com um vidro verde envelhecido, perto da qual, eu sabia, ficava o confessionário; e de repente, não sei por que, meu olhar recaiu ali, e o que vi prendeu minha atenção.

Houve um vislumbre branco atrás do vidro por um instante, que em seguida desapareceu. Mas não, entretanto, antes de eu me dar conta de que havia uma pessoa vigiando meus movimentos em segredo e, além disso, de que tal pessoa não era ninguém menos que o pequeno corcunda ominoso de Livorno.

Na Itália, as suspeitas são levantadas com facilidade, e a minha certamente o foi por aquele incidente inexplicável. Naquele momento, decidi não confiar nem em Graniani nem em seu amigo clerical. Portanto, invadido pela raiva diante de tal espionagem insolente, levantei-me, entrei na casa do prior e caminhei pela passagem escura que levava ao escritório, com a intenção de pegar o volume precioso que eu havia comprado e desejar um adeus apressado ao meu anfitrião.

Ao entrar no escritório escuro, porém, avistei, para minha surpresa, uma senhora trajando roupas pretas finas e bem acinturadas. Estava parada ali, evidentemente à espera de algo, e fitava as páginas de velino do meu tesouro recém-adquirido como forma de passar o tempo.

Recuei um passo e pedi perdão pela intrusão sem cerimônia, mas ela apenas fez uma breve reverência em resposta. Seus modos pareciam agitados e nervosos, e ela usava um véu, de modo que, à meia-luz, eu não conseguia distinguir muito bem as suas feições.

Ela estava toda de preto, até mesmo as luvas, e era evidente que se tratava da pessoa por quem o padre Bernardo havia sido chamado, e depois da confissão devia ter passado pela portinha lateral da igreja para consultá-lo a respeito de algum assunto de extrema importância, cuja natureza eu não poderia adivinhar. Achei que tudo isso estava envolto em mistério.

No qual o prior
é misterioso

O prior entrou em seu escritório e proferiu um pedido de desculpas apressado, expressando pesar por ter sido compelido a me deixar sozinho e prometendo se juntar a mim dentro em breve.

Sendo assim, virei-me e, refazendo meus passos pelo corredor de pedra ao longo do qual estavam empilhados móveis entalhados antigos, retornei ao jardim e voltei o olhar para a janela onde eu havia detectado o rosto do corcunda.

Landini havia fechado a porta do escritório depois que saí, deixando claro, desse modo, que sua conversa com a visitante era de caráter confidencial. Lamentei não ter entrado na igreja e interpelado Graniani, pois agora não podia voltar e passar pela porta fechada, principalmente porque o olhar penetrante da governanta do reverendo estava sobre mim. Portanto, esperei impacientemente que o padre robusto a mim se juntasse, o que ele fez alguns momentos depois, trazendo minha preciosa aquisição nas mãos.

Talvez você seja um colecionador de moedas ou raridades, selos monásticos ou manuscritos, ovos de pássaros ou borboletas? Se for, conhece muito bem a extrema satisfação sentida ao garantir um espécime único a um preço razoável e vantajoso. Portanto, pode entender a ternura com que peguei meu querido Arnoldus das mãos do prior, e o cuidado com que o embrulhei em um pedaço de papel pardo que Teresa trouxera para seu mestre. A governanta do padre, astuta, curiosa e fofoqueira, é uma figura interessante em todo o mundo; e a velha Teresa, com rosto enrugado e o pescoço marrom e vincado, não era exceção. Tinha uma habilidade maravilhosa para preparar uma minestra, ou sopa de legumes, já me dissera o padre Bernardo, e ele prometera que um dia eu provaria as proezas culinárias dela.

Não obstante, embora o prior fosse a educação em pessoa, agradável, mas piedoso, lacônico, mas descontraído, eu nutria uma desconfiança a seu respeito.

Comentei sobre minha intromissão em seu escritório enquanto ele tinha uma visita, mas ele apenas riu e disse:

– Não foi nada, meu caro *signore*… Nada, garanto a você. Não precisa se desculpar. Meu assunto com a senhora, apesar de sério, foi breve. Sou eu quem deveria lhe pedir desculpas.

– Não – respondi. – Fiquei aproveitando o seu jardim. Este lugar, cercado pela igreja e por sua casa, bem no meio de Florença, é tão tranquilo e com ares do antigo mundo, tão cheio de antiguidades, que gostei de me demorar por aqui.

– Sim – respondeu ele pensativamente. – Nos dias turbulentos dos Médici, aquelas figuras notáveis da história italiana, este jardim pertencia a Fra Savonarola, e ele se sentava sob esta mesma lógia, neste mesmo banco, pensando naqueles discursos e profecias maravilhosos que eletrizavam toda a Florença. Nada muda aqui. O lugar continua exatamente o mesmo hoje, aquelas paredes brancas nos quatro lados, com a diferença que as estátuas talvez estejam em condições piores do que em 1498, quando ele concluiu sua carreira notável ao desafiar as ordens do papa e também as injunções da *signoria,* e foi enforcado e queimado em meio a protestos e derramamento de sangue. Ah, este meu jardim já presenciou muitas vicissitudes, *signore*, e ali na minha igreja o divino Dante em pessoa invocou a benção do Todo-Poderoso sobre seus esforços para estabelecer a paz com os pisanos.

– Sua casa é um receptáculo bastante adequado para sua coleção esplêndida – comentei, impressionado com suas palavras, mas ainda pensando sobre a forma como se comportava.

– Sabe – começou ele um instante depois, como se um pensamento tivesse lhe ocorrido de súbito –, temo que você possa ter agido de forma imprudente ao comprar este manuscrito. Se quiser, estou pronto para devolver seu dinheiro. De fato, acho que seria melhor se você fizesse isso, *signore*.

– Garanto a você que não tenho o menor desejo em devolvê-lo – declarei, estarrecido diante de suas palavras. Se ele achava que tinha feito um péssimo negócio, pelo menos eu tinha o recibo com o valor e o livro nas mãos.

– Mas seria melhor – insistiu. – Melhor para você… e para mim também, a propósito. Aqui estão as notas que você me deu. – E tirando-as do bolso, ele as estendeu para mim.

Não consegui compreender totalmente sua intenção ou motivo. Fiz um bom negócio, por que deveria abrir mão dele? Coloque-se na minha posição por um instante e pense no que você teria feito.

– Bem, *signor* reverendo – comecei –, paguei o preço que você pediu, e realmente não consigo entender por que você quer desistir do negócio.

– Verdade seja dita, eu estava um tanto quanto irritado.

– Você pagou o preço – repetiu ele com uma voz estranha, me olhando com seriedade. – Sim, isso é verdade. Você pagou o preço na moeda do meu país… mas ainda há outro preço a pagar.

– O que você quer dizer? – perguntei rapidamente, encarando-o fixamente.

– Quero dizer que seria melhor para nós dois se você me devolvesse o recibo e aceitasse o dinheiro de volta.

– Por quê?

– Não posso ser mais explícito que isso – respondeu ele. – Sou um homem honrado – acrescentou – e você pode confiar em mim.

– Mas desejo adicionar o códice à minha coleção – argumentei, perplexo com seu desejo repentino de renunciar ao combinado. – Eu pedi seu preço e o paguei.

– Eu reconheço isso. A questão foi tratada como um acordo entre dois cavalheiros – comentou ele, com apenas um toque de altivez. – Apesar disso, insisto para que você não continue em posse desse manuscrito.

– Mas por quê? Eu sou um colecionador. Quando você for a Livorno, espero que vá me visitar e possa dar uma olhada nos meus tesouros.

– Tesouros? – repetiu ele. – Isso não é um tesouro! Pelo contrário: é uma maldição.

– Uma maldição! Como é que um livro antigo e esplêndido pode ser uma maldição nas mãos de um paleógrafo entusiasta como eu?

– Eu sou um homem de palavra – disse ele em um tom baixo e distinto. – Digo-lhe, meu caro *signore*, que seu entusiasmo o desorientou. Não deveria ter comprado isso que você chama de tesouro. Foi imprudente. Portanto, apelo para que pegue de volta a quantia que pagou.

– E de minha parte, oponho-me a fazer isso – declarei de forma um tanto acalorada.

Ele encolheu os ombros largos e uma expressão de dor cruzou suas grandes feições.

– Você não vai me ouvir? Para o seu próprio bem? – insistiu fervorosamente.

– Não acho que esse sentimento deva interferir no assunto – respondi. – Eu comprei o livro e pretendo mantê-lo em minha posse.

– Pois bem – suspirou ele. – Eu avisei você. Um dia, talvez você descubra que pelo menos Bernardo Landini agia como seu amigo.

– Mas não consigo entender por que você quer que eu lhe devolva o livro – argumentei. – Você deve ter algum motivo.

– Certamente que tenho – foi sua resposta franca. – Eu não quero que você o tenha em sua posse.

– Você admite que o manuscrito é precioso e, portanto, tem valor. E por isso deseja voltar atrás em um mau negócio!

Seus lábios se crisparam por um momento, e uma expressão mista de arrependimento e aborrecimento invadiu seu rosto enorme.

– Eu admito a primeira declaração, mas nego a segunda. O trato é bom para mim, mas ruim para você.

– Tudo bem – respondi com satisfação. – Eu vou manter o trato.

– Você se recusa a dar ouvidos à razão?

– Eu me recuso, com todo o devido respeito por você, *signor* reverendo, a devolver-lhe o livro que comprei.

– Então só me resta o arrependimento – declarou em uma voz carregada de comiseração. – Você interpretou mal a minha motivação, mas como eu poderia culpá-lo? Eu provavelmente deveria, se também estivesse na ignorância, como você está.

– Então você deveria esclarecer as coisas para mim.

– Ah! – Ele suspirou novamente. – Eu queria que fosse possível, mas não posso. Se você se recusar a abrir mão de seu negócio, nada poderei fazer. Quando você entrou aqui, eu o tratei como um estranho. E agora, embora você não veja, estou tratando-o como um amigo.

Abri um sorriso. Acostumado como estava com a sutileza do comerciante toscano, desconfiei de que ele estivesse arrependido por ter vendido o livro para mim por um valor tão baixo e tentava ganhar um pouco mais sem pedir diretamente.

– Bem, *signor priore* – declarei abruptamente um instante depois –, suponhamos que eu lhe dê cem francos a mais por ele… isso faria alguma diferença em sua vontade de continuar em posse dele?

– Absolutamente nenhuma – respondeu ele. – Se você me desse dez mil a mais, ainda assim eu não permitiria de bom grado que você o mantivesse em sua posse.

Sua resposta foi certamente estranha e me impeliu a ter alguns momentos de reflexão.

– Mas por que você o vendeu se deseja mantê-lo? – quis saber.

– Porque naquele momento você não era meu amigo – respondeu ele de forma evasiva. – Mas agora você é. Conheço você, e é por esse motivo que estou dando o aviso. Se você levar o livro embora, lembre-se de que é por sua conta e risco, e você certamente se arrependerá de ter feito isso.

Meneei a cabeça, sorrindo, não convencido por seu argumento e desconfiado de sua forma de agir. De certo modo, passei a desgostar do homem. Se ele realmente fosse meu amigo, como me garantira, certamente não tentaria me fazer abrir mão daquela barganha. Então, ri de sua apreensão e disse:

– Não se preocupe, *signor* reverendo. Guardarei o antigo códice em uma caixa de vidro, como faço com os outros manuscritos raros da minha coleção. Tenho vários manuscritos bíblicos igualmente valiosos e cuido bem deles, garanto a você.

Meus olhos recaíram sobre a janela antiga onde eu havia visto o rosto branco e barbado do velho corcunda, e, me lembrando que devia haver alguma ligação misteriosa entre os dois homens, enfiei meu precioso pacote debaixo do braço e me levantei para ir embora.

O prior franziu as sobrancelhas escuras e fez o sinal da cruz.

– Então o *signore* se recusa a me escutar? – perguntou em um tom de profunda decepção.

– Recuso-me – respondi de forma bastante decisiva. – Eu tenho que pegar o trem de volta para Livorno. Sendo assim, desejo-lhe um *addio*.

– Como desejar, como desejar – suspirou o padre corpulento. Em seguida, pousando sua manzorra sobre meu ombro em um gesto paternal, acrescentou: – Sei muito bem como meu pedido deve parecer estranho para você, meu caro *signore*, mas talvez algum dia você descubra o motivo. Lembre-se, porém, que aconteça o que acontecer, Bernardo Landini é um amigo a quem você pode pedir conselhos e opiniões. *Addio*, e que Ele o proteja, salve-o de todo o mal e o faça prosperar. *Addio*.

Agradeci e apertei a mão grande e gorda que ele havia estendido.

Então, em silêncio, olhei para seu rosto bem-humorado e vi uma expressão estranha e indescritível que misturava pavor e compaixão. Mas nos separamos e, com a velha Teresa se arrastando à minha frente, atravessei a casa e saí para o clarão branco do sol da praça aberta, carregando comigo o fardo precioso que estava destinado a ter uma influência demasiado curiosa e notável sobre minha pessoa e minha vida.

Junto a um mar calmo

Quando um homem consegue uma barganha, seja em seus negócios ou em seus passatempos, ele sempre procura obter uma segunda opinião. Enquanto eu corria para me abrigar na sombra do Palazzo Pandolfini, olhei para o relógio e descobri que ainda faltava uma hora e meia para o *treno lumaca*, ou trem-lesma, como os florentinos se referem a ele sarcasticamente, começar a descer o vale do Arno para Livorno. Então, resolvi levar meu prêmio para o *Signor* Leo Olschki, que, como você sabe, é um dos comerciantes de manuscritos antigos mais renomados do mundo e cuja loja fica situada no Lung'Arno Acciajoli, perto da Ponte Vecchio. Muitos tesouros de nosso Museu Britânico passaram por ele, e seu nome é conhecido entre os bibliófilos.

Felizmente, encontrei-o lá: um homem baixo, de barba clara e extremamente cortês, que é aficionado por livros, embora os comercie. Atrás das caixas de vidro em sua loja estavam alguns manuscritos magníficos com iluminuras aguardando para serem comprados por algum colecionador milionário ou museu nacional, e à toda volta estendiam-se do chão ao teto prateleiras repletas dos livros mais raros de que se tem notícia, alguns dos incunábulos sendo as únicas cópias existentes.

Eu já tinha comprado muitas coisas com ele. Portanto, fui levado até a sala dos fundos da loja e expus minha barganha diante de seu olhar experiente.

Um instante depois ele declarou que se tratava de um Arnoldus verdadeiro, um manuscrito extremamente raro e único devido a várias razões técnicas com as quais é inútil incomodar aqueles que leem este curioso registro.

– Pois bem, *Signor* Olschki, quanto você estima que ele vale?

O grande bibliófilo coçou a barba lentamente enquanto folheava os fólios de pergaminho com caligrafia uniforme.

– Imagino – respondeu ele, após um momento de hesitação – que você não queira vendê-lo?

– Não. Digo-lhe com toda sinceridade que o trouxe aqui para mostrar a você e pedir a sua opinião quanto à autenticidade.

– Verdadeiro, sem dúvida… um códice magnífico. Se eu o tivesse à venda, não me desfaria dele por menos de vinte e cinco mil francos, ou seja, mil libras.

– Mil libras? – repeti, pois o valor estava muito acima do que eu imaginava que o manuscrito valeria.

– Rosenthal tinha um desses em seu catálogo dois anos atrás ao preço de dezesseis mil francos. Eu o vi quando estava em Munique, e não era tão bom nem tão bem preservado quanto o seu. Além disso… estes escritos no fim… você tem alguma ideia do que se trata?

– Algum registro de família – respondi. – As costumeiras declarações desconexas sobre bens pessoais, creio eu.

– Claro – comentou. – Nos séculos XV e XVI, era comum desfigurar os próprios livros dessa forma, como você bem sabe. Era uma lástima.

Tendo conseguido a informação que eu desejava, reembalei meu estimado volume enquanto ele trazia vários livros preciosos para minha inspeção, incluindo *Psalteriolum seu preces pia cum calendario* francês, com miniaturas do século XIII, que ele havia estimado em quatrocentas e cinquenta libras; e um *Psalterium ad usum ord. S. Benedicti* italiano, de duzentas páginas, escrito em Pádua em 1428, que ele tinha acabado de vender ao Museu Nacional de Berlim por quinze mil marcos. Além de ser um especialista e comerciante, era um verdadeiro amante de livros e manuscritos; e, sabendo que meu bolso não me permitiria desfrutar de tamanhos tesouros, ele frequentemente exibia seus melhores volumes e tagarelava sobre eles do modo que todos os bibliófilos fazem, manejando-os com delicadeza enquanto falava.

Peguei meu trem e voltei para a casa branca de frente para o mar, nos arredores de Livorno, onde eu residia sozinho, inteiramente satisfeito com minha visita à capital toscana.

Cinco quilômetros além do porto marítimo barulhento, perto de onde as águas do Mediterrâneo banhavam preguiçosamente a praia de cascalhos no pequeno balneário de Antignano, ficava a casa quadrada, caiada pelo sol, com sua ampla varanda e cortinas verdes, agora abertas para a brisa suave que vinha das águas junto com o pôr do sol reluzente. O fiel Nello, meu velho empregado toscano que era cozinheiro, caseiro e mordomo, tudo ao mesmo tempo, estava aguardando a minha chegada. E quando toquei a campainha no grande portão de ferro diante do meu jardim, ele veio correndo para me receber, com uma reverência agradável e palavras de boas-vindas:

– *Ben tornato, signore; ben tornato.*

Agradeci, carreguei meu embrulho precioso para o escritório no andar de cima e, descendo novamente, comi às pressas o jantar que ele serviu diante de mim, ansioso para examinar minha compra.

Meu velho empregado entrava e saía sem fazer barulho enquanto eu comia, inquieto como se quisesse falar comigo, mas eu estava olhando minhas cartas e não dei muita atenção a ele. Os criados italianos são sempre um estorvo, falantes em excesso e sempre prontos para oferecer opiniões ou conselhos. Durante anos sofri com uma sucessão de homens insatisfatórios, até que meu amigo Fra Antonio, do Mosteiro dos Capuchos, trouxe o velho Nello para mim. A aparência externa não dizia muito a seu favor, pois tinha o semblante de um Mefistófeles e usava roupas descuidadas e surradas. Era um velho soldado que servira bem à Itália na época de

Garibaldi e durante anos trabalhara como mordomo a bordo de um navio da linha Prince entre Nápoles e Nova Iorque.

Fra Antonio o conhecia bem; portanto, empreguei-o a caráter de teste e muito rapidamente descobri que, embora ele tivesse esposa e família morando no alto de uma das ruelas fétidas de Livorno, para quem algumas de minhas provisões eram secretamente levadas, ele era um criado precioso.

Embora de idade avançada, não era decrépito. Sua força física frequentemente me surpreendia e, depois de três anos de serviço, sua devoção a mim era frequentemente notada por meus amigos. Seu único vício era fumar; e como ele consumia o fumo malcheiroso, que depois ficava impregnado na casa por dias, eu havia instalado uma pérgula no jardim, sob as vinhas, onde ele poderia envenenar o ar sempre que quisesse.

Depois de jantar, subi a ampla escadaria de mármore até o meu escritório, um cômodo amplo e alto com afrescos no teto, e que tinha vista para o mar aberto. As casas são grandes e baratas na Itália; a minha era grande demais para um homem solteiro como eu. Havia meia dúzia de quartos nos quais nunca entrei, e só usava a sala de estar quando recebia visitas, pois não gosto de espelhos, luminárias e móveis forrados com seda.

As longas janelas do meu escritório estavam abertas, e naquele momento o crepúsculo carmesim preenchia o lugar. Fiquei parado na varanda e respirei o ar puro do mar, deliciosamente refrescante após o calor sufocante do dia. Adiante, ao longe, as ilhas da Córsega, Capraja e Górgona assomavam em tons de roxo contra o pôr do sol vermelho-sangue, e na praia, a quietude do fim de tarde era quebrada por um jovem pescador tocando seu bandolim e usando sua bela voz para cantar aquela velha canção de amor cujo refrão todos na Itália conhecem bem:

> *Amarti soltanto*
> *Non basta al mio cor:*
> *Io voglio parlarti,*
> *Parlarti d'amor!*

Amor! Ah! As palavras cantadas por ele trouxeram até mim, um exilado, toda a amargura do passado, toda a amargura do meu próprio amor. Um nó se formou na minha garganta quando me lembrei do que poderia ter sido; mas afastei o pensamento como já havia feito cem vezes antes e voltei para o escritório, fechando as janelas para bloquear a canção e, suspirando, sentei-me à minha escrivaninha para me ocupar com o livro que tinha comprado do prior robusto da San Sisto.

O velho Nello – cujo nome na verdade era Lionello, embora, como era o costume na Toscana, todos o chamassem de Nello desde que tinha nascido, sessenta anos antes – trouxe meu café e licor, colocou-os perto de meu cotovelo e atravessou o cômodo para abrir as janelas.

– Eu as fechei, Nello – declarei. – Não abra. Há muita música desconcertante lá fora.

– *Bene, signore* – respondeu ele. – Esqueci de dizer que o *signor console* veio até aqui às quatro da tarde.

– E o que o cônsul queria? – quis saber.

– Ele deseja vê-lo amanhã para almoçar – foi a resposta do velho. – E, ah! Quase me esqueço… Outro homem veio atrás do *signore* uns quinze minutos antes de você voltar: o *gobbo*, Graniani.

– Graniani! – repeti. – E o que ele queria, oras?

– Vender-lhe mais daquelas quinquilharias antigas, imagino – foi a resposta franca de Nello, pois ele sempre considerou minha compra de antiguidades um desperdício terrível de dinheiro. – Ele disse que voltaria mais tarde.

Isso me deixou muito surpreso. Ele provavelmente havia voltado para Livorno em um trem mais cedo de Florença; mas por que desejava me ver depois de ter espionado meus movimentos em segredo, eu não fazia ideia. É necessário, entretanto, ser esperto para compreender a engenhosidade dos italianos, com todos os seus sorrisos diplomáticos e sutilezas arguciosas.

– Se ele vier, eu o receberei – respondi e então acrescentei: – Sabe, Nello, eu não gosto daquele homem.

– Ah, *signore*! – comentou o velho. – Você nunca deve confiar em um corcunda.

– Mas quando perguntei sobre ele a você, disse-me que não sabia nada ruim a respeito dele. Eu conto com você para descobrir informações sobre essas pessoas.

– Eu não sabia nada a respeito na época, *signore* – disse ele, desculpando-se. – Mas descobri várias coisas desde então.

– Coisas que não têm muito mérito, hein? – perguntei, analisando sua figura estranha, quase grotesca, trajando um casaco preto mal ajustado e com a frente da camisa amassada.

Ele hesitou, como se não quisesse me contar toda a verdade. Sempre foi reservado em relação a qualquer pessoa de mau caráter e, de modo geral, um toscano não compartilha acusações a seus compatriotas com um estrangeiro.

– Se eu fosse você, *signore* – disse ele –, ficaria bem longe de qualquer *gobbo*.

– Mas eu comprei vários manuscritos bons com ele – argumentei.

– O *signore* deve fazer o que lhe convém – observou. – Já dei meu aviso.

Eu não precisava de aviso nenhum, pois a misteriosa aparição do rosto do velho corcunda na janela da igreja fora o suficiente para me despertar graves suspeitas. Mas nos últimos três anos Nello havia exercido uma espécie de cuidado paternal por mim, parecendo sentir admiração diante do fato que eu pudesse rabiscar pilhas e pilhas de papel e ser pago por isso. Ele costumava declarar que eu escrevia o romano de forma maravilhosa. Tinha lido dois dos volumes traduzidos para o italiano e publicados em série na Tribuna, e mantinha as edições cuidadosamente amarradas em maços, que mostrava orgulhosamente aos amigos como sendo a obra de seu *padrone*.

– Bem, devo ver o *gobbo*? – perguntei.

– Não, *signore*, eu não faria isso – foi seu conselho imediato. – Ele não deveria vir até aqui. O lugar dele é na praça, e é uma insolência solicitar a presença de um cavalheiro.

– Então diga a ele que estou ocupado. Não vou querer mais nada esta noite. Não me interrompa.

– *Benissimo, signore. Buona notte.* – E o velho Nello saiu de mansinho, satisfeito, deixando-me com meu café e meu manuscrito antigo.

Não pedi a Nello que me contasse seus motivos, porque eu sabia que ele não seria persuadido a falar sobre o assunto. Era um velho esperto e, em uma discussão, levaria a melhor sobre mim.

Assim, tendo cessado a música, reabri a janela e, à luz fraca, acomodei-me para uma hora agradável com minha mais recente aquisição.

O esplêndido volume não decepcionou após uma segunda análise. De fato, era um tesouro; e tendo passado o olho sobre as miniaturas coloridas e capitulares douradas, virei para a primeira página do registro escrito nas páginas em brancas ao final.

Era extremamente difícil de decifrar a escrita cursiva, com seus longos floreios e a tinta muito inferior àquela usada pelo velho monge Arnoldus, pois estava desbotada e marrom, tendo sido evidentemente cunhada por alguém que não tinha familiaridade com as letras góticas nem com a escrita manual. A escrita datava, sem dúvidas, do início do século XVI.

A primeira linha que consegui decifrar dizia o seguinte:

Qui scripsit scripta manus eius sit benedicta.

Ao passo que, pelo que pude decifrar, o registro terminava da seguinte forma:

Qui me scribebat Godefridus nomen habebat Godefridus Lupellus de Croylandia me scripsit anno domini 1542 in no no die mensis Janua rij.

Esta última página estava tão mal escrita, e parcialmente obstruída por uma grande mancha amarela de umidade, que eu não havia a notado antes.

Mas isso só aumentou a minha curiosidade, pois, traduzido para o inglês moderno, mostrava que a adição havia sido feita ao livro por um tal de Godfrey Lupellus ou Lovel, de Crowland, em Lincolnshire, provavelmente um dos monges daquela abadia beneditina célebre dos tempos de outrora, que agora não passa de um magnífico amontoado de ruínas que se tornaram conhecidas para muitos graças às fotografias.

Ao descobrir que o livro havia sido escrito por uma pessoa que morava na Inglaterra, me pus a trabalhar de imediato para descobrir o que estava relatado ali; então, peguei uma folha de papel em branco e, auxiliado por aquela valiosa obra de consulta, o *Dicionário de Abreviações*, comecei a desvendar lentamente o enigma caligráfico diante de mim.

Era uma tarefa extremamente difícil; e, fosse pelo calor da noite ou pelo cansaço que se abatera sobre mim, senti uma sensação curiosa e indescritível se assomando lentamente sobre mim.

Começou com pontadas de uma dor lancinante que paralisou os músculos da minha mandíbula, ficando gradualmente mais intensa. A princípio pensei se tratar de uma pequena nevralgia, até que de súbito uma dor rápida e aguda percorreu minha coluna, paralisando-me tão completamente que eu não conseguia me mover nem emitir qualquer som.

Minha cabeça girou. Minhas mandíbulas estavam retesadas. Tentei me levantar, mas não consegui. Tentei chamar meu fiel Nello, mas minha língua se recusou a emitir qualquer som.

Uma curiosa sonolência se apoderou de mim e lutei contra ela em vão. Nunca antes havia sentido algo semelhante. Então, uma segunda onda de dor percorreu minha coluna, muito mais aguda e excruciante que a primeira, e acho que devo ter desmaiado.

De qualquer forma, tudo ficou branco. A advertência solene do padre corpulento não tinha sido, ao que parecia, conversa fiada.

Mostra algo suspeito

A vida não tem labirinto que os passos não possam desvendar, e a mente age sobre a mente ainda que os corpos estejam separados.

Depois da estranha sensação que se apoderou de mim enquanto eu examinava aquele trecho irregular e desbotado, tudo ficou branco. Meus músculos estavam paralisados, minha respiração ofegante, minha garganta contraída e a energia de minha masculinidade totalmente exaurida, até que fiquei indefeso como uma criança. Era como se o poder invisível tivesse me tocado com um dedo mortífero até eu atrofiar e cair.

No entanto, lenta e dolorosamente, lutei até recobrar a consciência de minha posição desafortunada e, ao abrir os olhos, com as órbitas doloridas, descobri, para minha surpresa, que estava caído no tapete ao lado de minha cadeira tombada, minha cabeça próxima à perna esculpida da escrivaninha. A luz me desnorteou e rapidamente percebi que estava deitado sob o sol da manhã, que entrava pela janela aberta.

Eu tinha caído da cadeira e passado a noite inteira inconsciente. Nello não havia me encontrado, já que, desejando ficar sozinho, eu o havia dispensado.

No verão da Toscana, o dia amanhece cedo, e o sol de julho logo ganha força. Olhei para o relógio e vi que já eram quinze para as cinco.

Do lado de fora, um pescador cantava uma canção alegre enquanto descarregava o barco, e já havia crianças gritando ao se banharem nas águas ensolaradas; mas o esplendor do mundo lá fora apenas me deixou abalado, sendo o homem amargurado e azedo que eu era. Poderia aquela sensação curiosa ser um indício de alguma doença terrível por vir? Epilepsia ou paralisia, talvez?

Esforcei-me para me pôr de pé e fiquei ao lado da mesa, tonto, desequilibrado e tão fraco que minhas pernas mal conseguiam me sustentar. Parecia que eu tinha acabado de me levantar da cama após ter passado meses doente e sofrendo.

O livro estava aberto na última página, onde o autor do registro, Godfrey Lovel, havia escrito seu nome e data conforme já foi reproduzido aqui. Meus pensamentos voltaram ao momento em que senti aquela convulsão repentina, e me lembrei de como tinha ficado interessado nas poucas linhas que eu tinha conseguido decifrar.

A paralisia inconfundível que me atingira no exato instante em que minha curiosidade fora despertada era de fato alarmante e até misteriosa, principalmente depois das insinuações do prior a respeito do infortúnio que recairia sobre mim se eu decidisse continuar com aquele belo e antigo livro.

As palavras do padre robusto retornaram para mim com um significado profundo e oculto, e admito que meu espírito estava deveras perturbado. Parecia que eu havia conquistado um inimigo em vez de ganhar um amigo.

Tranquei o livro no meu cofre, fui até a varanda e respirei o ar fresco da manhã. Do outro lado das águas cintilantes do mar calmo, as ilhas assomavam cinzentas e misteriosas em meio à névoa azul. Górgona, povoada apenas por bandos de condenados, com os contornos mais nítidos que as outras. Um véu de mistério parecia ter caído sobre tudo e todos, com exceção de um poderoso navio de guerra, que expelia fumaça preta por suas três chaminés amarelas e ostentava a tremulante bandeira branca da Inglaterra enquanto se aproximava de um ancoradouro fora do porto.

Um desejo por ar fresco se apossou de mim; portanto, sentindo-me tonto, peguei uma tacinha de conhaque puro e desci até o grande saguão de entrada de mármore, onde meus passos solitários sempre ecoavam de forma lúgubre. Lembre-se de que eu era um homem sem amigos nem parentes, autoexilado por motivos pessoais sobre os quais não tinha controle e, embora vivesse em meio a um povo que eu amava por sua simpatia e charme, ainda sentia saudade da Inglaterra e sofria da nostalgia que aqueles cujo destino é passar a vida no exterior – ai de mim! – conhecem muito bem.

Lá fora, peguei a velha estrada marítima; aquela estrada sem sombra que serpenteia ao longo da beira da mortal Maremma e segue em direção a Roma. Eu a percorria com frequência, pois ela conduzia para fora da encosta dos penhascos marrons, através de uma região selvagem e desabitada do país, um distrito que dez anos antes era perigoso por causa de um bando de foras da lei. Este grupo, no entanto, havia sido exterminado pelos carabineiros, e a solidão da região combinava com o meu estado de espírito.

Não encontrei ninguém, salvo uma velha vendedora de peixes que eu conhecia, avançando descalça com o cesto apoiado na cabeça. Então, acendi meu cachimbo e me perdi em reflexões, tentando encontrar justificativas para a minha estranha convulsão. Relutava em consultar um médico, pois era adepto da incredulidade com que os britânicos encaram um *medico* italiano. Ansiava por consultar meu próprio médico em Londres e perguntar a ele se achava que o estranho estupor representava algum tipo de alarme.

Ainda que a Itália possua um charme distinto; ainda que a Toscana tenha sido o lar de minha juventude; ainda que eu tivesse muitos amigos entre os pescadores e *contadini* honestos; ainda que meus amigos no velho mosteiro branco ao longe, entre as oliveiras ao lado da Montanha Negra, sempre tivessem sido calorosos em suas boas-vindas e ávidos para me prestar o menor e mais humilde serviço, eu de repente estava cansado disso tudo. Por mais doces que fossem os prazeres da Toscana, como

Byron, Shelley, Smollett e George Eliot haviam descoberto, eu era inglês e a Inglaterra era o meu lar.

Joguei-me na grama no topo do penhasco e mergulhei em pensamentos. No decorrer de sete longos anos, levei uma vida totalmente solitária, voltando a Londres por apenas duas semanas ou mais a cada ano e, em seguida, deixando com tristeza a Charing Cross novamente para mais doze meses de exílio. Eu tinha minha ocupação, a escrita de romances, para absorver minha atenção, isso é fato; mas o escritor de romances deve viver em um ambiente agradável, caso contrário, a influência de uma vida solitária acaba por se manifestar em suas obras.

As cartas que eu tinha recebido de casa nos últimos dias mostravam, também, que realmente não havia mais motivo para eu não voltar a morar entre meus amigos na Inglaterra; portanto, após uma longa reflexão e uma consideração cuidadosa de todo o assunto, enfim decidi empacotar minha coleção de pinturas, móveis antigos, manuscritos e antiguidades e levá-los para alguma casa de campo na Inglaterra.

Eu tenho o hábito de agir de forma precipitada. Meu pai, cheio de cautela antiquada, costumava me repreender por isso. Na época dele, não existia essa tal de inteligência. Mas na profissão, assim como nos negócios, a indiferença antiquada já passou. Hoje, se alguém vir a inscrição "Fundada em 1792" sobre uma loja, a evita, sabendo que seu proprietário não se contenta com os pequenos lucros dos dias atuais. Foi-se o tempo em que o rígido profissional ou homem de negócios era tão sério ou sacerdotal quanto um agente funerário; mas isso ficou no passado. O homem inteligente e especulativo, que age prontamente e é dotado da coragem de ter as próprias convicções, é o homem que vence na atual disputa pelo pão de cada dia. Em cada passo da vida, é preciso se manter a par do dilúvio. Sendo assim, com a mente convencida, entrei no consulado às onze horas e anunciei minha partida imediata ao meu velho amigo e confidente, Jack Hutchinson, um dos representantes mais populares de Sua Majestade no exterior, e cujo nome, para qualquer capitão em todos os cantos do Mediterrâneo, é sinônimo de caráter jovial e coração bondoso.

Quando me afundei em uma cadeira em seu escritório privado e anunciei que estava indo embora, seu rosto adquiriu uma expressão desapontada. Eu sabia muito bem que ele não tinha mais nenhum amigo inglês por aqui, e minha partida o deixaria totalmente sozinho. Ele era um exilado, assim como eu; exceto que, para ele, havia uma pensão confortável ao fim.

– Bem – disse ele depois de um momento. – Eu lamento muito que você esteja indo embora, meu caro amigo… muito mesmo. Mas acho que você está agindo com sabedoria. Já faz muito tempo que você está aqui e se tornou um misantropo. A vida londrina vai fazer com que se sinta melhor. Além disso, você tem trabalhado demais ultimamente.

Contei-lhe sobre minha estranha convulsão e, depois de me ouvir, ele comentou:

– Precisamente. É exatamente o que eu imaginava. Pellegrini, o médico, temia um colapso e me disse isso há semanas. Você sabe muito bem, meu velho camarada, que lamento muito a sua partida. Mas você ficará melhor na Inglaterra. Você sente falta de casa, e isso não vai passar na Itália, sabe. Eu e minha esposa sentíamos a mesma coisa quando fui mandado para cá, doze anos atrás, mas nós superamos. Você nunca superou. – Então, acrescentou: – A propósito, você viu o velho Graniani hoje? Ele me interpelou meia hora atrás no Corso Umberto e perguntou se eu tinha visto você esta manhã.

Estava prestes a contar a Hutchinson tudo o que se passara em Florença no dia anterior, mas julguei inútil incomodá-lo com o que pareciam apenas suspeitas vagas.

– Por que ele quer me ver? – perguntei.

– Ah, ele deve ter uma coisa ou outra para vender a você, imagino – foi a resposta do cônsul. – Por alguma razão, Kennedy, eu não gosto do homem. Se é a feiura, a deformidade ou seus modos, não sei dizer. Apenas desgosto dele instintivamente, e gostei menos do que nunca quando o encontrei agora há pouco.

– Por quê?

– Bem, me pareceu, pela forma como ele agiu, que esperava ouvir notícias graves a seu respeito.

– Notícias graves? – repeti. Então me ocorreu que o velho corcunda estava, é claro, a par do misterioso infortúnio que acompanhava a posse do *Livro de Arnoldus*. – Que notícias graves ele esperava ouvir?

– Como vou saber, meu caro amigo? Esses italianos, especialmente os homens da classe dele, são tão sutis e astutos que você nunca consegue entender seus motivos a fundo.

– Mas sempre paguei a Graniani o seu preço... com um pouco de barganha, é claro. Ora, eu paguei centenas de francos a ele. Você se lembra do quanto desembolsei por aquela miniatura do príncipe herdeiro desaparecido da França?

– Mas você obteve um tesouro, mesmo tendo que pagar bastante por ele – foi a resposta de meu amigo. – Se estivesse em posse do velho Confessini, você teria de pagar o dobro, ou ele teria enviado para Londres.

– Eu sei disso. – Dei risada. – Graniani tem algumas coisas boas vez ou outra, e eu tenho sido um bom cliente. Por isso, não consigo entender por que ele poderia nutrir qualquer pensamento hostil a meu respeito.

– Como eu já disse, é impossível conhecer as figuras italianas. O homem que hoje é seu melhor amigo amanhã será seu pior inimigo. É isso que torna a vida tão insegura aqui e faz dos tumultos envolvendo facas algo tão frequente. Tudo o que posso dizer é que notei no velho patife uma nítida expectativa de ouvir notícias ruins a seu respeito e, pela forma como agiu, achei que pareceu desapontado quando declarei que, até onde eu sabia, você estava bem. Se eu fosse você, não faria mais negócios com ele. Agora você está indo embora de Antignano, então corte relações. Ele serviu bem ao seu propósito, e você não pode se dar ao luxo de se envolver em alguma briga com um homem da estirpe dele.

– Sim, é o que farei – respondi. – Eu mesmo não gosto dele. Ultimamente, ele tem estado longe de ser honesto.

– E, ultimamente, ao que parece, ele, em segredo, tem feito perguntas a um dos funcionários italianos daqui a respeito de seu passado na Inglaterra.

– Com que propósito? O que meu passado poderia ter a ver com ele?

– Ah, esse é o ponto, meu caro Kennedy. Ele está engendrando alguma trama engenhosa. Portanto, devemos nos manter alertas. Quando um homem suborna um dos funcionários para conseguir informações sobre o passado de um inglês, sobre sua linhagem e tudo o mais, existe algo diabolicamente suspeito no assunto.

– Eu deveria imaginar! Eu me pergunto o que o velho patife está armando…

– Provavelmente uma chantagem ou algo semelhante. Nesse caso, aja com discrição e conversaremos com o chefe de polícia. O atual *questore* é incrivelmente firme em relação a chantagistas.

– Mas qual poderia ser a motivação dele?

– Isso é mais do que qualquer um de nós dois pode dizer. Devemos observar e tirar nossas próprias conclusões – foi a resposta do cônsul, que se recostou com seu terno de linho branco e esticou os braços acima da cabeça. – Agora você entende – acrescentou – por que sou a favor de você ir embora da Toscana o quanto antes.

– Sim, eu entendo. Mas há algo misterioso a respeito do velho Graniani, e devemos descobrir o que é.

– Por que devemos nos dar ao trabalho de fazer isso? – quis saber ele.

Eu não tinha lhe contado nada sobre o incidente que levantara minhas suspeitas enquanto eu esperava o prior robusto da San Sisto. Então, em poucas palavras, contei brevemente o que eu havia testemunhado.

– Que estranho! – exclamou ele. – De fato muito estranho! Precisamos vigiá-lo, Kennedy. Chega a parecer que, por algum motivo misterioso, ele tem intentos maléficos.

Estávamos de acordo quanto a isso e então passamos a discutir a melhor forma de me livrar de minha casa e mandar empacotar minha coleção de antiguidades para despachá-la para a Inglaterra.

Logo depois do meio-dia, voltei para casa para almoçar e, ao atravessar a Piazza Vittorio Emanuelle para pegar o bonde elétrico, meus olhos vislumbraram uma bela silhueta feminina vestida de preto, que me pareceu estranhamente similar à da mulher de olhos escuros que estivera no escritório do prior robusto em Florença no dia anterior. Meu primeiro impulso foi dar a volta e segui-la, mas não estando suficientemente certo quanto à sua identidade, entrei no bonde, ainda que profundamente intrigado. Perguntei-me se ela poderia estar em Livorno para algum propósito secreto. Por alguma razão, me convenci de que era exatamente o caso.

Quando cheguei em casa, no entanto, minhas suspeitas ficaram mais elevadas do que nunca, pois encontrei o velho Nello em um estado terrível de ansiedade. Ao acordar, ele havia notado que eu não tinha dormido na minha cama e que eu não estava em casa. Como era italiano, ele temia que alguma *disgrazia* tivesse recaído sobre mim.

Então, quando garanti a ele que tinha apenas saído para uma longa caminhada em vez de ir dormir, ele disse:

– O comerciante de antiguidades corcunda está à sua espera, *signore*. Ele diz que é muito importante que o veja, então eu o levei até o seu escritório no andar de cima.

Essa notícia me deixou surpreso. O velho patife era o último visitante que eu esperava. Ainda assim, respirei fundo para acalmar os nervos e, de forma calma e resoluta, subi as escadas.

A abertura do Livro

– *Scusi, signore*! – exclamou o velho feio e de aparência infame, seguran-do o chapéu de palha gasto atrás de si e curvando-se com a graça ensaiada que sua deformidade permitia. O toscano, sempre a essência da cortesia, é um diplomata maravilhoso. – Sinto muito incomodá-lo, *signore* – con-tinuou ele em sua fala suave e musical –, mas eu estava ansioso para saber se você conheceu o prior da San Sisto em Florença ontem?

– Conheci – respondi, achando graça de sua tentativa engenhosa de fingir que não sabia do nosso encontro.

– E você comprou alguma coisa?

– Comprei um livro… um Arnoldus raro.

– Um manuscrito?

– Exatamente.

– Encadernado com as placas de carvalho originais, com um fecho de latão antigo, é? – perguntou ele com os cantos da boca curvados em um sorriso estranho. – Você permitiria que eu desse uma olhada?

Seu pedido despertou minhas suspeitas de imediato. Era evidente que o prior tinha se arrependido de ter vendido o manuscrito para mim e agora enviava seu agente para tentar recuperá-lo a qualquer custo. Portanto, conhecendo os costumes inescrupulosos de alguns italianos em uma cidade cosmopolita como Livorno, eu não pretendia dar a esse velho astuto a chance de fazê-lo.

– Por que você quer inspecioná-lo? Eu já o empacotei, e me daria muito trabalho pegá-lo novamente.

– Então o *signore* realmente manda as coisas para a Inglaterra para revendê-las, como ouvi as pessoas comentando? – sugeriu o velho de uma forma um tanto quanto rude.

– Não, eu não sou um comerciante – respondi com raiva. – Quem disse isso a você?

– É apenas uma fofoca, *signore* – disse o velho esquisito de forma branda. – Mas se você quiser, tomarei medidas para corrigir a opinião pública a respeito disso.

– Deixe que as fofocas aleguem o que bem entenderem – rebati. – Eu nunca vendi nada que comprei. Suponho que pensem que, pela quantidade de coisas que compro, devo estar prestes a abrir uma loja de raridades. Porém – acrescentei –, diga-me, Graniani, por que deseja ver o manuscrito que adquiri ontem?

– Oh, mera curiosidade – foi sua reposta ligeira. – Você sabe que tenho interesse nesse tipo de coisa e gostaria de saber como o prior o tratou após minha indicação.

– Ele me tratou bem o bastante e eu comprei por uma bagatela.

– Uma bagatela? – repetiu ele e pensei ter detectado um estranho franzir em seus lábios. – O reverendo não faz muitas bagatelas. Quanto você pagou?

– Ah! – Dei risada. – Imagino que você queira cobrar uma comissão dele, hein?

O corcunda sorriu, exibindo as gengivas banguelas, e peguei o recibo para mostrar-lhe o valor que eu tinha pagado.

Ele mais uma vez expressou o desejo de poder ver o livro; mas, com a certeza de que ele viera até mim com alguma motivação oculta, e ao mesmo tempo imaginando que plano aquele velho de aparência maligna estava tramando contra mim, recusei categoricamente. Não disse a ele que sabia que havia estado em Florença no dia anterior, achando melhor guardar aquele conhecimento para mim. Sem dúvida ele tinha visto o livro quando estava em posse de Landini, e o desejo de inspecioná-lo novamente não passava de uma artimanha sagaz.

– Eu acho, *signore*, que até o momento minhas negociações com você se mostraram dignas de confiança – disse ele em tom de reclamação. – E ainda assim você se recusa a permitir que eu veja um volume que julgo ser muito interessante.

– E raro – acrescentei. – Já foi avaliado por Olschki, que declarou se tratar de um exemplar único e que vale muito mais do que paguei por ele.

– Eu sei, eu sei – respondeu com uma piscadela maliciosa. – A pessoa que o vendeu ao prior sabia o quanto valia e me contou. Mas não é uma bagatela, *signore*. Pode ter certeza de que você nunca receberá uma bagatela vinda do *signor* reverendo.

– Então, a quem ele pertencia originalmente?

– Ah, lamento não poder dizer, *signore*. Dei minha palavra de que não divulgaria o nome. A nossa nobreza, que ficou tão pobre a ponto de ser obrigada a vender seus tesouros para estrangeiros ricos, como você, naturalmente é muito reticente quanto a permitir que ganhem a fama de necessitados.

É verdade que eu acreditava que o próprio velho era um nobre decadente, algum conde ou marquês que tinha conhecimento acerca de antiguidades e passara por maus bocados; porém, os incidentes dos últimos dias me fizeram mudar de opinião e passei a considerá-lo um aventureiro astuto e ardiloso.

Pude perceber, por conta de seus modos, que ele estava pouco à vontade e, depois de uma conversa sobre um velho prato Montelupo que ele havia me oferecido a um preço fabuloso, esperei que ele falasse.

– Eu realmente gostaria, *signore*, que você me mostrasse o manuscrito – declarou abruptamente. – Acredite em mim, eu sempre agi pensando no seu melhor interesse, e certamente você não me recusaria um favor tão pequeno, não é?

– Mas por que você quer tanto ver aquilo? – exigi saber.

– Para verificar uma suspeita – foi a resposta.

– Suspeita de quê?

– Uma suspeita que tenho, e sobre a qual, se for verdadeira, você deve ser avisado.

Fiquei surpreso diante de suas palavras. O próprio vendedor não tinha me alertado por meio de suas dicas estranhas?

Um instante depois, porém, após refletir, percebi a astúcia dos dois homens, que, agindo em conluio, queriam se reapropriar do livro, e resolvi enfrentá-los.

– Eu não preciso de nenhum aviso. – Dei risada. – Imagino que você vá me contar algum conto de fadas ou historinha sobre o infortúnio que recairá sobre o homem que estiver em posse do livro, não é?

O corcunda ergueu os ombros e exibiu as palmas das mãos encardidas antes de dizer:

– Eu vim até o *signore* como um amigo. Lamento o fato de estar sendo tratado como um inimigo.

– Agora, veja bem! – exclamei de forma bastante acalorada. – Não tenho tempo a perder com uma tapeação inútil como esta! Comprei o livro pelo preço estabelecido e nem você nem o prior o terão de volta. Entenda isto! Além do mais – acrescentei –, não tenho mais interesse em nada do que você possa ter para vender. Já basta de comprar antiguidades em Livorno. Pode dizer a todos os vendedores ambulantes na praça que dos meus bolsos não sai mais um tostão!

O velho feio tornou a erguer os ombros de modo expressivo e a abrir as mãos, dessa vez, no entanto, em silêncio.

Toquei a campainha para que Nello acompanhasse o sujeito até a saída. Então, depois que fiz isso, ele se virou para mim com as sobrancelhas franzidas e perguntou:

– O *signore* se recusa completamente a me mostrar o *Livro de Arnoldus*?

– Completamente.

– Então, está por sua conta e risco, *signore* – declarou lentamente, com uma seriedade estranha e profunda e uma expressão curiosa em seu rosto moreno enrugado.

– Eu não acredito em profecias! – exclamei com raiva. – E se estava tentando me ameaçar… bem, saiba que apenas a sua idade me impede de chutá-lo escada abaixo.

O velho murmurou algumas palavras que não entendi, então fez uma reverência tão altiva como se tivesse nascido na corte e, virando-se, seguiu o silencioso Nello através da grande porta branca.

Acredito que tenha sido uma ameaça aquilo que ele proferiu ao se despedir; mas disso eu não tinha certeza, portanto, não poderia acusá-lo.

Não obstante, o estranho aviso me fez refletir, e os movimentos do velho corcunda e suas indagações secretas sobre meu passado se juntaram para incutir em mim uma vaga sensação de ansiedade e insegurança.

Naquela tarde escaldante e abafada, passei uma hora em meio a cigarros e meu jornal inglês publicado três dias antes, como era meu costume, pois não se pode fazer trabalhos literários quando as cortinas estão fechadas e o lugar mergulhado na escuridão fria. Eu estava ansioso para voltar à Inglaterra e já havia ordenado a Nello que fizesse os preparativos para a minha partida. Ele iria à cidade naquela tarde para pedir ao empacotador profissional vir ao meu encontro, a fim de fazer caixas e caixotes de madeira para acondicionar minha coleção de móveis e quadros antigos, os quais eu pretendia despachar direto para Londres. A Itália era um país adorável, sem dúvida, mas, no fim das contas, a Inglaterra era melhor, principalmente agora que eu havia me enfiado acidentalmente em um lamaçal de mistério.

O velho e leal criado ficou com o coração partido diante da minha decisão repentina de ir embora.

– Ah, *signor padrone* – suspirou quando voltou para me contar as coisas –, este é um dia triste para mim! Só de pensar que o *signore* vai para a Inglaterra, tão longe, e eu nunca mais o verei! Eu contei a todos na cidade, e eles lamentam.

– Sem dúvida – respondi, sorrindo. – Suponho que eu tenha sido um bom cliente para os comerciantes. Eles devem ter lucrado muito comigo, hein, Nello?

– Devem mesmo, *signor padrone*, antes de eu ter chegado em sua vida; mas a partir de então as coisas mudaram. Eu sempre ameacei lhe contar quando percebia que estavam tentando passar a perna em você. Eles não gostam de ser considerados ladrões por um inglês, *signore*.

. . . . [1]

O velho de cabelos brancos esmoreceu.

– Ah, *signore*, você não tem como saber… não tem mesmo. Você sempre foi tão bom comigo que… bem, para falar a verdade, eu o tratei como se você fosse meu próprio filho. Não pode me levar junto para a Inglaterra?

– Impossível! – exclamei. – Você não sabe falar inglês, para começo de conversa; além disso, a sua família está aqui. Você ficará muito melhor em Livorno do que na Inglaterra, com seu céu cinzento e clima úmido. Você, um toscano, não aguentaria um mês disso.

– Mas Beppo Martini, do Hotel Campari, foi para Londres e agora é um dos maitres do Hotel Carlton, um cargo esplêndido, pelo que dizem – insistiu Nello.

– Eu sei. Mas ele era mais jovem, e havia passado anos em Paris antes disso – declarei com firmeza. – Lamento, Nello, mas levá-lo para a Inglaterra

---

[1] Cinco linhas de textos que foram perdidas na história do original. (N.E.)

é completamente impossível. Quando eu partir, no entanto, espero ouvir notícias suas com frequência por intermédio do *signor console*.

– Mas você não sabe – insistiu ele. – Não tem como saber. Tudo o que posso dizer é que, quando nos separarmos, você estará em perigo. Enquanto eu estiver ao seu lado, nada acontecerá. Se você me dispensar, temo por sua segurança.

Ri diante disso, julgando suas palavras como uma tentativa desastrada de me convencer a mantê-lo junto a mim. Os italianos são especialistas em ameaças e insinuações de infortúnios.

– Bem, Nello, eu nada temo, garanto a você – respondi. – Você tem sido um servo excelente, e lamento muito que sejamos obrigados a nos separar. Mas quanto a alguma desgraça recaindo sobre mim durante a sua ausência, devo dizer com franqueza que não antevejo nada do tipo.

– Mas o *signor padrone* não escutará os avisos?

– Avisos de quê? – gritei, pois todos pareciam ter algum aviso para me dar. – Daquilo que eu lhe disse? Você quer ir para a Inglaterra como meu criado pessoal e guardião, certo?

– Isso mesmo – respondeu o velho com seriedade.

– E por esse motivo você bolou uma artimanha extremamente sagaz para me induzir a deixá-lo fazer o que quer. – Dei risada. – De uma vez por todas, Nello, você não pode ir comigo.

Ele permaneceu em silêncio por alguns minutos, como se tivesse sido transformado em pedra.

Lágrimas brotaram nos olhos do velho criado afetuoso. Um nó surgira em sua garganta e vi quando ele o engoliu com dificuldade.

– Você não sabe quais são meus temores, *signor padrone* – disse ele com a voz rouca. – É pelo seu próprio bem que peço a você que me mantenha como seu criado. Pelo bem do seu próprio futuro. Se, no entanto, você já se decidiu, não há o que fazer. Nello vai deixá-lo, *signore*, mas não deixará de ser seu servo humilde e dedicado.

Então, ele se virou devagar e saiu, fechando as portas atrás de si.

Arrependi-me de ter zombado dele, pois eu não sabia o quanto era afeiçoado a mim. Ainda assim, levar um homem daquela idade para a Inglaterra seria loucura, e não pude deixar de sentir que o aviso que ele fizera era falso, feito sob um pretexto particular.

Por fim me levantei e, subindo até o escritório, onde as janelas ainda estavam fechadas contra o calor e o brilho do sol e do mar, peguei meu estimado Arnoldus e sentei-me à escrivaninha, determinado a decifrar pelo menos uma parte do registro escrito no final.

A primeira linha do garrancho irregular estava em latim, como já mencionei, e passei um bom tempo intrigado com a linha seguinte, tão dispersa e desbotada como era; mas finalmente descobri, para minha surpresa e satisfação absolutas, que o restante não estava em latim, e sim no inglês do início do século XVI.

Então, lentamente e com muita dificuldade, comecei a transcrever o registro misterioso, cuja abertura dizia o seguinte:

Pois, como tanto os inábeis quanto os ímpios não podem conceber o uso deste livro por si próprios, julguei por certo observar a eles que frutos e mercadorias eles podem obter disso da forma que eu puder imaginar.

Primeiramente, portanto, eles podem descobrir aqui quem e que tipo de homem eu sou. Em segundo lugar, eles podem saber sobre meu nascimento e paragens, sobre minha vida na corte de meu Lorde Dom Giovanni Sforza, tirano de Pésaro, de minhas confidências com minha senhora Lucrécia, de meus diálogos com o grande Lorde papa Alexandre VI, o terrível pontífice, e de minhas aventuras entre as damas formosas de Pésaro e Roma, e de diversas coisas estranhas em Yngolande.

Escrito em um inglês do século XVI bastante difícil, que modernizei consideravelmente, continuava:

Ademais, podem assinalar ainda o profundo significado deste meu registro secreto, e de como fui rápido em reparar a minha lentidão de antes. Por fim, anotei aqui, a pedido de alguns, que, por seu próprio trabalho, e sem instrução nem ajuda, não podem obter conhecimento acerca do Segredo Oculto. Com a ajuda deste livro, o homem estudioso, com pouco sofrimento, pode conseguir para si mesmo uma boa coleção de conhecimento que enriquecerá maravilhosamente o lugar-comum.

Você, meu leitor, pensa na morte? O mero pensamento já basta para perturbar alguém; e embora o homem possa ter muitas qualidades excelentes, tem a fraqueza de não comandar os próprios sentimentos. Nada é pior para a saúde do homem do que temer a morte. Alguns são tão sábios que não a odeiam nem a temem; porém, de minha parte, tenho aversão a ela, visto que é uma coisa precipitada e insensível que vem sempre antes de ser procurada; sempre vem fora de época, separa amigos, arruína a beleza, zomba da juventude e cobre os prazeres da vida com seu véu escuro. Não obstante, este terrível mal é apenas o mal de um momento, um que não podemos evitar de modo algum; e é isso que torna tudo tão terrível para mim, pecador que sou; pois, se tivesse data certa, a expectativa poderia diminuir parte do medo; mas quando penso que vou morrer, e que posso morrer a qualquer momento, e também de mil formas diferentes, sinto um medo tão grande que você nem pode imaginar. Enxergo perigos onde talvez nunca tenham existido. Estou convencido de que é bom ser um tanto ignorante neste quesito; e, no entanto, a melhor forma de curar a melancolia dos pensamentos de morte é evitar pensar nela o máximo possível.

Aquele que descobrir este meu segredo e sobreviver, vá atrás e assim obtenha sua recompensa justa. Mas se você, meu leitor, tem pavor da sepultura, não procure descobrir o que há neste livro fechado. Não seja tentado pelo poder oculto que nele reside, e deixe o fecho permanecer trancado e o segredo para sempre oculto de seu conhecimento e compreensão.

Eu, Godfrey Lovel, outrora da Abadia de Croylande, irmão da Ordem do Abençoado São Bento, aviso-lhe para conter a curiosidade, se teme a morte como eu a temo.

QUEM SEGUIR ADIANTE ESTÁ POR SUA CONTA E RISCO.

Fólios proibidos

As palavras de advertência inscritas ali em letras grandes e desiguais, trêmulas em alguns pontos como se tivessem sido escritas por uma mão envelhecida, destacavam-se da página de velino manchada pelo tempo como se fossem capitulares de fogo.

Parecia bastante absurdo levá-las a sério e, no entanto, por todas as frentes eu parecia ter sido avisado por aqueles que eu julgava ignorar que qualquer tentativa de abrir o Livro Fechado resultaria em desastre. Certamente, a forma pela qual o precioso volume chegara em minhas mãos já era dramática o suficiente, mas por que até mesmo o velho e leal Nello ficaria apreensivo quanto ao infortúnio iminente? Havia algo estranho a respeito disso tudo, algo decididamente indesejável.

A Itália é um lugar repleto de superstição, compartilhada tanto pelo conde quanto pelo *contadino*, por isso a princípio atribuí a questão a uma vaga crença no mau-olhado da qual eu não tinha conhecimento. Durante o tempo que morei na Toscana, muitas vezes me surpreendi com a quantidade de crenças e medos populares. Os verdadeiros toscanos enxergam presságio em tudo, e sempre carregam nos lábios um apelo à Virgem ou ao bom Santo Antônio, ao passo que sempre mantêm o primeiro e último dedo estendidos quando veem uma *gobba*, uma mulher corcunda – o prenúncio de todo o mal.

Se as advertências feitas a mim foram fruto de mera superstição, ou se foram parte daquelas conspirações engenhosas que o homem que vive entre os italianos suaves frequentemente tem de impedir, um fato permanecia: no próprio registro quase indecifrável, um outro aviso havia sido escrito de forma clara. E isso, em vez de despertar medo e hesitação em meu interior, apenas aguçou ainda mais a minha curiosidade.

Eu estava determinado a me apoderar do segredo custasse o que custasse.

O rosto pálido e trágico daquela mulher de olhos escuros que eu tinha avistado no escritório do prior robusto, e que depois tinha visto novamente na cidade barulhenta e apinhada, me assombrava. Sim, havia uma doçura calma naquele semblante orgulhoso e belo, certamente toscano, mas o mistério e a tragédia também estavam claramente estampados ali.

Como eu queria poder perguntar ao padre Bernardo sobre ela; pois, por mais estranho que possa parecer a você, caro leitor, ela exercia sobre mim uma estranha e sutil influência, e eu me sentia impotente sob uma espécie de feitiço que, mesmo hoje, não consigo definir.

Folheando aquelas páginas de velino com desatenção, parei e observei meu quarto à meia-luz, perdido em pensamentos. Lá fora, as cigarras das tamargueiras pulverulentas continuavam seu chirriar e, ao longe, vinha das colinas azuis o tilintar de um sino do vilarejo. Fora isso, tudo estava quieto. O mundo estava silencioso e ofegante sob o calor do verão que amadurecia o milho nos campos e as uvas e laranjas de meu jardim.

Mas eu estava cansado de tudo isso; sim, profundamente cansado. A Itália havia me encantado uma vez; porém, sua areia branca se acumulara sobre meu coração e eu ansiava pelos campos verdes e frescos da Inglaterra, ansiava por meus amigos e meu idioma. A nostalgia se apoderou severamente de mim, e eu estava cansado do mundo e com saudades de casa, contando os dias para a minha partida.

Logo voltei à análise da caligrafia mal escrita à minha frente, um pouco temeroso por conta da estranha advertência inscrita na página. Porém, lentamente e com considerável dificuldade, eu o decifrei do seguinte modo:

Estas são as razões pelas quais eu, Godfrey Lovel, me esforcei para escrever este registro secreto.

Em primeiro lugar: logo após meu nascimento em Winchelsea, meu pai, Sir Richard Lovel, barão do tesouro do rei, morreu de peste, e minha mãe se casou pouco tempo depois com meu senhor de Lincoln. Os monges bondosos de Winchelsea me ensinaram, mas aos quinze anos, deixei seu hábito e sua religião, fui até a França e me tornei um soldado mercenário para o exército do rei de Navarra. Foram tantas as aventuras estranhas que vivi naqueles dias de juventude com o grupo mercenário na Itália que, no Ano da Graça de Deus de 1495, estive em Pésaro, onde entrei a serviço do meu senhor Dom Giovanni Sforza e sua amável senhora Dona Lucrécia, que era filha de Sua Santidade, o papa. A princípio, fui nomeado capitão dos cavalheiros armados de meu senhor duque, mas depois, minha senhora Lucrécia, com sua enorme generosidade, considerou-me digno de ser secretário de sua graça. Ademais, talvez lhe agrade saber que no palácio do tirano Sforza eu vi algo que me causou desconforto, e não foi pequeno; no entanto, devo me contentar em registrá-lo de forma breve.

Mas agora, no tocante à minha parte, suplico-lhe humildemente que tenha paciência comigo, pois de fato vi e conheci coisas que nenhum outro homem viu e conheceu; e você, meu leitor, que ousou seguir em frente depois de minha advertência e admoestação, encontrará aqui uma sequência de fatos que o deixará estupefato. Que Deus seja louvado por não haver na Inglaterra coisas como aquelas que são feitas na Itália sob o touro vermelho dos Bórgias.

No que diz respeito às revelações, estas são as coisas que ouvi e das quais tenho conhecimento. No início das coisas, que ocorreu na semana das Têmporas de 1496, Sua Santidade, o papa, o senhor Alexandre VI, enviou seu filho, o cardeal, à nossa corte em Pésaro. Não gostei dele desde o momento em que o vi desmontando de seu cavalo no pátio do palácio. Embora tivesse apenas dezoito anos de idade, seu pai o tornara cardeal-diácono de Santa Maria Nuova, um rapaz elegante, vaidoso e pecaminoso cuja ambição desconhecia limites. Tinha vindo em uma missão secreta do Vaticano para a irmã, minha senhora Lucrécia, e com ela conversava em privado durante a ausência do meu senhor duque. O senhor Dom Giovanni era um homem brutal e levava uma vida perversa, e era cruel com sua bela esposa de cabelos dourados, isso eu garanto; mas mesmo para a minha senhora Lucrécia, cuja vida era tão infeliz que ela se lamentava às lágrimas para mim, que era seu homem de confiança e humilde servo, o objetivo da missão secreta do cardeal César era terrível.

Ao cair do sol no mesmo dia, meu senhor, tendo voltado de uma visita ao Malatesta em Rimini, deu boas-vindas calorosas ao cardeal e o recebeu no grande salão de banquetes, onde quatrocentas pessoas jantaram. Os festejos não terminaram à meia-noite, mas meu senhor e seu convidado se retiraram naquele horário. Algum tempo depois, tive a oportunidade de passar pelo grande corredor onde ficava o quarto de minha senhora Lucrécia e ouvi o som de uma mulher chorando lá dentro. Era a minha senhora; e, depois de pedir permissão, adentrei o cômodo e a encontrei mergulhada em tristeza e remorso. Desejando humildemente que sua graça aceitasse minha pobre mente a serviço de sua nobilíssima pessoa, eu a encorajei a me dizer a verdade.

Ela estava arrancando os cabelos de preocupação enquanto se confessava para mim, mediante minha promessa de manter segredo, que seu irmão, o cardeal, fora enviado pelo pai, Sua Santidade, com o propósito de envenenar o marido dela, o duque, porque o terrível pontífice desejava arranjar um casamento mais vantajoso para ela a fim de aumentar o poderio dos Bórgias. Nunca em minha vida tinha visto uma mulher bonita em tamanho desespero, e eu, o servo, confidente, mordomo e secretário de sua graça, tentei ajudá-la com minha mais humilde sabedoria, então ela me disse, em meio às lágrimas, que temia desobedecer à vontade de Sua Santidade. Sugeri que sua graça se separasse de seu senhor e que o casamento fosse anulado por Sua Santidade; mas, em desespero, ela me disse que seu irmão César já o havia envenenado secretamente com um composto mortal e não rastreável, conhecido apenas por seu pai, seu irmão e ela mesma.

Meu senhor Dom Giovanni Sforza, o tirano de Pésaro, cujo reinado era repleto de opressão, assassinato, derramamento de sangue e infâmia, estava condenado. Morreria dentro de algumas horas. Apesar de a minha senhora odiar seu jeito perverso, desejava que ele continuasse vivo. Mas ela temia a ira de Sua Santidade caso fosse até ele e contasse sobre as ações do lorde cardeal, que estava naquele momento discutindo com ele as melhores formas de reprimir o rebelde Orsini. Por fim, no entanto, minha senhora, fazendo-me prometer ajudá-la, resolveu deixar Pésaro e ir para Roma. Primeiramente, desejando levar consigo as joias caras que lhe foram dadas durante o casamento, ela destrancou o baú de joias e me fez encher meus bolsos e meu gibão com as mais preciosas. Em seguida, tirou de uma caixa dourada que jazia no interior do baú um pequeno punhal com lâmina dentada, dizendo-me para ir até seu senhor, o duque, e golpeá-lo em uma parte não letal. O lorde cardeal, que estaria presente, acreditaria se tratar de um assassinato e não faria nenhum esforço para me impedir; depois disso, tendo desferido o golpe, eu deveria fugir para Roma de imediato e aguardá-la lá. Dentro da caixa dourada havia três tubos delicados de vidro branco-esverdeado, cuidadosamente fechados, nos quais minha senhora confidenciou que havia o veneno secreto e poderoso dos Bórgias. Tinham sido dados a ela pelo pai como um presente de casamento, junto com o punhal de lâmina fina e oca que continha o antídoto secreto.

A respeito da caixa: a caixa supracitada, com seus três tubos de vidro, cada um medindo um terço do dedo mindinho de um homem, conferiam a alguém o poder de matar em segredo. E o tubo que continha o antídoto a senhora Lucrécia confiou à minha custódia, bem como suas joias maravilhosas, como nenhum homem havia visto antes.

Peguei o punhal, beijei a mão de minha senhora em um juramento de servidão devota e saí apressado para cumprir suas ordens. Entrei onde meu senhor duque estava sentado, bebendo com seu convidado traiçoeiro, e golpeei seu braço com a lâmina que carregava o antídoto, desse modo salvando sua vida, embora parecesse se tratar de uma tentativa de assassinato. Então, fugi pelo Portão de Rocchetta sob o véu da noite, chegando a Roma ao pôr do sol do sexto dia seguinte. Portanto, será visto que eu não apenas carregava as inestimáveis esmeraldas de minha senhora Lucrécia e o veneno secreto dos Bórgias, cuja presença não pode ser detectada, mas também tinha o antídoto em minha posse.

Em Roma, escondi os tesouros confiados a mim em um lugar que ninguém conhecia; enquanto minha senhora, tendo fugido de Pésaro, entrou no convento de San Sisto; o senhor papa Alexandre VI, ao descobrir que o veneno aplicado pelo devoto cardeal havia sido inútil, expediu um decreto anulando o casamento. Agora, muitos amigos de Sua Santidade haviam morrido em Roma, incluindo vários membros do Sagrado Colégio, e por conta da morte deles, ele enriqueceu e tornou-se mais poderoso. Sendo assim, o fato de a substância não ter surtido efeito no caso de Dom Giovanni deve ter-lhe deixado muito surpreso.

Louvado seja Deus, que, com Sua infinita bondade e misericórdia inestimável, tirou-me das trevas e me guiou para a luz, e da ignorância mortífera para o rápido conhecimento da verdade, da qual, graças à instigação e falsa persuasão do demônio, eu havia me desviado gravemente. Com isso, pude salvar a vida de meu senhor, embora ele seja um tirano e um homem que leva uma vida de perversidades. O senhor cardeal César voltou a Roma, e seis meses depois do divórcio de minha senhora, Sua Santidade a tirou do convento e a entregou em matrimônio ao senhor Dom Quadrata e Salerno, e da mesma forma entregou-lhes o palácio do cardeal de Santa Maria em Pórtico, próximo ao Vaticano, para que lá morassem. E nesse ponto retornei para junto de minha senhora, como seu mordomo e confidente; pois agora, sabendo que ela não passava de uma ferramenta inocente nas mãos infames do senhor Alexandre e de sua criatura, o cardeal César, resolvi me dedicar a protegê-la. Contei para a minha senhora sobre o esconderijo em que estavam as suas joias, mas ela não me permitiu levá-las para o palácio, para que não servissem de lembrança do seu passado infeliz. Era melhor que permanecessem onde eu as havia deixado. Mais uma vez o casamento da minha infeliz senhora era desprovido de amor, e sua felicidade era constantemente perturbada pelo terror em que vivia, sendo compelida pelo terrível pontífice e seu ambicioso irmão a agir de forma traiçoeira e desonrosa, a atrair homens e mulheres para a sua ruína e a montar armadilhas letais com seu veneno secreto.

Depois desse trecho, havia um espaço em branco no qual foi grosseiramente desenhada uma curiosa figura geométrica. Em algumas das linhas trêmulas, que muito provavelmente deveriam ser retas, havia números. Era quase como a planta de uma construção, porém, uma inspeção cuidadosa me mostrou que não era, e passei um longo tempo tentando estabelecer sua ligação com o notável relato do velho monge.

Que diz respeito à servidão de uma mulher

Depois de uma longa análise, cheguei à conclusão de que a figura desenhada de forma grosseira devia ter sido colocada ali por outra pessoa, pois parecia ter sido retratada com uma tinta um pouco diferente, ligeiramente mais desbotada que a escrita. Como costuma acontecer em manuscritos antigos, espaços em branco foram usados por proprietários subsequentes para anotar coisas em uma época em que cada centímetro de pergaminho ou outra superfície de escrita era precioso.

Não aparentava ter nenhuma ligação com o texto; portanto, deixando-o de lado para um exame mais detalhado posteriormente, virei a página e continuei decifrando aquele documento notável e proibido que discorria sobre a perfídia da terrível Casa dos Bórgias.

Como antiquário, fiquei profundamente interessado no estranho relato, pois ele aparentemente trazia à tona todo um novo lado da notória Lucrécia Bórgia, a mulher que transformara o envenenamento secreto em uma bela arte.

E à medida que eu prosseguia, descobri que continuava da seguinte forma:

Na minha humilde sabedoria, servi à minha senhora Lucrécia, envolvendo-me, temo, em incontáveis erros e ficando a par dos crimes detestáveis do cardeal César. Tanto minha senhora quanto eu sabíamos que havia sido César quem, com as próprias mãos, esfaqueara o irmão mais velho, Giovanni, duque da Gandia, e o jogara no rio Tibre na noite do banquete oferecido por sua mãe, a Madonna Giovanni, em São Pedro ad Vincula. Sabíamos, também, de muitos crimes tenebrosos e abomináveis, além daqueles em que o pai e o irmão de minha senhora a obrigavam a participar. Após o assassinato do duque da Gandia, o cardeal César deixou de lado seu barrete escarlate e tornou-se capitão-general da igreja, com o título de Lorde duque César de Valentinois. Ele evitou o sacrilégio ou o assassinato, prontamente deixando de lado as vestes púrpuras para trajar o peitoral da armadura, e à frente de seu exército esmagou o poder feudal dos barões da Romanha.

Por um período lamentavelmente curto ele ficou ausente, e foi breve o descanso que minha senhora teve dos horrores que recaíam sobre ela. Pode ser que você, meu leitor, que não teme a MORTE, ainda continue a ler este registro; mas eu ainda o alerto e imploro para que contenha a sua curiosidade, e não busque a obtenção do segredo, pois você estará por sua própria conta e risco. Em verdade, eu afirmo a você que as coisas que sucederam no palácio de meu senhor príncipe de Bisceglia por incitação e ordem do papa Bórgia, com seu rosto gordo e queixo duplo, foram as mais perversas e horrendas já feitas pelo homem. Para os inimigos de Sua Santidade, o mero toque da mão macia de minha senhora significava a morte certa, e havia banquetes em que os escolhidos eram varridos como moscas. Ninguém que ousou contrariar o papa Bórgia ou o senhor duque de Valentinois

escapou de uma destruição rápida e certa. Para eles, a morte esprei-
tava o tempo todo, não importando o quanto se preocupassem com
sua segurança pessoal. A engenhosidade diabólica de César Bórgia
mostrou-se das mais variadas formas, tudo para garantir a morte
dos rivais, fazendo com que a Casa dos Bórgias se tornasse suprema
e, seu poder, esmagador.

Peço-lhe que tenha a bondade de compreender a minha ousadia
ao relatar por escrito aquilo que vi, e que você, que viverá depois de
mim, precisa saber, além de conhecer este meu segredo aqui contido.

Nesse ponto, havia um segundo desenho, um pouco mais complexo que o anterior, e na parte inferior tinha sido escrita, evidentemente pelo velho Lovel, uma única palavra inexplicável, em algum idioma desconhecido por mim: "treyf".

Em um dos cantos havia o desenho de um círculo com linhas radiais que talvez tivesse o intuito de representar o sol; porém, o desenho era tão grosseiro que poderia significar qualquer coisa. Sendo assim, após alguns minutos de análise minuciosa, cheguei à conclusão de que minha primeira teoria estava errada, e que ambas as figuras tinham sido desenhadas pela mesma mão que escrevera o curioso relato.

Dando seguimento à minha tarefa de decifrar, de repente fui acometido por dores nevrálgicas intensas na cabeça e nas costas, acompanhadas de cãibras excruciantes nas mãos, semelhantes às que experimentei em uma ocasião em que passei muito tempo escrevendo. A despeito disso, porém, continuei a analisar o relato secreto que, como será revelado, provou-se muito notável. Depois do desenho inexplicável, havia o seguinte:

Suponho que seja a vontade de Deus que eu tenha permanecido o
humilde servo de minha senhora Lucrécia, obstinadamente determi-
nado a passar por todas as situações extremas em vez de deixá-la nas
mãos daqueles assassinos ocultos. Muitas vezes minha infeliz senhora

buscou meus conselhos, cheia de remorsos do papel que era forçada a desempenhar por Sua Santidade e pelo senhor duque de Valentinois. Tive conhecimento de que muitos dos que visitaram o palácio foram envenenados em segredo e voltaram para casa para morrer. Entre eles, estava meu senhor Dom Ludovico Visconti, que se aliara ao Doge e ao Senado de Veneza, e no punho de sua espada, que ele desembainhou quando se sentou para comer, foi colocada uma gota do veneno dos Bórgias.

Outro foi o senhor Alessandro Farnese, cardeal-diácono de San Cosina, que morreu de forma repentina depois de encontrar Sua Santidade e minha senhora Lucrécia; uma terceira vítima foi Madonna Sancia, filha de Sua Majestade Dom Alonso II, a quem minha senhora Lucrécia foi forçada, por ordens de seu pai, a enviar um anel de ouro, e a mulher morreu uma hora depois de tê-lo colocado no dedo. Mais uma vez, minha senhora Lucrécia foi obrigada a convidar para um grande banquete Dom Oliverotto da Femo, Dom Giovanni Fogliani, Dom Vitellozo de Citta di Castello, Dom Paolo Orsini de Sinigaglia, Dom Lorenzo Manfredi de Faenza, o pálido cardeal camerlengo Riarjo e Dom Juan Vera, cardeal de Santa Balbina. Tanto a Sua Santidade quanto o duque César estavam presentes, e o banquete foi oferecido a fim de selar a paz com os feudos da Romanha. Eu me sentei em uma das extremidades da mesa, ao lado de meu senhor Orsini; mas uma traição vil foi posta em prática, pois cada convidado, sem exceção, foi secretamente envenenado, e ao raiar do dia nenhum estava vivo, ainda que nenhum deles tenha sentido qualquer efeito antes de deixar o palácio. Por artifícios como esses, Romanha caiu sob o poder dos Bórgias.

Muitas das mulheres que odiavam a Casa dos Bórgias foram envenenadas por delicados confeitos entregues a elas pelo filho balbuciante de minha senhora, o duque Roderico, que, portanto, era um envenenador aos dois anos de idade, mas de cujos doces as senhoras não desconfiavam. E que fique registrado para você por este meu relato que o marido de minha senhora, meu senhor príncipe de Bisceglia, tinha apenas 21 anos nesta época e estava indefeso nas mãos venenosas do duque César. Roma estava repleta de assassinos. Eu, assim como todo homem que prezava pela própria segurança, vestia uma cota de malha ao sair da cama e não botava o pé na rua antes de prender uma espada ou pelo menos um punhal à minha cintura. Mas o touro vermelho estava desenfreado, pois todo o poder dos Bórgias residia no poder letal daqueles frasquinhos de vidro e na impossibilidade de detectar a mortífera cantarella.

Pense, meu leitor, se qualquer homem indiferente, sabendo dessas coisas e também ciente de que a senhora Lucrécia julgava a própria situação como abominável, poderia fazer qualquer coisa que não continuar como seu fiel mordomo e tentar protegê-la dos terríveis perigos que a cercavam. Ademais, certa vez, às nove da noite, minha senhora veio até mim aterrorizada, dizendo que, tendo discutido com o pai, Sua Santidade a tinha enviado para seus aposentos particulares no Vaticano, onde conversou com ela e segurou-lhe a mão para lhe perdoar. Ao recolher a mão, minha senhora viu que ele usava o anel de envenenamento oco, como aquele que tenho em minha posse, e que contém a mortífera cantarella. *Então minha senhora percebeu que tinha sido vítima de traição e que estava condenada. Seu belo rosto já estava pálido, e sobre ela sobrevieram as dores na mandíbula e na língua, responsáveis por confirmar as nossas suspeitas. Sem perder tempo, peguei o punhal com o antídoto, e com ele perfurei profundamente seu antebraço branco, o qual ela manteve estendido para mim sem vacilar até que o sangue jorrasse, e dessa forma a sua vida, ameaçada por Sua Santidade, o papa Alexandre VI, lhe foi devolvida.*

Foram duas as vezes em que fui envenenado pelo duque César (maldita seja sua memória para sempre), e nas duas vezes fui capaz de neutralizar o veneno com o antídoto que minha senhora Lucrécia havia me dado. O veneno dos Bórgias espreitava em tudo. Uma flor poderia estar tão impregnada que seu perfume se tornaria letal; luvas eram embebidas de modo que o usuário morresse dentro de doze horas; chapéus e botas, báculos e cotas de malha, kirtles femininos ou as ceroulas masculinas: tudo estava envenenado; e ia além: havia veneno até na própria cadeira em que um convidado se sentava. Nenhum veneno era colocado nas taças, visto que era sempre externo e impossível de detectar; ademais, sua ação poderia ser controlada de tal modo que tomei conhecimento de que, em alguns casos, a morte poderia acontecer uma hora depois, ao passo que, em outros, o desfecho fatal demoraria uma semana ou até mesmo um mês, a depender das vontades do papa Alexandre e de seu filho ambicioso. A bem da verdade, a posse desse veneno secreto deu à Casa dos Bórgias controle sobre a Igreja, o Estado e as riquezas e tesouros do mundo, tudo isso sendo conquistado pela traição mais vil conhecida pelo homem.

Meu bom e singular leitor, meu dever pressuposto, rogo para que durante a sua leitura compreenda que, assim como no caso de meu senhor Sforza de Pésaro, também no caso de meu senhor príncipe de Bisceglia, Sua Santidade, vendo que suas tentativas de matar a filha haviam sido frustradas, logo desejou tirá-la do marido, sabendo que entregá-la em matrimônio a um dos novos senhores da Romanha fortaleceria o poder papal naquela região. A crise ocorreu na manhã seguinte ao retorno do meu senhor príncipe de Nápoles, no dia 8 de agosto do Ano da Graça de Deus de 1500. Meu senhor foi secretamente envenenado duas vezes e escapou da morte graças ao antídoto; porém, às onze horas da noite mencionada, ele foi até a Basílica de São Pedro e, enquanto subia os degraus, foi gravemente apunhalado por um grupo de homens mascarados a mando do duque César. Fraco pela perda de sangue, arrastou-se até os aposentos do papa, onde minha senhora Lucrécia, que por acaso ali estava, desmaiou ao vê-lo. Havia quinze ferimentos em seu corpo, mas ele teve a vida salva pela cota de malha; apesar disso, passou três semanas acamado na torre dos Bórgias, minha senhora Lucrécia nunca saindo de perto dele e, temendo um envenenamento, ela mesma preparava a comida do marido. Ainda assim, antes que meu senhor se recuperasse, o duque César, acompanhado por um tal de Dom Michelotto, o visitou certa noite. E, depois de expulsar minha senhora e a Madonna Sancia do aposento, ficaram a sós com ele. Minha senhora seguiu apressada até o cômodo da Segnatura, que havia sido reservado para mim enquanto meu senhor estava acamado; e, ouvindo o que havia acontecido, corri para o quarto de meu senhor e descobri que ele tinha sido estrangulado. O bravio Michelotto tentou me golpear; porém, como sua lâmina foi desviada por minha cota de malha, ele optou por fugir. Quando minha corajosa senhora apareceu e avistou seu marido morto, seu pesar parecia infindável, pois ela viu que ele, assim como outros, havia enfim sido uma vítima da traição dos Bórgias. Tanto o senhor papa Alexandre VI quanto seu filho César tinham o costume de dizer: "O que não é feito ao meio-dia pode ser concluído ao pôr do sol."

Você, leitor, que se atreveu a perscrutar este livro, refreie a sua curiosidade e sede de conhecimento, e abstenha-se de agir, pois aqui estão escritas coisas estranhas, segredos que não lhe dizem respeito e que permaneceram mistérios ocultos do mundo; coisas cujo conhecimento o colocará entre os melhores da Terra, ao mesmo tempo em que levará o infortúnio e a destruição até você. Tendo adquirido o conhecimento registrado até o momento, eu imploro a você, corajoso como é, que não torne a abrir este Livro Fechado. Mais uma vez, ouça o aviso de um homem morto, e salve a si mesmo.

E novamente aquelas dores descomunais e excruciantes assolaram minha testa e meus membros, enquanto minha garganta se fechava outra vez, exatamente como na noite anterior, quando eu tinha dado início à leitura.

Porém, com meu cérebro girando e meus sentidos atordoados, virei a página desbotada pelo tempo, e no verso, escritas em letras maiúsculas no meio de uma folha em branco, estavam as palavras agourentas:

AH, AVARICIOSO LEITOR QUE NÃO ESCUTOU O AVISO!
VOCÊ ESTÁ AGORA ENVENENADO E DEVE MORRER.
PARA VOCÊ, NENHUM ANTÍDOTO ADIANTARÁ, E NENHU-
MA MÃO TRARÁ A SALVAÇÃO. A LÂMINA DA MORTE PAIRA
SOBRE A SUA CABEÇA.

Então, pela primeira vez, a terrível verdade veio até mim.

As páginas de velino daquele relato secreto estavam impregnadas com algum veneno desconhecido e sutil, provavelmente o composto secreto da Casa dos Bórgias que poderia ser usado para envenenar qualquer objeto e torná-lo mortal ao toque; e eu, não dando ouvidos à premonição, fui envenenado.

Atirei o volume pesado para longe de mim e soltei um grito de pavor e desespero. A dor era insuportável. O aguilhão da morte já pairava sobre mim.

Eu havia aberto o Livro Fechado – um gesto que se mostrou fatal.

A opinião do
Doutor Pellegrini

Tenho pouquíssimas lembranças sobre o que aconteceu logo em seguida, pois estava demasiado confuso e repleto de dor.

Tudo de que me lembro é que desci as escadas às pressas em busca do velho Nello, gritando que eu fora acometido por algum mal repentino; e ele, vendo minhas feições pálidas e distorcidas, ficou muito alarmado. Naquele momento, lembrei-me de que tinha marcado de me encontrar com a esposa de um viticultor, com quem eu estava negociando a compra de um quadro primoroso do século XIV retratando São Francisco de Assis; e, depois de dizer ao meu leal criado que se alguma mulher viesse até a casa, ele deveria pedir a ela que esperasse por mim, saí correndo, apanhei um cabriolé e segui ao longo da estrada marítima ensolarada até chegar a Livorno, onde, em um palacete velho e alto em um bairro antiquado, encontrei meu amigo, doutor Pellegrini, um italiano baixo e robusto, de rosto redondo e cabelos grisalhos, com um par de olhos escuros que exibiam uma expressão dura e severa.

– O que foi, meu querido *signore*? – gritou ele em italiano, quando adentrei seu grande escritório à meia-luz, com piso de mármore sem carpete e mobiliado apenas ao estilo toscano. – O que o incomoda?

– Eu fui envenenado, *signor dottore*! – arfei.

– O que você está sentindo? Diga-me logo – exigiu saber, saltando em minha direção e pegando meu pulso de imediato, convencido de que não havia tempo a perder.

– Estou com muita dificuldade de respirar – consegui dizer, ofegante. – E agora pareço sentir um gosto estranho e cortante, como se eu tivesse engolido quinino. Meu pescoço dói e parece estar pendendo para trás, e estou agonizando.

– É muito provável que seja estricnina – comentou o médico. – Como você ingeriu? Foi um acidente?

– Explicarei mais tarde – respondi. – Dê-me alguma coisa para aliviar essas dores horríveis. O veneno, posso explicar, não é estricnina, e sim o composto secreto e letal dos Bórgias.

– Os Bórgias! Bobagem! – objetou ele. – É mais provável que não passe de pura imaginação.

– Mas eu garanto que é verdade. Fui envenenado por uma substância cujo segredo é desconhecido, e o antídoto se perdeu há muito tempo.

O médico sorriu com descrença, provavelmente dizendo para si mesmo que os ingleses eram uma raça estranha, com todos os seus modismos, caprichos, chás e alfaiatarias elegantes.

– Bem – disse ele. – Primeiro darei a você um pouco de clorofórmio e depois veremos o que podemos fazer. Não se preocupe, meu caro *signore*. Encontraremos um antídoto, de um jeito ou de outro.

E ele me deu um pouco de clorofórmio, que me fez perder os sentidos. Então, ao recobrar a consciência, encontrei-me em uma cama em um cômodo quase totalmente escuro, com cobertores empilhados sobre mim de tal modo que me reduziram a um estado de transpiração abundante.

Minha cabeça parecia estar firmemente amarrada por uma faixa de aço, mas não sentia mais dificuldade para respirar. Meus membros não estavam mais sofrendo de cãibras e agora eu conseguia mexer o pescoço.

Eu estava melhor, e disse isso a Pellegrini, que estava sentado pacientemente ao meu lado me observando.

– É claro – declarou ele, com aquele jeito frio e cínico que fazia com que as pessoas instintivamente não gostassem dele logo de cara.

– Mas eu estava muito mal – comentei. – Eu nunca senti dores tão insuportáveis como aquelas em toda a minha vida.

– E eu posso lhe dizer – começou ele no mesmo tom calmo – que você nunca esteve tão perto da morte como estava uma hora atrás. Eu realmente achei que você não ia sobreviver. Liguei para Cassuto no hospital e ele veio até aqui correndo para me ajudar. Não acreditei que você tivesse, de fato, sido envenenado. Afinal, certamente não era estricnina, embora os sintomas fossem muito semelhantes. Conte-me como isso aconteceu.

Virei-me na cama para ficar de frente para ele e contei resumidamente como havia adquirido o curioso volume e como, em duas ocasiões diferentes, havia sido repentinamente acometido enquanto analisava a história secreta escrita no fim do livro.

– Hum – grunhiu em tom de dúvida. – Muito interessante, especialmente porque o relato menciona o veneno desconhecido usado por Lucrécia Bórgia e o irmão dela. Um assunto a ser investigado, certamente. Você deve permitir que eu envie uma das páginas de velino para análise; e talvez possamos esclarecer de uma vez por todas os ingredientes do composto que por tanto tempo permaneceu um mistério.

– Farei isso de bom grado – respondi. – Podemos acabar descobrindo algo de extrema importância para os toxicologistas. Até agora, eles declararam que produzir uma substância venenosa o suficiente para penetrar na pele e causar a morte de quem a toca é impossível. Aqui, no entanto, acho que temos uma prova disso.

– Realmente parece que é o caso – declarou ele pensativamente. – Devo aconselhar você que, ao manusear o livro novamente, use luvas como precaução. Tendo escapado da morte por um triz, como acabou de fazer, tomar cuidado nunca é demais.

– Vou seguir seu conselho, *signore dottore* – respondi. – E eu tenho que lhe agradecer por me salvar, como você fez hoje.

– Você escapou por pouco... por muito pouco mesmo – observou ele. – Acho que, em todos esses anos de profissão, nunca vi um homem chegar tão perto da morte e depois se recuperar. Quando você me disse que suas mãos estavam impregnadas pelo veneno dos Bórgias, eu fiquei cético, é claro. Vocês, ingleses, às vezes se tornam demasiado imaginativos quando vivem aqui neste clima. Mas sou obrigado a admitir que os sintomas não correspondem aos de nenhum veneno conhecido; e se o que você me disse for verdade, então de fato parece que realmente estamos na posse de um objeto envenenado com a antiga substância sobre a qual tanto se falou durante os últimos três séculos. De minha parte, estou profundamente interessado neste caso curioso, e ficarei muito feliz em investigá-lo de forma analítica, se você me permitir. Meu amigo Marini, professor de química em Pavia, está na região para tomar um banho de mar, e tenho certeza de que vai me ajudar. Como você sabe, ele é um dos analistas mais experientes da Itália.

E assim ficou combinado que uma análise química deveria ser conduzida, a fim de descobrir, se possível, o segredo do veneno dos Bórgias, que era tão sutil e poderia ser controlado de modo que os efeitos só começassem a ser sentidos dentro de meia hora ou um mês, de acordo com a vontade do envenenador, mas a conclusão era sempre a mesma: a morte.

Mediante o uso secreto daquela substância letal, o duque César detto Bórgia sem dúvida havia aniquilado seus inimigos, e mais de um cronista da antiguidade alega que o pai dele, o papa Alexandre VI, não hesitava em usar o veneno para se livrar de cardeais insolentes e ricos, ou de outras pessoas que despertaram sua inimizade. Ele realmente fez jus ao título de

Governante do Mundo, e é mais do que provável que, com o auxílio desse composto secreto, tenha posto fim ao baronato turbulento e egoísta que havia devastado os Estados papais durante séculos. Por certo seu reinado foi permeado por atrocidades diabólicas e crueldade desenfreada e engenhosa, cujas evidências documentais estão preservadas nos arquivos secretos do Vaticano e de Veneza. Quanto aos supostos crimes da bela Lucrécia, de cujo cabelo dourado uma longa trança ainda está preservada na Biblioteca Ambrosiana de Milão, aqueles que leram a história da Itália sabem muito bem como ela foi representada: como uma pessoa à parte da humanidade por conta de sua devassidão, seus vícios e crimes. Entretanto, o que estava escrito naquele curioso registro de Godfrey Lovel, que fora soldado, cortesão e monge ao longo da vida, parecia demonstrar que, na juventude, Lucrécia, sem iniciativa e sem liberdade de escolha, não passava de uma marionete nas mãos de Alexandre e seu filho César.

De todo modo, ainda era fato que o escritor daquele relato secreto gozava de plena confiança de Lucrécia Bórgia e também estava em posse do veneno, com o qual, muito provavelmente, impregnara o livro para que aqueles que descobrissem os segredos nele contido não continuassem vivos para tirar proveito deles.

Conhecer o segredo registrado ali, alegou o escritor, colocaria a pessoa entre os melhores da Terra. Tal coisa não bastava para despertar a curiosidade de alguém e o impelir a continuar? Continuar manuseando aquelas páginas envenenadas, buscando inconscientemente sua própria ruína?

O segredo, com certeza, devia ser de grande importância, registrado daquele modo em páginas de velino, e ainda assim tão protegido que aquele que o buscasse deveria inevitavelmente morrer antes de toda a verdade ser revelada.

A história como um todo era demasiado intrigante. Enquanto estava sentado no cabriolé aberto e veloz que me levava de volta pela estrada marítima até Antignano, o sol carmesim se punha e a multidão de italianos, trajando roupas alegres, passeava pela orla sob os azevinhos e acácias que ladeavam o Mediterrâneo. Livorno é um balneário popular durante os meses de julho e agosto e, do momento em que o sol se põe atrás da ilha Górgona até tarde da noite, é impossível encontrar em todo o sul da Europa vista mais bela que a da Viale Regina Margherita, como a bela orla é chamada, com seus cafés ao ar livre e grandes estabelecimentos balneares.

Através do bosquezinho que fica entre o vilarejo popular de Ardenza e o mar, onde os oleandros ostentavam toda a sua glória, meu cabriolé acelerou em direção a minha casa; e, tendo deixado o júbilo dos arredores de Livorno para trás, me pus a refletir sobre o futuro e a perguntar o que, afinal, era a verdade oculta contida no Livro Fechado, o conhecimento que colocaria o seu detentor entre os melhores da Terra?

Lembrei-me das estranhas circunstâncias em que havia adquirido o tomo antigo, dos modos inexplicáveis de padre Bernardo, do semblante maléfico do velho corcunda na janela da igreja e, principalmente, daquela jovem singularmente bela trajando preto que eu encontrara no escritório do prior, a mulher com quem o padre robusto tivera uma conversa particular.

Por que o padre Bernardo me incentivara a desistir da compra? Por que Graniani viera ao meu encontro com o mesmo propósito, deixando-me com um aviso? Certamente eles não deveriam saber que as páginas estavam envenenadas e, do mesmo modo, não poderiam ter nenhuma motivação para evitar que eu me tornasse uma vítima!

Se eles estivessem agindo mediante motivações puramente humanas, certamente teriam me explicado a verdade.

Além disso, ao pensar no assunto, veio à mente que as páginas de velino ao fim do livro, onde estava registrado o relato do velho Godfrey, pareciam não ser abertas há anos, pois várias delas tinham ficado coladas devido à umidade nas bordas, de modo que tive de desgrudá-las com uma faca.

Enfim, saltei do cabriolé, paguei ao motorista, atravessei o corredor ecoante de mármore do *villino* e subi as escadas em direção ao meu escritório.

O velho Nello, que vinha atrás de mim, cumprimentou-me com o costumeiro *"Ben tornato, signore"* e então acrescentou:

– A dama veio até aqui atrás de você, esperou cerca de quinze minutos no seu escritório e depois foi embora, prometendo voltar amanhã.

– Ela não disse nada sobre a pintura do São Francisco?

– Não, *signore*. Mas ela parecia uma jovem inquisitiva... de Bolonha, creio eu, por conta do sotaque.

– Uma jovem! – exclamei. – Ora, a esposa do viticultor tem uns sessenta anos, no mínimo. Esta dama era jovem?

– Cerca de 26 anos, *signore* – foi a resposta dele. – Tinha um rosto bonito, como uma pintura, mas trazia um semblante bastante tristonho. Estava toda vestida de preto, como se estivesse de luto.

– O quê? – berrei, parando no meio da escada, pois a descrição da visitante coincidia com a da mulher que eu tinha visto no escritório do padre em Florença e depois em Livorno. – Ela tinha olhos pretos e um queixo bastante pontudo e proeminente?

– Tinha, sim, *signore*.

– E ela passou quinze minutos sozinha no meu escritório?! – exclamei.

– Passou. Espiei pelo buraco da fechadura e, vendo que ela estava bisbilhotando seus documentos, entrei. Então ela pediu licença para ir embora e disse que voltaria depois.

– Mas essa não é a mulher que eu estava esperando, Nello! – E, com um salto, galguei às pressas os degraus restantes e fui até o cômodo.

Uma única olhada no escritório me revelou a verdade.

O Livro Fechado havia desaparecido! Fora roubado por aquela mulher, que vinha me seguindo e cujo rosto não saía da minha memória.

Vasculhei o cômodo como um desvairado, perguntando a Nello se ele havia colocado o livro em algum lugar; mas ele disse que não. Lembrou-se de tê-lo visto aberto sobre minha escrivaninha, quando acompanhou a visitante até o escritório, e não tinha pensado mais nisso até esse momento em que eu trazia o assunto à tona.

Meu tesouro tinha sido roubado e, quando me virei em direção à escrivaninha, vi estirada sobre o mata-borrão uma folha do meu próprio bloco de anotações, na qual estava escrito em italiano, em uma caligrafia feminina primorosa, o axioma de César Bórgia conforme relatado no livro desaparecido:

Aquilo que não é feito ao meio-dia pode ser concluído ao pôr do sol.

Atravessando a Europa

O Livro Fechado foi furtado de mim quando eu estava prestes a descobrir o segredo que ele continha.

Fiz algumas perguntas específicas a Nello e confirmei minha suspeita de que a mulher que cometeu o furto era a mesma cujo rosto havia me atraído tanto e que vivia em minha memória a todo tempo desde o nosso primeiro encontro.

É curioso como o rosto de algumas mulheres nos perseguem, mesmo quando não desejamos ser alvo de sua afeição! O fascínio dos olhos de uma mulher é um dos mistérios mais inexplicáveis do mundo, estando muito além da compreensão e do controle humanos, e ainda assim um dos fatores mais poderosos da existência do homem.

Na gaveta entreaberta de minha escrivaninha havia alguns documentos particulares que eu havia tirado de minha valise dois dias antes, com o intuito de enviá-los aos meus advogados em Londres, e eles aparentemente haviam sido examinados pela desconhecida de roupas pretas. Ela viera atrás de mim com um propósito fixo, que conseguira cumprir: intrometer-se em meus assuntos particulares e se apossar do meu estimado Arnoldus, o Livro dos Segredos.

Como eu já conhecia tão bem a Toscana e os toscanos, essa conspiração engenhosa mal me surpreendeu. Os pequenos dramas, frequentemente bastante inofensivos, em que acabei envolvido durante o período que morei no Mediterrâneo me mostraram como eles eram um povo astutamente diplomático que trabalhava pacientemente em sigilo para atingir seus próprios fins. Incomodou-me, entretanto, saber que eu havia sido vítima da engenhosidade daquela bela mulher. Como estava coberta por um véu quando a vi no escritório do padre Bernardo, julguei que era mais velha do que de fato era quando a avistei nas ruas de Livorno. Quem ela poderia ser, e qual motivo teria para roubar algo meu se não estivesse de conchavo com o próprio prior?

Nello, meu velho criado que estava parado ali junto a mim, estava me escondendo algo. Disso eu tinha certeza. Era possível que ele próprio tivesse desempenhado um papel na trama, deixando a mulher entrar, ciente de qual era a sua missão. Ele havia me avisado; portanto, deveria saber de algo. Qual era o objetivo de tudo isso, eu definitivamente não saberia dizer.

– Essa mulher é uma ladra! – exclamei com raiva alguns momentos depois. – Quem é ela?

– Eu... eu não a conheço, *signor padrone* – gaguejou o velho criado.

– Ela não disse como chamava?

– Não. Ela disse que você a estava esperando.

– Mas como ela poderia ter levado um livro grande como aquele sem que você notasse? – questionei com desconfiança.

– Ela estava usando um grande manto preto, *signore* – foi a resposta do velho astuto.

Fechei a minha escrivaninha e a tranquei, pois naquele momento decidi ir direto para Florença acusar Bernardo Landini de cúmplice de furto. Depois de vender o livro para mim, ele quis se reapoderar dele e, como recusei, parecia ter engendrado uma espécie de conspiração contra mim.

Sem dúvida havia sido o velho corcunda quem arquitetara tudo.

Enfiei algumas coisas em uma valise, coloquei um pouco de dinheiro no bolso e vesti um sobretudo; e então disse a Nello que ficaria fora por alguns dias, talvez, e dei ordens para que não deixasse ninguém entrar na casa, exceto meu amigo mais íntimo, Hutchinson, o cônsul britânico.

Na grande e vazia estação ferroviária, onde as débeis lamparinas a gás haviam acabado de ser acesas, avistei, estirado ao lado do cobrador, o inspetor do lugar, cujo dever era observar todas as chegadas e partidas; e, como era meu conhecido, chamei-o em um canto e fiz uma breve descrição da dama que havia me visitado.

– Sim, *signore*, eu a vi. Ela partiu para Pisa uma hora atrás, e comprou uma passagem de primeira classe para Londres.

– Para Londres! – arfei. – Ela estava levando alguma bagagem?

– Um baú de couro de crocodilo e uma caixinha achatada revestida de couro marrom.

– Por qual rota ela seguiu?

O inspetor caminhou até o gabinete de passagens e, em resposta às perguntas que fez, fomos informados de que ela havia comprado uma passagem direta que seguia a rota de Turim, Modane, Paris e Calais. O trem que parava em Pisa e de lá seguia para a fronteira francesa partira havia uma hora; portanto, eu não tinha chance de alcançá-la.

Ainda assim, algo me impeliu a apanhar o próximo trem para Pisa, pois as ferrovias italianas nunca são pontuais e havia uma pequena chance de ela ter perdido a conexão. Então, meia hora mais tarde, sentei-me no velho compartimento frágil e parcamente iluminado daquele ramal ferroviário, refletindo sobre os eventos do dia anterior, e determinado a alcançar a ladra de qualquer jeito.

Em Pisa, logo descobri que o trem de Livorno havia chegado a tempo de pegar a conexão; portanto, a mulher de preto estava agora no meio do caminho até a fronteira.

Comprei um guia ferroviário e, ao entrar na sala de espera, sentei-me para lê-lo com calma. Depois de meia hora, tracei um plano. O trem indiano que ia de Brindisi para Londres passaria por Turim às nove e dez da manhã seguinte e, se eu o pegasse, desembarcaria em Calais três horas mais cedo do que o expresso em que ela viajava. Mas a distância de Pisa até Turim é extensa, quase metade da Itália; e de imediato consultei o chefe da estação quanto à possibilidade de chegar a tempo.

Não havia nenhuma chance, declarou ele. O expresso para o norte, que partiria dali a duas horas, não conseguiria chegar a Turim antes das nove e vinte, dez minutos após a partida do trem indiano. Então, era impossível.

Andei de um lado para o outro na plataforma longa e deserta, cheio de desgosto e completamente perplexo.

De repente, porém, um pensamento me ocorreu. Eu conhecia o gerente da Compagnie Internationale des Wagons-Lits na estação de Turim, um inglês muito educado e trabalhador chamado Nicholls. Eu enviaria um telegrama a ele, insistindo com a maior urgência para que retivesse o expresso indiano por dez minutos para que eu pudesse embarcar.

Foi o que fiz e, pouco antes da meia-noite, embarquei no expresso Roma--Turim na primeira etapa da minha longa perseguição através da Europa.

Durante a noite quente e abafada de julho, estiquei-me sobre as almofadas e dormi pouco durante o trajeto lento e tedioso pelos oitenta e tantos túneis barulhentos que separam Pisa de Gênova, pois o trilho se estende tão próximo do mar em alguns pontos que as ondas chegam até o lastro. Eu estava agitado, perguntando-me se seria bem-sucedido em minha tentativa de apanhar o trem indiano e impedir o progresso da mulher.

Naqueles últimos dias, eu havia trilhado por um labirinto de mistérios. Meu amor por antiguidades trouxera para a minha vida um dos episódios mais estranhos já vividos pelo homem, porém, naqueles momentos ofegantes em que eu seguia através da Europa, pensava apenas em me reapoderar do meu tesouro esplêndido e em descobrir o conhecimento proibido que ele trazia.

As horas se arrastavam lentamente. Em Gênova, muito depois de o sol ter nascido, saí para tomar uma xícara de café naquele bufê feio e um tanto quanto sujo que os viajantes na Itália conhecem tão bem. Depois voltei ao compartimento e o trem seguiu por vales profundos, atravessando vastas vinícolas em Asti em direção a Turim.

Ao nos aproximarmos da capital de Piemonte, minha ansiedade aumentou. Atrasar o trem indiano por dez minutos já era uma baita cortesia, e eu sabia que depois desse tempo meu amigo Nicholls não ousaria assumir mais responsabilidade. O expresso que fazia o trecho Brindisi e Charing Cross uma vez por semana era sempre pontual; um combinado que deve ser mantido custe o que custar; portanto, à medida que consultava meu relógio, ficava cada vez mais ansioso para saber se chegaria a tempo de embarcar.

Se conseguisse, chegaria ao porto de Calais antes da mulher misteriosa e, dentro do navio, poderia abordá-la e recuperar o meu livro.

Paramos em Novi, e pareceu demorar uma eternidade até zarparmos. Em Alexandria, estávamos dez minutos atrasados… dez minutos! Pense no que isso significava para mim.

Em Asti, houve algum problema com a bagagem de uma velha *contadina*; e quando o trem finalmente partiu para Turim, estávamos quase catorze minutos atrasados. Recostei-me no assento com um suspiro, sentindo que qualquer esperança havia desaparecido. Jamais conseguiríamos recuperar o tempo perdido. E o trem inglês, depois de esperar por mim, partiria cerca de dez minutos antes de eu chegar. Poderia existir alguma situação mais desesperadora que essa?

Por fim, no entanto, seguimos lentamente até a grande estação final arqueada de Turim; e, ao chegar lá, fiquei com metade do corpo dependurada para fora da janela da locomotiva e fiquei extasiado ao ver a longa fila de vagões-dormitório marrons ainda parados na estação.

Meu coração acelerou. Na plataforma, meu amigo Nicholls estava à minha espera e ajudou-me a desembarcar rapidamente.

– Bem na hora, Sr. Kennedy – disse ele. – Mais um minuto e eu teria de deixar o trem partir. Algum assunto sério em Londres?

– Sim – respondi. – Muito sério. Escreverei lhe contando tudo sobre isso. Mas nem sei como posso lhe agradecer pelo que fez.

– Ora, não há necessidade disso – declarou aos risos. – Eu reservei um lugar para você. Venha comigo. – E, apressando-me para a plataforma seguinte, colocou-me em um dos vagões, desejou-me *bon voyage*, acenou com a mão e o trem seguiu em direção a Calais, o expresso mais rápido da Europa.

Todo o meu futuro e felicidade dependiam do resultado daquela corrida difícil. Na época, é claro, eu não estava ciente disso. Estava meramente dominado pela curiosidade a respeito do estranho registro em velino, e ansioso para adquirir o conhecimento que o escritor havia sido tão bem-sucedido em esconder, revestindo-o com a morte certa para aqueles que buscavam a verdade.

Se eu pudesse ter um vislumbre do futuro, poderia ter me dado conta do que tudo aquilo significava para mim, e desse modo jamais teria me atrevido a embarcar nessa perseguição; pelo contrário, teria ficado contente por essa mulher desconhecida com roupas de zibelina ter se apossado daquilo que, mais cedo ou mais tarde, envolveria morte.

Mas somos criaturas impulsivas, todos nós. Enxerguei naquelas circunstâncias muito romance e interesse; e, além disso, vi na própria mulher um mistério tão intenso quanto o que estava escrito naquelas páginas envenenadas.

Não é preciso contar sobre a ansiedade aguda que senti durante aquelas longas horas em que seguíamos pelos Alpes e passávamos por Aix, Mâcon e Dijon a caminho de Paris. O trem em que estava a mulher a quem eu estava seguindo trilhava à nossa frente durante todo o trajeto; mas o atraso dela, descobri, seria em Paris; pois ela seria obrigada a atravessar a cidade de cabriolé e aguardar cinco horas na Gare du Nord, ao passo que eu seguiria pela ferrovia Ceinture e então partiria para Calais depois de apenas vinte minutos de espera na capital francesa.

A maioria dos meus companheiros de viagem eram anglo-indianos, oficiais e suas esposas de licença, assim como alguns viajantes do Extremo Oriente voltando para casa, todos ansiosos para embarcar no navio em Dover e avistar os penhascos brancos da Velha Inglaterra mais uma vez depois de, talvez, muitos anos de exílio. Se você já viajou por essa rota, conhece bem a emoção que tem início ao se aproximar de Calais; pois, assim que ficamos sob a bandeira britânica hasteada no navio a vapor do Canal, estamos de volta ao lar. Ah! Só de pensar em lar… quanto significado a palavra tem para mim… e para você, se também viajou para terras longínquas!

Passamos por Bolonha do Mar, contornando aquela curva terrível que costuma fazer voar os pratos e travessas do restaurante no vagão, e enfim reduzimos velocidade até Calais-Ville, antes de avançarmos lentamente rumo ao porto onde o barco especial nos aguardava. O trem havia feito o longo trajeto desde Brindisi quatro minutos abaixo do tempo programado, embora Nicholls o tivesse atrasado por quase quinze minutos.

Já eram onze da manhã, e fiquei até as quatro da tarde no mais terrível dos hotéis, o Terminus, em Calais, esperando a chegada do expresso comum de Paris. Enfim chegou, lotado de veranistas da Suíça e de outros lugares, assim como homens de negócios e aquele grupo diverso e peculiar de viajantes que passam constantemente de um lado para o outro através do Canal.

Com o intuito de avistar a mulher, posicionei-me perto da passarela de embarque que dava acesso ao barco a vapor e analisei cada passageiro com o afã de um detetive nato. Um após o outro, passavam enfileirados, cada um carregando uma bagagem de mão, enquanto os guindastes enormes e barulhentos descarregavam as bagagens maiores e as correspondências.

A fila ficou mais estreita, até que o último passageiro desembarcou, mas a mulher não apareceu. Eu tinha me apressado em vão. Ela provavelmente havia interrompido a jornada em Paris. E, ainda assim, de alguma forma senti que ela tinha algum motivo para levar o Livro Fechado até Londres sem demora.

Os carregadores franceses, com seus emblemas nos braços e quepes pontudos, corriam de um lado para o outro. Havia palavras gritadas em dois idiomas, isso sem contar os impropérios. Eles estavam se preparando para partir, e eu ainda não me decidira se deveria permanecer em Calais até as duas da manhã seguinte para a chegada do trem noturno ou embarcar para dar seguimento às buscas.

Porém, quando a passarela de embarque estava quase sendo removida, distingui entre os grupos agitados de passageiros um rosto que me era familiar, e tomei minha decisão de imediato. Corri desenfreado para embarcar e minhas esperanças renasceram assim que atravessei rapidamente o convés.

A velha senhora de Paris

O homem com quem troquei um aperto de mãos entusiasmado tinha cerca de 35 anos, era alto, elegante, de rosto bem barbeado e alegre, trajando um sobretudo preto e um quepe pontudo que lhe conferia a aparência de um oficial da Marinha. Os passageiros que atravessam o Canal conhecem Henry Hammond muito bem, pois ele é um dos funcionários mais populares na alfândega de Sua Majestade; sempre cortês, sempre leniente com o imigrante pobre, mas sempre rígido quando algum viajante tenta esconder mercadorias contrabandeadas ou aquela coisa proibida: o cachorro de estimação. Escrupuloso em sua tarefa de averiguar a bagagem dos passageiros que chegam, e sempre um cavalheiro, ao contrário, na verdade, dos *douaniers* intrometidos de nossos vizinhos.

Com seu assistente, era o dever dele serpentear a partir de Dover no trajeto do meio-dia, e na volta do barco a vapor de Calais, a embarcação em que estávamos naquele momento, inspecionar toda bagagem de mão e pregar uma espécie de selo perfurado como certificado de que havia sido examinada.

Como eu era um viajante assíduo, já tivera muitas conversas agradáveis com ele durante as viagens. Em uma violenta tempestade de inverno no

Estreito de Dover, ele permanecera impassível, meramente levantando a gola do sobretudo e comentando que o tempo não estava tão ruim quanto poderia estar. Mas provavelmente quase todos vocês que estão lendo já tiveram sua bagagem inspecionada ao retornar de barco ao continente; portanto, sem dúvida conhecem o Sr. Hammond e já responderam à pergunta dele quanto a ter "algo a declarar".

– Ora, Sr. Kennedy! – exclamou ele ao apertar a minha mão. – Que surpresa! Vi no jornal um dia desses o anúncio de que você ia voltar a morar na Inglaterra, mas não esperava que o fizesse tão cedo. Olhe para eles – acrescentou, lançando um olhar a todos ao redor. – Bastante gente esta tarde: os retornos semanais de Cook e Gaze da Suíça.

– Sim. – Dei risada. – Você passará o dia ocupado, imagino.

– Não, devo terminar daqui a uns 45 minutos ou mais. Então podemos bater um papo. Meu assistente já está cuidando da bagagem de mão.

A essa altura, já havíamos zarpado e avançávamos lentamente pelo porto.

– Bem, Hammond – comecei em tom confidencial. – Estou em um dilema. – E, levando-o para uma das cabines desocupadas no convés, contei brevemente sobre o incidente do Livro Fechado e descrevi sua aparência externa e encadernação.

– Por Deus! – exclamou ele, profundamente interessado. – Quase supera os próprios romances que você escreve, Sr. Kennedy. Acabei de ler o último que publicou. Eu e minha esposa não conseguimos largar o livro até terminarmos.

– Veja bem, era para a mulher estar a bordo deste barco, mas eu ainda não a vi. Vou continuar à procura dela. Porém, se você vir alguém que corresponda à descrição que fiz, procure-me imediatamente.

– Claro. Você quer recuperar aquele livro extraordinário?

– Com certeza. É um bem valioso, sem contar o segredo que contém e o mistério que o cerca. – E enquanto eu pronunciava essas palavras, o balançar lento do navio indicou que já estávamos em um mar um tanto quanto agitado, e serviu para alertar meu amigo de que já estava na hora de ele voltar para o trabalho.

Então cada um seguiu para um lado e me pus a caminhar pelo barco, começando pela popa e observando cada um dos passageiros. Não foi um trabalho nada fácil, já que as mulheres, quando se acomodam nas espreguiçadeiras, cobrem-se com lenços e véus grossos para proteger o rosto quando o Canal está agitado e o vento, forte. A brisa sempre parece mais fria depois de horas em um vagão-dormitório abafado e, portanto, as mulheres são mais propensas a sofrer na cabine reservada ao público feminino em vez de correr o risco de pegar um resfriado.

Passei quase uma hora fazendo buscas frenéticas por todos os cantos do navio, nos três compartimentos. Fitei as pilhas de bagagem, perguntando-me se meu tesouro poderia estar escondido ali, despachado direto para Londres, talvez; nesse caso, o livro poderia prosseguir sem a minha misteriosa visitante. O único lugar proibido para mim era, é claro, a cabine reservada às mulheres, supervisionada por uma intendente de aparência severa; e se a mulher que eu procurava estivesse a bordo, ela sem dúvida havia se escondido ali.

Ela certamente não tinha embarcado pela passarela que eu ficara observando; mas havia uma segunda passarela de embarque pela parte dianteira do navio pela qual a bagagem era carregada, e a mulher poderia ter entrado por ali sem ser notada, como as pessoas fazem às vezes.

O Penhasco Shakespeare já despontava em meio à névoa noturna e o navio avançava de forma constante pelo mar agitado. A maioria dos passageiros estava deitada em espreguiçadeiras, *hors de combat*, e ninguém se aventurou a perambular pelo convés instável. Eu tinha assumido uma posição coberta perto da porta da cabine das mulheres, determinado a permanecer ali até que todos os passageiros tivessem partido, embora seja obrigado a admitir que minha esperança era vã, e que eu deveria voltar mais uma vez para Calais no barco noturno e retomar minha vigília lá do outro lado.

A mulher devia ter interrompido sua jornada em Paris, e sem dúvida voltaria mais tarde; mas em que dia ou de que forma ela daria seguimento à viagem, eu obviamente não sabia. E então, sentado em um banquinho e trêmulo por conta do vento forte, com os respingos salinos vez ou outra atingindo meu rosto, senti que as probabilidades de recuperar meu tesouro eram muito parcas.

Eu tinha sido vítima de uma conspiração engenhosa. Não se podia dizer nada além disso.

De repente, entretanto, Hammond, com a gola do sobretudo levantada e andando de modo trôpego graças ao balanço intenso do barco, aproximou-se de mim e disse:

– Bem, já encerrei por ora, Sr. Kennedy. Hoje parecia até que cada passageiro tinha trazido o dobro de bagagens de mão, mas já inspecionamos todas. Não vi a jovem que você descreveu, mas vi outra coisa... Encontrei seu livro.

– Encontrou?! – gritei com empolgação. – Com quem está? Conte-me.

– Bem, alguns minutos atrás, no compartimento da segunda classe, eu estava inspecionando o conteúdo de uma bolsa de couro desgastada, que pertencia a uma velhinha de rosto enrugado muito mal vestida, e encontrei bem no fundo um pacote embrulhado cuidadosamente em papel pardo, amarrado com barbante e selado com grandes quantidades de cera preta. Sempre desconfio de pacotes lacrados com cera, pois podem conter qualquer coisa, desde charutos até bombas de anarquistas. Portanto, ordenei à senhora que rompesse os lacres e abrisse. Ela se recusou a princípio, porém, quando expliquei a punição incorrida, ela obedeceu com bastante relutância. E, para minha grande alegria, vi seu manuscrito antigo. Conferi a parte interna e, embora não saiba muito sobre essas coisas, bate com a sua descrição do volume roubado.

– Você fez algum comentário?

– Nenhum – foi a resposta do Sr. Hammond. – Eu queria consultar você primeiro. Não coloquei a etiqueta padrão na bolsa, para que quando ela passar por inspeção ao chegarmos em terra, seja parada e aberta novamente. O que você pretende fazer?

Eu estava intrigado. Era satisfatório saber onde estava o Livro Fechado, porém, por outro lado, seria difícil me reapossar dele. Como meu amigo Hammond observou, eu poderia avisar ao inspetor do porto quando chegasse a Dover e ele deteria a mulher. Mas eu seria obrigado a acusá-la de roubo, e eu não queria fazer isso. Eu poderia, é claro, declarar que o livro havia sido roubado, mas as coisas eram ainda mais complicadas pelo fato de o roubo ter sido cometido na Itália.

Por algum tempo, discutimos a situação e, em seguida, acompanhei-o até o compartimento da segunda classe, onde, em uma cadeira na plataforma que seguia além dos motores, estava sentada uma mulherzinha esquisita e encarquilhada de cerca de 65 anos, usando uma boina preta e um manto. Eu tinha notado aquela mulher durante a minha ronda de inspeção, mas nunca suspeitei que ela poderia estar com o meu tesouro.

O livro evidentemente fora entregue a esta mulher em Paris, e ela o estava levando para Londres... mas para quem?

Essa pergunta me incentivou a tomar uma decisão e, quando estava em um lugar em que a senhora não podia me ouvir, eu disse a Hammond que pretendia segui-la antes de reivindicar o livro, e desse modo averiguar, se possível, o motivo por trás do estranho complô internacional que parecia estar em andamento.

A senhorinha baixa e enrugada era inglesa; tinha o rosto magro e amarelo, com um par de olhos escuros que provavelmente haviam sido belos um dia, e o cabelo ainda era escuro, ainda que apresentasse alguns fios grisalhos. Ela usava luvas pretas de pano, gastas nas pontas dos dedos, e era volumosa da cintura para baixo por conta das saias grossas que usava para se proteger da brisa gelada do mar.

Hammond declarou que o modo de falar da senhora condizia com o de uma pessoa bem-nascida, e que a luva puída escondia um anel de diamante, uma circunstância que ele considerava um tanto suspeita. Ainda assim, ele concordava que seria melhor que eu a seguisse até seu destino e vigiasse seus passos em vez de prendê-la assim que chegássemos ao porto. Havia um mistério profundo e inexplicável a respeito do livro e seu conteúdo; e, para resolvê-lo, eu precisaria saber a quem ele interessava.

– Não consigo entender como é que você foi envenenado ao encostar nas páginas – comentou Hammond de forma pensativa. – Isso não entra na minha cabeça. Talvez em breve outra pessoa passe pela mesma coisa.

– E eu vou presenciar – respondi com determinação.

– De todo modo, é algo muito interessante – declarou. – Mas seu médico italiano fez um excelente trabalho ao salvar você. É evidente que você escapou por muito pouco.

– Muito pouco mesmo – respondi. – Jamais esquecerei as agonias que sofri. Porém – acrescentei –, meu objetivo é decifrar tudo o que há no livro, custe o que custar. Tenho plena convicção de que existe algo muito extraordinário escrito nele.

– Bem, realmente parece que sim – concordou ele. – No entanto, não corra o risco de encostar nele com as mãos desprotegidas de novo.

– Duvido que vá acontecer. – Dei risada. E então comecei a me perguntar o que havia acontecido com aquela linda mulher de olhos escuros que tinha sido a verdadeira ladra.

Por que o tesouro tinha sido embrulhado e selado de forma tão cuidadosa? Será que aqueles que conspiraram tão habilmente para tomá-lo de mim sabiam da existência do veneno que contaminava algumas das partes do livro? Ao que tudo indicava, pareciam saber, sim.

Nós passamos em frente à senhorinha baixa mais de uma vez, conversando e fingindo que nem havíamos notado a sua presença. Era evidente que ela não tinha ciência da minha identidade; sendo assim, minha tentativa de vigiá-la tinha mais chances de ser bem-sucedida.

A inspeção que Hammond fizera na bolsa dela parecia não a ter perturbado nem um pouco. Naquele momento, porém, ele seguiu na direção dela e, fingindo ter se esquecido de pregar a etiqueta alfandegária necessária, foi lá e o fez.

Por fim diminuímos a velocidade ao lado do Cais do Almirantado em Dover e, no momento seguinte, o alvoroço começou. Passageiros até então prostrados pela viagem saltaram de seus assentos e avançaram em direção à passarela de desembarque, todos ávidos para descer do navio e garantir um lugar nos compartimentos velhos e enregelados da Joint-Railways.

Exibindo o descontentamento de uma senhora velha com multidões, a mulher que observávamos juntou seus pertences vagarosamente, dobrou seu velho xale surrado com cuidado, baixou o véu sob o queixo, sacudiu as saias e, carregando sua bolsa preciosa, abriu caminho até a passarela depois que a primeira onda de pessoas já havia passado.

O olhar atento de Hammond detectou que se tratava de uma viajante experiente, que já havia feito a travessia várias vezes antes. Ela ficara sentada, serena e despreocupada, durante toda a comoção do desembarque.

No cais, ela perguntou sobre o trem para a Charing Cross e entrou em um compartimento de segunda classe, onde comprou uma xícara de chá e um pedaço daquele pão gorduroso com manteiga que parece ser tudo que a Joint-Railways oferece aos viajantes cansados enquanto aguardam o desembarque. Acomodei-me em um compartimento ao lado do dela, e então me retirei para confabular mais um pouco com Hammond.

Eu havia descoberto onde meu tesouro estava escondido graças à astúcia e meticulosidade dele como inspetor, portanto, agradeci-lhe profusamente e, assim que soou o sinal indicando que o trem iria partir, subi no vagão e acenei em despedida.

A viagem para Londres transcorreu sem problemas, e ao chegar a Charing Cross não perdi a mulher de vista. Ela se agarrou com afinco à bolsa onde estava o livro, recusando-se a permitir que um carregador a transportasse, e entrou em um cabriolé de quatro rodas. Segui-a até a esquina de Holborn com a Southampton Row, onde ela desceu e atravessou às pressas a Red Lion Square até chegar a uma casa grande e sombria na

Harpur Street, uma travessa curta e silenciosa da Theobald's Road. Nos velhos tempos, quando Bloomsbury era um bairro elegante, a casa sem dúvida havia sido a moradia de algum homem influente ou comerciante da cidade. O antigo apagador de tochas usado pelos acendedores de rua ainda estava pendurado ao lado da grande porta de entrada, e os degraus que conduziam até ela estavam desgastados pelo caminhar de gerações. Sob a luz bruxuleante do local, com suas janelas sem iluminação, parecia sombria, proibida e deserta.

Parecia que a velha senhora era aguardada ali, pois no instante em que ela passou pelas janelas inferiores, a porta foi aberta por alguma pessoa oculta, mostrando que o grande saguão estava mergulhado em escuridão; e então, depois de ela ter subido os degraus com uma vivacidade surpreendente, adentrou a casa, a porta se fechando rápida e silenciosamente atrás dela.

O sinal do filhote de urso

A fachada da casa não era nada convidativa.

A velha senhora sem dúvida tinha ido até ali em segredo; caso contrário, teria saltado do carro ali em frente em vez de parar na esquina da Southampton Row.

Passei pelo lado oposto da calçada e, como havia um poste de luz bem perto, pude analisar a casa, embora já estivesse escuro.

Todas as persianas estavam fechadas e as cortinas no interior do porão obstruíam toda a visão. Não havia luz em nenhum canto, nem qualquer sinal de vida lá dentro. Na verdade, o estado das janelas e dos degraus das portas passava a impressão de que não havia nenhum inquilino ali, pois a parte de fora exibia um distinto ar de abandono. Outras casas na rua seguiam o mesmo estilo daquela, mas todas estavam mais bem-cuidadas, com degraus de pedra e luzes acesas nas janelas aqui e ali. A casa em que a velha desaparecera tão rapidamente tinha, no entanto, uma aparência sombria, silenciosa e proibida.

Enquanto eu caminhava até a esquina da Theobald's Road, me perguntava o que deveria fazer em seguida. Queria me reapossar do livro, mas sem recorrer à justiça e, se possível, em segredo. Porém, era uma questão muito complicada, como Hammond havia assinalado.

A chuva começou a cair, e depois da minha longa jornada desde o Mediterrâneo, senti frio e cansaço. Então, quando avistei um *pub* em destaque quase em frente, atravessei a rua e ali consegui um pouco de conhaque e o catálogo de endereços de Londres.

Depois de folhear um pouco, encontrei o nome da ocupante da casa antiga e sombria, escrito da seguinte forma: "106, Gardiner, Margaret."

Os mistérios de Londres são numerosos e inescrutáveis. E, aqui, certamente havia um mistério estranho e inexplicável. Por que um mero livro velho que só tinha valor para um colecionador seria roubado de mim no longínquo Sul e levado em uma jornada através do continente para aquele lugar escuro, sinistro e sombrio? Havia alguma motivação profunda e direta em tudo isso, é claro, mas eu não conseguia conceber qual era; exceto que pesava sobre mim a suspeita de que, no interior do Livro Fechado, estava escrito algum segredo notável e extremamente rentável, como o próprio escritor havia alegado.

Mais uma vez percorri a Harpur Street e passei em frente à casa silenciosa, analisando atentamente todos os seus detalhes.

Para a minha surpresa, percebi que, durante a minha breve ausência, a veneziana de uma das janelas do primeiro andar tinha sido aberta até a metade, e que em uma mesa bem próxima a ela havia um animal empalhado: um pequeno filhote de urso, pelo que pude distinguir. Havia uma luz débil lá dentro, como se o grande cômodo fosse iluminado por uma única vela, e uma daquelas que não fornece tanta luz.

Atravessei no fim da rua e passei em frente à casa, caminhando do lado oposto e observando as janelas novamente.

Sim, de fato era uma vela que estava acesa ali. E, quando passei, vi uma longa sombra surgir diretamente sobre a janela, que em seguida desapareceu de súbito.

Será que o animal havia sido colocado ali como um sinal para alguém que passaria do lado de fora?

Por alguma razão, tive certeza de que era o caso. A cortina tinha sido levantada apenas o suficiente para deixar à mostra o pequeno filhote de urso, que estava apoiado nas patas traseiras e segurava uma bandeja de cartas. Lembrava-me de ter visto um bem semelhante na mesa do Savage Club, um presente de um dos membros.

Minha cautela natural me instruiu a ficar esperando para observar a chegada da pessoa a quem o sinal silencioso era destinado, se é que era um sinal mesmo. Portanto, acendi um cigarro e fiquei parado na esquina escura da East Street, a travessa curta no fim da rua em que a casa silenciosa ficava localizada.

Como eu estava vestido apenas com um terno fino de sarja azul, que geralmente é usado durante os verões na Itália quando não se está vestindo calças brancas de alfaiataria, a rajada de chuva constante logo me deixou encharcado. Meu chapéu de palha ficou pegajoso e grudou na minha cabeça, e a água escorria por meu pescoço, causando-me muito desconforto. Havia todos os indícios de que seria uma noite chuvosa; diferente, de fato, daquele céu claro e sem nuvens que eu acabara de deixar para trás. Ah! Como Londres me parecia lúgubre àquela hora, exausto, molhado e exaurido como eu estava! Ainda assim, com aquela determinação obstinada que alguns de meus inimigos dizem ser minha principal característica, continuei parado ali esperando a chegada do desconhecido, que devia estar a par da trama.

Enquanto estava parado ali, abrigando-me sob a marquise de uma casa, compelido vez ou outra a voltar para a chuva e manter minha vigília, perguntei-me repetidamente se a conclusão à que eu havia chegado era realmente a certa.

A luz débil bruxuleava no cômodo escuro, mas não deixava o interior à mostra por conta das cortinas de renda sujas e amarelas. E, ainda assim, lá estava a silhueta do filhote de urso empalhado claramente distinta, de forma quase assustadora. Era o único objeto visível naquela fachada escura e proibida.

Mais de uma vez ouvi passos vindos da Theobald's Road e saí apressado de meu esconderijo para ver quem era o transeunte. Mas fiquei decepcionado em todas as vezes. O carteiro passou fazendo a última entrega do dia, mas parou apenas nos grandes escritórios da Sociedade para a Prevenção de Crueldade contra Crianças, quase em frente à casa que eu estava vigiando, e depois dobrou a esquina da Lamb's Conduit Street.

Um policial marchou com passos pesados, lançando a luz de seu lampião de forma descuidada nos arredores e me olhando de forma inquisitiva. Depois, seguindo em meio à lama pela rua, vieram um homem e uma mulher, italianos, arrastando um realejo de volta para a casa deles na rua Saffron Hill. Eu fiquei os observando e me perguntei de que parte da Itália tinham vindo.

Enquanto passavam, ouvi o homem, um sujeito forte e carrancudo de cerca de 27 anos, exclamar: "*Accidenti!*", e eu soube que se tratava de um toscano. A mulher, velha, de rosto moreno e enrugado, apenas suspirou e continuou a arrastar o instrumento.

Eles seguiram em frente, dobraram a esquina na Theobald's Road e, alguns momentos depois, as notas estridentes de "Soldiers of the Queen" soaram em meio ao movimento da via pública e ao barulho do trânsito. Era evidente que os dois tinham parado diante do *pub* onde eu havia pegado o catálogo de endereços de Londres emprestado, provavelmente na esperança de ganhar uma ou duas moedas antes de encerrar o dia de trabalho.

Atraído pela música, voltei para o lugar onde eles haviam parado e ali encontrei duas pessoas. Um deles era um cavalheiro velho e alto, de cabelos grisalhos, com uma aparência um tanto triste e vestido com certo desleixo; usava um sobretudo velho, mas não carregava nenhum guarda-chuva. A outra era uma garota de uns 22 anos, loira, com rosto pálido e extremamente bonita; era evidente que estava agitada, pois se agarrava ao braço do homem e sussurrava algo enquanto caminhava. Parecia estar implorando para que ele a escutasse; porém, o homem continuou impassível, ignorando as palavras da moça. O vestido dela era simples e, parecia-me, entregava a condição de pobreza. Assim como seu companheiro, ela não carregava um guarda-chuva, e o chapéu simples e o casaco preto estavam ensopados por conta da chuva.

O rosto dela, no entanto, me impressionou por ser um dos mais perfeitos que já vi em toda a minha vida. Aquela mulher que encontrei no escritório do prior em Florença certamente era bonita; mas o rosto dela era dotado de um tipo de beleza totalmente diferente, um rosto sobre o qual certamente não poderia haver duas opiniões, ainda que fosse um rosto repleto de força e energia trágicas.

Esta mulher, porém, tinha uma expressão doce, tornada ainda mais interessante por aquele olhar sério e suplicante que notei ao passar por ela despercebido. Seu companheiro era, me pareceu, um cavalheiro arruinado, ao passo que ela trazia no rosto e na silhueta um ar de refinamento, apesar de seu traje surrado, que me fez perceber que ela não era uma garota comum.

A extrema beleza da mulher me fez ir atrás deles.

O velho, com seu rosto magro e endurecido, porém com olhos gentis, continuava impassível. Ela se deteve, mas, sem dizer uma palavra, ele enganchou o braço no dela e a puxou para frente. O homem parecia andar de forma mecânica enquanto ela se empenhava em impedir o avanço dele.

De repente, enquanto eu caminhava atrás dos dois, eles chegaram em frente à janela em que estava o sinal misterioso.

– Ah! – Ouvi o velho exclamar em tom de satisfação. – Viu? Como eu esperava. Finalmente… finalmente!

– Significa a morte. A morte! – acrescentou a garota em um tom mais rouco e desesperado que todos que já ouvi vindos de uma mulher.

Eu estava perto o suficiente para ouvir as palavras que confirmaram a minha suspeita, e devo confessar que me deixaram perplexo. Eu pensava que iria encontrar algum ladrão furtivo ou algum receptor de propriedade roubada robusto que viria procurar o filhote de urso na janela. Quando avistei a dupla pela primeira vez, não cogitei por um momento sequer que havia sido por conta deles que o sinal fora colocado aqui.

O homem ergueu a cabeça novamente, como se para se certificar de que seus olhos não estavam lhe pregando uma peça, e, ao fazê-lo, tive um vislumbre do semblante pálido da garota sob a luz emanada pelo poste da rua.

Nunca, pelo resto de minha vida, esquecerei a terrível expressão de puro desespero naqueles olhos maravilhosos. Toda a luz e a vida haviam se dissipado de seu lindo rosto. Era como se seu jovem coração tivesse, diante daquele sinal fatídico, sido congelado por algum terror inominável.

Eu tinha assistido a peças em que o desespero de uma mulher era retratado, mas nunca havia testemunhado o desespero verdadeiro até aquele momento. Hediondo é a única palavra capaz de descrevê-lo.

No fim da viela curta, eles deram a volta e passaram novamente pela casa, fingindo, porém, não notar a janela iluminada. Depois que ouvi aquelas estranhas exclamações, atravessei a rua e dobrei a esquina às pressas, sumindo de vista para que não percebessem que eu estava seguindo-os; porém, quando vi que retornavam, dei meia-volta e fui atrás deles na Theobald's Road.

Eles caminharam em meio à chuva, seguindo em direção à Oxford Street, ensopados da cabeça aos pés, pois o aguaceiro não tinha dado trégua, e as calçadas reluziam sob os lampiões a gás. Nem os bondes nem os cabriolés os atraíam, pois parecia muito provável que sua extrema pobreza não lhes permitia o luxo de pagar por um meio de transporte.

A garota caminhava com a mão apoiada no peito, como se para acalmar as batidas agitadas de seu coração, mas seu companheiro, de sobrancelhas franzidas, caminhava de forma firme e decidida.

Eu havia relutado em abandonar minha vigília diante da casa silenciosa, temendo que a velhinha que havia entrado ali pudesse aparecer novamente com meu precioso Arnoldus nos braços. Porém, por outro lado, aquela estranha dupla, que havia se aproximado da casa às escondidas e visto o sinal, causou-me profundo interesse e a minha curiosidade me impeliu a segui-los.

As notas altas e ensurdecedoras de um piano de rua me trouxeram à mente a dupla de italianos que eu havia notado dez minutos antes; e, quando passamos por eles, que estavam tocando diante de outro *pub* perto de Southampton Row, parei por um momento, dei um passo para o lado e falei com o jovem toscano de sobrancelhas grossas em seu próprio idioma.

– Veja bem, eu quero que você me ajude – declarei rapidamente. – Não há tempo a perder, e você ganhará meio soberano se fizer o que eu pedir. Volte sozinho para a Harpur Street, aquela travessa curva pela qual você passou dez minutos atrás, e fique de olho na casa que tem um filhote de urso empalhado na janela superior, número 106. Se alguém sair, siga-o, principalmente se for uma velhinha. Espere por lá até eu me juntar a você. Fará isso por mim?

– Com certeza, *signore* – respondeu o jovem de imediato. – Número 106, você disse? Muito bem, pode confiar em mim. Minha mãe, aqui, pode contratar alguém para ajudá-la a carregar o *organino* até a nossa casa.

– Pois bem. Qual é o seu nome?

– Farini Enrico – respondeu ele, dizendo o sobrenome primeiro, como se faz na Itália. – Nascido em Ponte a Moriano, província de Lucca. O *signore* conhece a Toscana, não é?

– Conheço – concordei. – Espere por mim perto da casa, mas não deixe ninguém perceber que você está de vigia. Eu voltarei o mais rápido possível. Não há tempo a perder. – E saí correndo atrás do velho trajando o longo sobretudo e de sua companheira de rosto pálido.

Eles haviam ganhado um terreno considerável em relação a mim, mas logo os alcancei, satisfeito com o fato de que, de um jeito ou de outro, a minha vigilância sobre a casa não seria abandonada. Eu tinha vivido tempo suficiente na Toscana para conseguir distinguir o caráter toscano, e vi pelos modos do jovem que ele não era o tipo de *contadino* que vem a Londres para tocar realejo, e sim alguém de uma classe bastante superior, a julgar por seu modo de falar. O chapéu de feltro pendia um pouco torto em sua cabeça e, por baixo daquela aparência ameaçadora, percebi que ele tinha um senso de humor apurado. Seus olhos pretos e brilhantes adquiriram uma expressão risonha quando ele mencionou seu próprio vilarejo, um vilarejo que eu conhecia muito bem, localizado a poucos quilômetros da tranquila, aristocrática e antiga cidade de Lucca. Além disso, percebi que o simples fato de eu ter falado com ele em seu próprio idioma servira para que se pusesse às minhas ordens de imediato. Os italianos se comportam feito crianças quando você os conhece bem o bastante!

Não tive, porém, muito tempo para reflexões, porque, apesar da chuva, havia um tráfego considerável na Oxford Street; e, embora estivesse com um pouco de dificuldade em manter a dupla à vista, também fui impelido a manter uma certa cautela para evitar ser reconhecido como o homem que os encontrara na Harpur Street.

E eles continuaram seguindo em frente no mesmo ritmo, sem se importar com a chuva torrencial, virando na Regent Street, depois na Maddox Street e atravessando o parque Grosvenor Square na Grosvenor Street, o centro da região de West End. Para minha surpresa, no entanto, eles de repente subiram os degraus de uma das melhores casas da rua; e o homem, pegando a chave no bolso, abriu a porta com ar de quem morava ali, e no momento seguinte os dois sumiram de vista com a porta se fechando atrás deles.

Uma casa como aquela, uma verdadeira mansão em uma das ruas mais caras de Londres, era o último lugar em que eu imaginaria que eles morassem.

Passei em frente a ela mais uma vez e vi que havia sido pintada recentemente, com uma fachada bonita e elegante. Havia flores desabrochadas nas floreiras, e um toldo listrado se estendia sobre o pórtico. Notei que era o número 62A, e reconheci a casa seguinte como a do Visconde Lanercost.

A forma como a dupla maltrapilha, ainda que de aparência distinta, havia entrado na casa parecia suspeita, mas o jeito confiante com que o velho tinha aberto a porta deixara evidente que ele conhecia o lugar.

Mais uma vez, recorri às páginas daquele livro da revelação, o catálogo de endereços de Londres, que eu tinha pegado naquele *pub* no fim da Park Lane, frequentado em sua maioria por criados de cavalheiros. E nele descobri que o ocupante era o conde de Glenelg, o rico nobre escocês e ex-subsecretário, cujo nome me era familiar havia tempos, como sem dúvida também o era para meus leitores, graças às colunas nos jornais.

Seria possível que o homem de sobretudo, para quem o misterioso sinal na janela havia sido colocado, na verdade era o próprio conde?

Nesse caso, quem seria sua companheira de rosto pálido, aquela bela mulher aterrorizada?

O que os vigilantes viram

Embora completamente estafado, chamei um cabriolé que passava e voltei para a esquina da Harpur Street, onde, no meio da viela, avistei nas sombras o jovem italiano observando atentamente a casa com o sinal do urso.

– Ninguém saiu, *signore* – disse-me em italiano. – Eu cheguei alguns minutos depois de ter falado com você.

A cortina ainda estava aberta e o sinal, à mostra. Quem estava na casa evidentemente ainda não sabia da visita secreta daquela estranha dupla.

Que ligação o padre Bernardo e o velho corcunda Graniani, lá da Itália, teriam com aquela casa misteriosa?

– Alguém passou pela rua durante a minha ausência? – perguntei ao Enrico, o rapaz de olhos alegres.

– Várias pessoas, *signore*. Um homem muito bem-vestido, igual a um cavalheiro, ficou parado por um tempo olhando para a janela, como se esperasse ver alguém ali. Mas pareceu ficar decepcionado e seguiu caminho.

– Como era o homem? – perguntei ansiosamente. – Descreva-o.

– Um *signore* com bigode pequeno, com cerca de quarenta anos de idade. Estava usando um guarda-chuva, então não consegui ver seu rosto muito bem. Era alto e caminhava empertigado, quase como um oficial. Um cabriolé de quatro rodas estava esperando por ele na esquina.

– Ele realmente não passou em frente à casa?

– Não, *signore*. Ele só desceu a rua o suficiente para conseguir ver a janela. Então, satisfeita a sua vontade, voltou por onde viera.

Respondendo à minha pergunta, Enrico contou que morava com a mãe na Kirby Street, Hatton Garden, a travessa paralela à Saffron Hill. Já fazia cinco anos que eles estavam em Londres: cinco anos tristes e desesperadores. Ah, os britânicos! Eles não eram *cattiva*. Oh, não! Era o clima que os deixava do jeito que são. Enrico tinha pena dos londrinos. Como seriam felizes se vivessem sob o céu azul da Toscana! E assim ele seguiu em frente, do mesmo modo que todo italiano pobre que está condenado a uma vida de luta e semi-inanição em nossa metrópole cinzenta.

Pude ler o caráter do jovem como se fosse um livro. Ele servira ao exército em Bolonha e tinha sido garçom no rancho militar. Depois, ele e a mãe haviam emigrado de Gênova para Londres, atraídos pela riqueza proverbial do inglês e pela notícia de que garçons eram bem pagos em restaurantes. Ao chegar, porém, ele logo descobriu que a oferta de garçons italianos superava em muito a demanda. Sendo assim, se viu obrigado a investir as dez libras que tinha em um realejo de segunda mão, e ele e a mãe ganhavam a vida da melhor forma que podiam nas ruas impiedosas de Londres.

Ele parecia um bom sujeito, bastante franco, e tinha aquele jeito despreocupado e descuidado de um verdadeiro toscano, algo que não os abandona nem mesmo em uma situação de extrema pobreza. Um verdadeiro filho das montanhas toscanas vê o lado bom de tudo; uma criança no que diz respeito ao amor, um demônio em relação ao ódio; cauteloso em excesso com estranhos, mas fácil e dócil em tudo. Conversei com ele por cerca de vinte minutos, ao fim dos quais decidi que ele deveria continuar me ajudando em minhas investigações.

Contei a ele que eu havia chegado da Itália apenas algumas horas antes, e ele ficou empolgado de imediato. Meu trem tinha passado perto do ondulante rio Serchio, a poucos quilômetros de Ponte a Moriano, o vilarejo dele! Contei-lhe sobre o longo período em que morei na Toscana, algo que o fez se aproximar de mim, pois raramente o pobre italiano da sarjeta conhece algum inglês que entende seus costumes e seu idioma. E quando lhe expliquei que desejava que me ajudasse em um empreendimento muito importante e secreto, ele imediatamente declarou que estava pronto para começar.

– Muito bem – declarei, dando a ele o meio soberano que eu havia prometido. – Vá até o *pub* na Theobald's Road e jante rapidamente, pois quero que você fique de vigia aqui a noite toda. Preciso descansar e dormir por algumas horas. Mas precisamos averiguar quem passa por aqui. Acima de tudo, precisamos seguir qualquer pessoa que estiver carregando um pacote. Um livro foi roubado de mim na Itália e depois levado para aquela casa.

– Entendo perfeitamente – foi a resposta dele. E, alguns momentos depois, me deixou sozinho e foi procurar algo para comer.

Durante sua ausência, peguei um papel e anotei nele o nome do hotel onde eu tinha decidido me hospedar, porque ficava por perto e ele poderia me chamar, se fosse necessário: o Hotel Russell.

Quando ele voltou, quinze minutos depois, dei-lhe instruções e disse-lhe que se precisasse falar comigo urgentemente durante a noite, poderia correr até o hotel, onde eu deixaria instruções com o porteiro noturno, que, sem demora, levaria até o meu quarto o cartão que eu havia acabado de entregar a Enrico.

Então, exausto, molhado e faminto, apanhei um cabriolé até o hotel e o mandei buscar minha mala em Charing Cross, pois eu a deixara no guarda-volumes da estação. Meia hora mais tarde, tive uma bem-vinda troca de roupas e sentei-me para fazer uma refeição substancial.

Em um piscar de olhos, por assim dizer, eu saíra do charme da Toscana e tinha voltado para o meu próprio círculo: o mundinho complexo da Londres literária. Naquela noite, sentei-me para fumar um charuto antes de ir dormir, entregue a pensamentos e ponderações. Sim, desde o momento em que havia comprado o manuscrito envenenado, o mundo vinha me usando de forma muito dura. De que havia uma conspiração contra mim, eu não tinha dúvidas.

A meia-noite chegou e, da minha varanda no terceiro andar, fiquei olhando a chuva cair e os cabriolés saindo dos teatros e cruzando a praça em direção ao norte. Estar em Londres novamente parecia um sonho, cansado como eu estava do sol reluzente do Mediterrâneo. Minha intuição natural me dizia que eu nunca deveria voltar para a Itália. Meu velho amigo Hutchinson tomaria as providências para que a minha coleção de pinturas, porcelanas, mobílias velhas e outras antiguidades fosse embalada e enviada para mim. Ele havia me feito muitas gentilezas no passado e o faria novamente, disso eu tinha certeza, pois era um dos meus amigos mais íntimos.

Eu estava dormindo profundamente quando, de súbito, ouvi uma batida forte na porta.

– Tem um homem querendo ver o senhor. Ele enviou seu cartão – informou uma voz em resposta ao meu grunhido sonolento.

Esfreguei os olhos e me lembrei de que a voz pertencia ao porteiro noturno.

– Tudo bem – respondi. – Descerei em um instante.

E, levantando-me, vesti minhas roupas às pressas e, ao olhar para o relógio, descobri que eram cinco horas; quatro horas no horário inglês, já que não havia alterado o relógio depois que partira da Itália.

Em frente ao hotel em meio à madrugada cinzenta, encontrei Enrico, que disse animadamente em italiano:

– Algo aconteceu, *signore*. Eu não sei o que é, mas, meia hora atrás, uma velhinha saiu da casa às pressas e chamou um tal de Doutor Barton, que tem uma clínica na Theobald's Road, perto do corpo de bombeiros. Ela parecia muito agitada, e o médico voltou correndo para a casa com ela. Ele está lá agora, creio eu.

Em um instante, a verdade se revelou. Alguém tinha tentado abrir o Livro Fechado, da mesma forma que eu fizera, e acabara envenenado.

Dei uma breve explicação a Enrico e, juntos, corremos de volta pelas ruas escuras e silenciosas até a Harpur Street.

Senti uma certa satisfação por os ladrões, assim como eu, terem sofrido. Do mesmo modo que fiz, eles haviam aberto o Livro Fechado por sua própria conta e risco.

A casa, assim como as suas vizinhas, estava mergulhada em escuridão, exceto pela chama bruxuleante de uma vela visível através da claraboia sombria, indicando que o Dr. Barton ainda estava lá dentro. Perguntei ao jovem italiano como ele sabia o nome do médico e ele disse que estava gravado na placa de latão da porta.

Repassei toda a história na minha cabeça. Alguma pessoa desconhecida que estava dentro da casa fora envenenada e o médico, provavelmente um amigo, havia sido chamado às pressas. Será que ele tinha ciência do antídoto, como o Pellegrini em Livorno? Envenenamento não costuma fazer parte da rotina do londrino respeitador da lei, e poucos clínicos gerais, mesmo especialistas na Harley Street, se sujeitariam a analisar o *Memorando sobre venenos*, de Tanner, por mais desatualizado que possa ser.

Meu principal objetivo era me reapossar daquilo que era meu. Eu havia descoberto pelo menos duas pessoas interessadas no livro: o velho cavalheiro e a jovem de rosto meigo que haviam entrado naquela casa elegante na Grosvenor Street. Restava-me apenas descobrir a identidade da pessoa que estava no interior daquela casa antiga e sombria na Harpur Street.

Quando eram quase cinco horas e a luz do dia já despontava, o médico enfim apareceu. Ele foi acompanhado até a porta por minha companheira de viagem de Calais, que lhe agradeceu profundamente por seus esforços evidentemente bem-sucedidos.

Por uma ou duas horas, vi que não havia nada a ser feito. Sendo assim, nós dois renunciamos à nossa vigília. Enrico voltou para a casa dele, atrás de Saffron Hill, para tirar um cochilo de uma hora e tomar café da manhã, e eu retornei ao hotel.

Ao refletir sobre todos os acontecimentos curiosos, decidi que era necessário confiar em outro dos meus amigos em Londres. Naquele momento, ninguém sabia que eu tinha voltado à cidade; mas quando descobrissem, eu sabia que receberia uma torrente de convites.

Como já mencionei, minha intenção naquele momento era me estabelecer na Inglaterra, e estava ansioso para começar a procurar uma casa, a fim de ter um lugar adequado para abrigar minha coleção de antiguidades assim que ela chegasse da Itália. Demorariam alguns meses até que eu pudesse me estabelecer em uma casa de campo, como era minha intenção. Sendo assim, depois de refletir, resolvi aceitar a hospitalidade de um dos meus melhores amigos dos velhos tempos de Londres, o capitão Walter Wyman, conhecido viajante e escritor. Tinha mais ou menos a minha idade e atingira o sucesso e a popularidade por meio da perseverança e da exploração intrépida. Depois de ter herdado uma renda vultosa do pai, o falecido Sir Henry Wyman, cavaleiro, o grande metalúrgico Wigan, meu amigo passara por uma amarga decepção amorosa e se dedicou à obtenção do conhecimento geográfico. E, como resultado de suas viagens pela Ásia e África, o mundo fora consideravelmente enriquecido por informações. A febre, no entanto, havia causado grandes prejuízos à sua saúde, e ele voltara a seus confortáveis aposentos na Dover Street, onde, apenas algumas semanas antes, dissera que eu poderia me hospedar caso fosse à cidade.

Decidi aceitar o seu convite em detrimento da vida hoteleira sem confortos, a qual, depois de ter vivenciado por alguns anos em vários locais do continente, eu abominava. De todos os homens em quem eu poderia confiar, Walter Wyman seria o melhor. Ele vivia pelas aventuras e, como o mundo bem sabe, tivera uma porção delas durante as suas viagens.

Às dez horas daquela manhã, Thompson, seu velho mordomo de cabelos brancos, me recebeu à porta.

– Ora, meu caro Allan! – exclamou meu amigo, pulando da cadeira onde estava fumando seu cigarro depois do café da manhã. – Que surpresa! Você está de volta, então?

– Estou – respondi. – Voltei repentinamente na noite passada, e vou aceitar o seu convite de me hospedar aqui.

– É claro. Você sabe que nossa amizade estaria acabada se você se hospedasse em outro lugar. Veio para passar quanto tempo?

– Voltei de vez. Vou procurar um chalé ou algo do tipo no campo. Estou farto da Itália.

Wyman sorriu, ofereceu-me um cigarro e pediu a Thompson que trouxesse conhaque e água com gás. Despreocupado e cosmopolita que era, nunca lhe ocorreria que seria incomum tomar uma bebida forte como aquela tão cedo pela manhã.

Ele era moreno, com uma tez bastante avermelhada, alto e asseado. Estava bem vestido em seu terno azul-escuro, e tinha uma aparência bastante aprumada. Embora a febre o tivesse devastado em alguns pontos, ainda estava em excelente forma: um belo espécime do homem inglês.

Depois de acender meu cigarro, contei-lhe coisas em tom confidencial e ele ouviu minha história com toda atenção. Naquele cômodo aconchegante, em cujas paredes estavam penduradas armas selvagens e troféus de caça, e o chão coberto com a pele dos animais que haviam sido alvejados por suas armas, contei-lhe todas as circunstâncias estranhas, relatando brevemente a história incompleta escrita no Livro Fechado e a conspiração notável que parecia estar em andamento.

Quando narrei a misteriosa visita do cavalheiro alto e da jovem à Harpur Street e contei como os segui até a casa do conde de Glenelg na Grosvenor Street, ele deu um pulo e exclamou:

– Ora, pela sua descrição, meu caro, deve se tratar do próprio conde! E a garota certamente era a filha dele, Lady Judith Gordon! Eles passaram esses dois últimos anos no exterior e seu paradeiro era um mistério para metade de Londres. Eu não fazia ideia de que eles tinham voltado. Por Deus! Isso que você está me dizendo é realmente intrigante. Acho que você precisa recuperar esse livro custe o que custar.

O conselho de amigos

Discutimos a melhor forma de reaver o livro, mas não chegamos a conclusões muito claras.

Meu amigo Walter deu ordens ao velho Thompson para que arrumasse meu quarto, pois ele era um dos poucos solteiros com condições de manter um quarto de hóspedes em sua residência. Ele fazia questão de que seus aposentos permanecessem tão em ordem durante sua ausência quanto nos momentos em que estava em casa. Em determinada ocasião, chegara a passar dois anos seguidos viajando e, ainda assim, quando eu havia passado por lá, tinha encontrado o velho Thompson tão empertigado quanto sempre, apenas respondendo aos visitantes: "O capitão Wyman não está em casa, senhor". Thompson era um criado maravilhoso, e havia sido o braço direito do velho Sir Henry até a morte dele. Na verdade, ele estava a serviço dos Wyman havia mais de cinquenta anos e parecia tratar Walter mais como um filho do que como um patrão.

Meu amigo concordou com minha decisão de designar Enrico como vigilante. Ele seria útil e poderia agir como um espião em lugares onde não podíamos ser vistos. De que havia alguma conspiração espantosa em andamento, Wyman, assim como eu, estava convencido; porém, não conseguia compreender do que se tratava.

Discutimos detalhadamente o curioso caso e, depois de uma hora de debate apreensivo, elaboramos um plano de campanha que colocamos em prática de imediato.

Enquanto permaneci descansando em sua casa, ele pegou um cabriolé e foi atrás do médico chamado Barton.

Quando voltou, contou-me que se consultara com o médico e, fingindo os sintomas de envenenamento que eu compartilhara, o médico desavisado imediatamente comentou que poucas horas antes havia sido chamado para tratar de um caso semelhante. Sugeriu a Wyman que talvez os dois pacientes tivessem comido algo nocivo em algum estabelecimento da vizinhança.

Então, depois de receber uma dose de remédio, e ser obrigado a engolir para manter o teatrinho, meu amigo começou a conversar com o médico e descobriu que o paciente que ele havia atendido era um homem de meia-idade, com barba bem aparada, que aparentemente viera morar na Harpur Street cerca de nove meses antes. O homem disse-lhe que seu nome era Selby e, até onde o médico sabia, ele não tinha nenhuma profissão. Ele ficara impressionado com seu comportamento relativamente misterioso. A velhinha provavelmente era uma parente, mas disso ele não tinha certeza. O nome que eu havia encontrado no catálogo de endereços era o do atual inquilino. Wyman também abordou o assunto do Livro Fechado; mas era evidente que nem Selby nem o médico suspeitavam que as páginas estivessem envenenadas. O paciente não fez nenhum comentário sobre o livro para o médico. Barton o encontrou em grande sofrimento e acometido por todos os sintomas de envenenamento; mais do que isso, porém, ele não sabia.

A visita de Wyman, no entanto, acabou por esclarecer uma ou duas coisas e nos forneceu o nome do homem que estava em posse do Livro Fechado.

Logo partimos novamente e, na esquina da Theobald's Road, encontramos o jovem italiano, ainda em sua vigília, embora visivelmente exausto e faminto. Nada havia acontecido, contou-nos ele. Ninguém tinha saído da casa, mas a velhinha fora até a porta e pegara o leite e o pão do padeiro. Ela parecia agir como uma governanta.

Dispensamos Enrico por quatro horas e eu assumi o lugar dele, enquanto Walter Wyman foi até o Clube Naval e Militar, onde ele disse que certamente encontraria um amigo que era próximo do conde de Glenelg, e com quem poderia obter alguma informação.

– A ligação que eles têm com este caso é um profundo mistério – comentou ele. – Um mistério tão grande quanto o fato de estarem em Londres quando todos achavam que estavam no exterior. O meu amigo, coronel Brock, disse-me anteontem que eles estavam com amigos em Mussoori, no norte da Índia.

– Bem, parece que agora eles estão de volta – observei.

– É o que parece – foi a resposta de Walter, que entrou em um cabriolé e seguiu até o clube para coletar informações, deixando-me sozinho nos arredores daquela rua sombria e triste de Londres.

O clima estava úmido e abafado, e o tráfego contínuo na Theobald's Road deixou meus nervos abalados. Mesmo em plena luz do dia, a fachada da casa na Harpur Street estava sombria, com um ar de distinto mistério. As cortinas da janela inferior continuavam fechadas, mas o filhote de urso empalhado havia sido removido da janela superior, tendo servido ao seu propósito, qualquer que fosse.

Pouco depois do meio-dia, Wyman voltou ao meu encontro. Ele estivera na ativa durante todo aquele tempo, tinha visto o amigo e, além disso, visitara a Grosvenor Street sob algum pretexto, e lá havia descoberto que o conde e a filha, tendo voltado do exterior dois dias antes de forma inesperada, haviam partido novamente naquela mesma manhã.

Teria sido aquele sinal inexplicável que os fizera fugir de Londres novamente?

O motivo pelo qual ambos estavam vestindo roupas precárias agora era óbvio. Estavam em Londres em segredo e temiam ser reconhecidos. O interesse de Walter Wyman foi profundamente despertado e ele declarou seu intento de investigar o assunto a fundo.

Então surgiu a questão de determinar de que forma recuperaríamos o livro que me fora roubado. Continuamos a discutir o assunto no *pub* em que eu havia me alimentado na noite anterior. Estávamos certos de que tentar interpelar aquele tal de Selby para reaver o livro seria em vão, pois tão valioso era o objeto, e tão difundida a conspiração, que o homem provavelmente negaria que o tinha em sua posse ou nos desafiaria abertamente. Por outro lado, seria perigoso furtá-lo ali, e mais perigoso ainda entrar à força e exigir aquilo que era meu. Até mesmo o Dr. Barton confessara que havia algo intrigante e ameaçador no jeito e nos antecedentes do homem tempestuoso.

Portanto, estávamos em um beco sem saída.

Desejei do fundo do meu coração ter denunciado a velha senhora ao chegarmos no píer de Dover. Será que a polícia poderia nos ajudar? Wyman achava que não, pelo menos não oficialmente. Poderíamos acabar assustando o tal do Sr. Selby e, se o fizéssemos, provavelmente perderíamos o precioso livro.

Nós dois percebemos que este era um assunto que não permitia deslizes. Wyman, meu amigo, era um homem astuto como qualquer outro em Londres, e essa história de brigar com conspiradores era algo que lhe agradava. Era um daqueles homens que, em casa ou no exterior, sempre conseguia se safar de qualquer enrascada em que se metesse.

Para começo de conversa, não sabíamos como era o caráter do homem com quem tínhamos de lidar; e, além disso, não fazíamos a menor ideia quanto ao que motivava a conspiração contra mim, que teve início no instante em que pus as mãos no raro Arnoldus.

Era imperativo que agíssemos de imediato e de forma determinada, porém, não sabíamos qual caminho deveríamos trilhar.

Quanto mais discutíamos a questão, mais determinado eu ficava a agir intrepidamente e ir direto ao ponto, indo até a delegacia e exigindo que a velhinha fosse presa. Tal atitude levaria o assunto a um ponto crítico, mas eu ainda estava hesitante quanto a mostrar aos nossos inimigos o que tínhamos na manga. No momento eles não sabiam que eu estava em Londres, e certamente poderíamos usar isso a nosso favor, visto que quem assiste de fora tem uma visão melhor do todo.

Senti que precisava da opinião de um especialista e de repente me lembrei de que, nos velhos tempos, quando eu morava em Londres, tinha relações amigáveis com um sargento-detetive do Departamento de Investigação Criminal. O homem se chamava Noyes, e havia sido vinculado à delegacia da Hunter Street. Eu tinha vários conhecidos na polícia metropolitana, assim como a maioria dos homens literatos; mas a Noyes fui grato mais de uma vez por ter me mostrado certas coisas da Londres desconhecida. Portanto, eu sabia que, se procurasse seu conselho, ele o forneceria de bom grado.

Deixando Wyman no posto de vigília, peguei um cabriolé para a Hunter Street e perguntei ao inspetor de plantão sobre o meu amigo, o qual, fui informado, havia sido promovido ao posto de inspetor e designado para a delegacia principal do departamento T em Hammersmith.

Voltei de cabriolé até onde Wyman estava e então não perdi tempo em dar seguimento à minha busca, partindo logo para Hammersmith.

Encontrei meu amigo, um homem desengonçado de meia-idade com queixo proeminente, sentado em seu escritório no andar de cima; e, quando entrei, ele se levantou para me dar boas-vindas calorosas. Então, ao lhe contar que eu estava ali em busca de seu conselho, ele se acomodou na escrivaninha para me ouvir.

Ele ficou tão interessado quanto Wyman na história que contei, mas vez ou outra rabiscava uma anotação na folha de papel que instintivamente colocara diante de si. Narrei todos os fatos, do começo ao fim, sem esconder nada. O envenenamento secreto despertou sua atenção, detetive inteligente que era, pois todo homem vinculado à Scotland Yard poderá lhe dizer que muito mais pessoas morrem envenenadas em Londres por ano do que os médicos ou legistas suspeitam.

– Agora, o que eu quero é reaver minha propriedade sem que essas pessoas saibam – expliquei por fim.

– Entendo bem – declarou. – Se eles soubessem que você seguiu seus rastros tão rapidamente, isso poderia acabar com a artimanha deles sem que você descobrisse o que a motivou. Sim, você quer aquele livro de volta a qualquer custo, mas quer agir em segredo. Você poderia facilmente levar as informações ao juiz e, com isso, eu conseguiria procurar a propriedade roubada. Mas essa claramente não é a sua tática, Sr. Kennedy. Devemos usar métodos um pouco mais... bem, artísticos, que tal chamarmos assim? – E seu rosto largo se expandiu em um sorriso.

– Bem, o que você sugere? – perguntei.

Porém, em vez de responder, ele me pediu uma descrição detalhada do volume raro e notável. Então, quando a forneci, ele ergueu os olhos do papel sobre o qual havia anotado algumas coisas e, com um sorriso misterioso, perguntou:

– Você estaria disposto a deixar o assunto inteiramente a meu cargo, Sr. Kennedy? Tenho a impressão de que posso, com a ajuda de um amigo, reaver o livro sem que aquele tal de Selby saiba que o volume voltou a você. Se eu fizer isso, no entanto, você não pode ser visto em nenhum lugar das redondezas. Qualquer vigilância mantida sobre a velha senhora ou esse camarada Selby deve ser feita por seu amigo, o capitão Wyman. Você estaria disposto a seguir as minhas instruções e manter a discrição até que eu entre em contato com você?

– Com certeza – respondi, embora ainda não tivesse entendido o que ele queria dizer.

– Se houver uma conspiração, você será rapidamente identificado se continuar rondando a Harpur Street – comentou. – Eu acho que, se você estiver disposto a pagar um ou dois soberanos, posso reaver o livro para você. Mas isso terá que ser feito em segredo. E, para que eles não passem a suspeitar que o livro voltou para as suas mãos, você deve ir para o campo e esperar até ter notícias minhas. Não queremos que eles suspeitem de nada, caso contrário, talvez não sejamos capazes de resolver todo o mistério.

– Vou deixar o caso nas suas mãos, Noyes, é claro – respondi. – Quando devo partir para o campo?

– Hoje mesmo. Vá para onde preferir, algum lugar com fácil acesso à cidade, e fique lá até receber notícias minhas. Não volte para a Harpur Street, pois é demasiado perigoso. Caso contrário, você vai acabar sendo reconhecido mais cedo ou mais tarde. Vou encontrar o capitão Wyman e explicar o caso para ele. Talvez você possa seguir pela ferrovia Great Northern até Peterborough, por exemplo. Fica na linha principal, e é a primeira parada dos trens que seguem para o norte, a uma hora e meia da King's Cross. Desse modo, eu poderia ir ao seu encontro rapidamente se precisasse vê-lo, ou você poderia voltar para cá em um instante, se necessário. Tem um bom hotel à moda antiga, o Angel. Hospedei-me lá uma vez quando estava atrás de um falsificador de notas alemão e era um estabelecimento muito confortável.

– Muito bem, eu irei para lá. Esse será meu endereço até ouvir notícias suas. Diga isso ao capitão Wyman, pois talvez ele queira escrever para mim.

Depois de mais um tempo de conversa, na qual ele se recusou veementemente a me dar mais detalhes sobre seu plano de reaver o Livro Fechado, voltamos juntos pela ferrovia subterrânea até Charing Cross, onde cada um seguiu para um lado; ele foi atrás do meu amigo Wyman e eu fui me esconder na cidadezinha provinciana de Peterborough, na qual cheguei por volta das quatro e meia da tarde.

Como Noyes havia declarado, o hotel Angel era dotado de um conforto à moda antiga, uma relíquia de épocas passadas nos dias úteis e um centro de comércio agrícola nos dias de feira. Com exceção da catedral, não havia muitas coisas interessantes na cidade de Peterborough, já que, nos últimos anos, tinha passado por tantas renovações que ficara irreconhecível.

A cidade em si era feia, embora ficasse situada em meio às pastagens verdes e vistosas de Nene Valley, um lugar movimentado, onde havia vândalos espalhados por todos os cantos, exceto, talvez, na Narrow Street, a vielinha antiquada onde o Angel está localizado.

Passei a noite analisando o interior da catedral, e depois caminhei até o vilarejo de Longthorpe. E, após o jantar, recolhi-me cedo, pois ainda não havia me recuperado da minha viagem célere através da Europa.

O dia seguinte passou, e mais um depois desse, e tudo o que eu podia fazer era ficar ocioso ali, irritado e apreensivo com os resultados da empreitada de Noyes. As cartas de Wyman indicavam que, com a ajuda de Enrico, ele ainda vigiava a casa, embora não tivesse recebido mais notícias do meu amigo, o detetive, depois que este lhe contara da minha partida.

Comecei a me perguntar se Noyes havia faltado à sua promessa, apesar de termos sido melhores amigos nos velhos tempos, quando eu morava e trabalhava em Londres. Mas então pensei que o conhecia bem o bastante para ter certeza de que ele me ajudaria de todas as formas que estivessem ao seu alcance.

Portanto, vaguei pelas ruas de Peterborough ou descansei no bar do meu hotel, na constante expectativa de receber alguma mensagem dele.

Seu silêncio era agourento e minha inquietação continuou aumentando até que, no terceiro dia, decidi que não iria mais ficar parado esperando.

O segredo do velho monge

Ficar entregue ao ócio em uma cidade provinciana sem amigos e sem ocupação não é agradável nem proveitoso. Em Londres, sempre é possível encontrar formas de se divertir e passar o tempo; na monótona Peterborough, porém, a parte mais animada do meu dia, além de visitar a catedral extremamente restaurada e o museu em Minster Precincts, era assistir ao leilão de gado.

A ansiedade me consumia em relação ao que estava acontecendo na Harpur Street e se o Livro Fechado estava realmente perdido de vez. Eu havia telegrafado duas vezes para Noyes na delegacia de polícia de Hammersmith, mas não recebi resposta. Seu silêncio não era nada tranquilizador e, por esse motivo, decidi que se não tivesse notícias até as nove horas daquela noite, pegaria o último trem do dia e voltaria para Londres.

Jantei às sete depois de um dia lúgubre e, enquanto estava à mesa, o garçom entrou no cômodo em que eu estava sozinho e disse que um cavalheiro queria me ver. No momento seguinte, Noyes, vestido como um caixeiro viajante, com terno azul-escuro e chapéu-coco, entrou no recinto.

Havia um sorriso de triunfo em seu rosto, por meio do qual logo deduzi que ele fora bem-sucedido. Noyes carregava uma mala de couro preta na mão e, assim que o garçom saiu, abriu-a e, enquanto pegava um pacote de papel pardo, disse:

– Alegro-me em dizer, Sr. Kennedy, que consegui resolver a questão. Era um assunto muito delicado, e o caso apresentava aspectos e dificuldades que eu não havia previsto.

– Então você realmente o pegou? – perguntei com ansiedade, abrindo o pacote e revelando o precioso volume.

– Aí está, como você pode ver – respondeu aos risos. – Mas, por favor, não pergunte como o consegui, porque prefiro não dizer, entende?

Os detetives são propensos a agir misteriosamente às vezes, portanto, não fiz mais perguntas. Para mim, já bastava que ele tivesse conseguido reaver o livro sem que os ladrões soubessem quem agora tinha posse dele. Eu tinha plena ciência do grande círculo de conhecidos que Noyes tinha em Londres e suspeitei que havia sido por meio de um deles que o livro fora reavido.

– Eu telegrafei duas vezes para você – declarei, quando ele aceitou o meu convite e se sentou à mesa para jantar comigo.

– Eu sei – foi a sua resposta. – Não havia necessidade de responder. Em um caso como esse, a paciência é tudo. E, se me permite dizer, Sr. Kennedy, você estava um pouco impaciente. Prometi que faria o que pudesse, e foi o que fiz, e você já viu o resultado.

Sei que eu merecia essa repreensão silenciosa e concordei, pois a paciência é uma das muitas virtudes que não possuo.

Ele não explicou nada sobre os meios que havia usado para obter o meu livro, embora tenha me contado um ou dois fatos estranhos a respeito de Selby e da velhinha que viera de Paris.

– Eu vi Selby – contou-me ele. – A princípio, tive uma leve impressão de que já tinha visto o rosto dele antes, e que o homem era procurado por alguma coisa. Mas conferi na Yard e não encontrei nenhuma fotografia que se assemelhasse a ele, então acho que me enganei. O nome da velha é Sra. Pickard. Ela conhece vários estrangeiros que residem em diversos lugares, a maioria sendo pessoas em boas condições.

– Você não viu uma jovem alta, morena e muito bonita, provavelmente italiana, viu? – arrisquei, perguntando-me se a verdadeira ladra havia chegado a Londres.

– Não. O capitão Wyman ainda está mantendo vigilância. Ele é tão bom quanto qualquer homem que já tive sob meu comando, com métodos bastante profissionais. E aquele jovem italiano também parece um sujeito esperto. Você o encontrou por acaso, acho que o ouvi dizer?

Expliquei-lhe como eu havia pedido a ajuda de Enrico e que opinião formara sobre ele.

– Bem – comentou Noyes, enquanto sorvia uma taça de cerveja Bass com visível entusiasmo. – Eu irei embora esta noite, mas é melhor você permanecer aqui, Sr. Kennedy; ou, se não for aqui, em algum outro lugar no campo. Você não pode ser visto na cidade. Esconda-se longe de lá e deixe toda a parte da vigilância para nós. O livro está com você, portanto, tome cuidado para não o perder novamente.

– Acredite em mim – falei aos risos. – Quando eu tiver terminado de ler, vou guardá-lo em um cofre para mantê-lo em segurança.

– Não é o tipo de coisa a se deixar jogada por aí se as páginas realmente estiverem envenenadas, como você diz que estão. Tive medo de abrir essa coisa – declarou ele, quase se desculpando.

– Estou farto deste lugar – comentei, desejando voltar para Londres.

– Então vá para outro canto… para o litoral, por exemplo. Você está bem perto da costa leste aqui.

– Uma boa ideia! – exclamei. – Eu irei para Sheringham hoje à noite. Hospedei-me no Grand uma vez, e farei isso de novo.

– Muito bem – disse ele. Terminamos nossa refeição e acendemos charutos, conversando sobre os vários aspectos notáveis do mistério. Minha decisão de partir para o pequeno balneário, que à época estava se tornando muito popular, lhe agradou. Era imprescindível que eu me ausentasse de Londres, declarou ele, e se estivesse entediado em Sheringham, eu poderia ao menos jogar golfe. Por quanto tempo eu seria obrigado a permanecer lá, Noyes não fazia ideia.

– Deixe-me concluir minhas investigações – declarou ele. – Elas são muito complicadas, mas não me desesperarei enquanto tiver o capitão Wyman para me ajudar. Talvez, quando você tiver terminado de decifrar o livro todo, descubra alguma pista adicional para explicar o porquê de tanto segredo e conspiração.

– Vou retomar a leitura em Sheringham amanhã – informei. – Espero encontrar algum segredo que esclareça os últimos acontecimentos.

Às nove horas, depois de trocar votos de confiança, fomos juntos até a estação Great Northern e, depois de acompanhá-lo até a porta do vagão, peguei o lento trem noturno, passando por Wisbech e South Lynn, para o pequeno vilarejo de pesca de Sheringham, o qual os moradores da Harley Street haviam recentemente descoberto que fazia bem para a saúde e que a sociedade havia começado a frequentar.

Reservei um aposento particular no Grand, com vista para a orla; um luxo caro, com certeza, mas eu precisava de silêncio e privacidade para minhas investigações. E, na manhã seguinte, depois de tomar meu desjejum, calcei um par de luvas grossas e então reabri o Livro Fechado na página em que minha leitura havia sido tão abruptamente interrompida.

Creio que, a fim de reproduzir o registro de forma clara, será melhor transcrevê-lo do mesmo modo que o copio das páginas envenenadas e manchadas pelo tempo que estão diante de mim, com toda a sua singularidade de escrita e de grafia, eliminando as contrações e algumas obscuridades.

O que decifrei, então, foi o seguinte:

Leitor que se atreveu a perscrutar este LIVRO, recomendo-me a você tão cordialmente quanto posso, confiando em Deus que você estará (e que Jesus faça com que assim seja) em boa prosperidade. Ainda deve se recordar de que meu senhor de Valentinois jurou me matar pois eu havia fornecido ajuda para a minha senhora Lucrécia, e por mais de uma vez usara o punhal que trazia o antídoto, golpeando, como eu havia golpeado meu senhor de Pésaro, aqueles a quem ele tentou envenenar. Minha senhora, por conseguinte, ao ver que seu senhor estava morto, e muito ciente do desamparo em que se encontrava, induziu-me a recuperar suas joias e fugir para a Inglaterra com elas, para lá aguardar a chegada de sua senhoria, sendo sua intenção buscar a graciosa intercessão de nosso senhor cardeal Wolsey, que havia se tornado seu amigo em Roma. Por mais que relutasse em deixar minha senhora sozinha no Vaticano, aquele lugar de tantas tramas maléficas, vi que, se quisesse servir a ela, deveria obedecer. Por isso, segui imediatamente até o local próximo ao vilarejo de Monte-Compatri, onde eu escondera as joias maravilhosas de minha senhora Lucrécia dentro de uma caixa maciça de madeira e ferro. As esmeraldas dos Bórgias, que seja do seu conhecimento, eram as melhores que o mundo já viu, e outrora haviam pertencido ao Grande Turco, o sultão Muhammed, que, segundo dizem, as tinha obtido nas ruínas da antiga Babilônia. Estavam dispostas em um colar, cada pedra tão grande quanto o polegar de um homem. E, guardados junto delas, havia diamantes, pérolas e rubis de valor inestimável, e com os quais estava o frasco lacrado do veneno secreto e o antídoto. Todas essas coisas consegui reaver com segurança e, depois de dizer adeus a minha senhora, parti para a Inglaterra depois de muitas aventuras que não precisam ser narradas aqui. Chegando a Londres, retomei minha vida na casa do meu amigo Sir George Goodrick, em East Chepe, no dia iij de janeiro do Ano da Graça de Deus de 1501.

Pelo período de um ano e dois meses eu permaneci em Londres, até que um mensageiro de minha senhora chegou com a notícia surpreendente de que ela se casara com o senhor Dom Alfonso d'Este, herdeiro do senhor duque Hércules de Ferrara, e, tendo se mudado para Ferrara, não pretendia viajar para a Inglaterra naquele momento. Em sua carta, contou-me que finalmente havia se casado com um homem que amava e que, com seu confessor, buscava o perdão de Deus pelos atos vis que o irmão César a obrigara a cometer. Ademais, disse-me que, sabendo que suas joias estavam em segurança nas minhas mãos, ela desejava que eu continuasse as guardando em um local secreto até o momento em que ela chegasse para ver meu senhor cardeal Wolsey em Hamton. Declarou que eu, tendo plena ciência dos atos terríveis que ela havia cometido, e tendo sido mais de uma vez seu ajudante em sua traição assassina, era tão culpado quanto ela. O sangue de muitos dos envenenados estavam em minhas mãos e, portanto, cabia a mim fazer penitência e buscar o perdão.

Suas palavras eram as de uma mulher penitente e me fizeram pensar. Ela estava feliz com o marido, mas apreensiva por causa da culpa que sentia. Estava arrependida e desejava que eu sentisse o mesmo. Por muito tempo refleti sobre suas palavras, até que finalmente me convenci de que, por estar ciente daquelas conspirações vis de envenenamento em que a morte era entregue em segredo para todos os inimigos, eu também era um assassino e um maldito. Portanto, depois de muito racionalizar, resolvi esconder o tesouro de minha senhora e entrar como noviço na Ordem de São Bento na grande Abadia de Croylande em Lincolnshire, na esperança de que os rigores da vida monástica me guiassem para as glórias e confortos da religião, algo de que eu tanto precisava.

Imploro a você, leitor, que entenda que fui até Croylande e, depois de submergir a caixa de joias de minha senhora no laguinho de peixes, a 131 passos a sudeste do grande altar da abadia, em um ponto intermediário entre as margens, entrei como noviço na ordem sagrada, sendo Roberte de Deepynge o abade da época. Durante dezoito anos inteiros fui penitente, levando uma vida religiosa e fazendo as pazes com o meu Deus. Nossa abadia era uma das melhores e mais bonitas de toda a Inglaterra, e quase toda a minha vida foi a serviço do trabalho religioso entre o povo. Vez ou outra, eu visitava as abadias de Peterborough, Thomey, Fynshed, Fountance (Fountais), St. Albans e nossa grandiosa Glassynburie (Glastonbury), viajando muito e fazendo diversas peregrinações bastante longas. Muito do que presenciei em Glassynburie foi de fato escandaloso; porém, meu dever sagrado mais humildemente lembrado é o de não comentar os atos vis daqueles que supostamente vivem em santidade. Certo dia em abril, quando atravessei a ponte triangular de Croylande em direção à abadia, tendo ido ao priorado de Castor para visitar o intercessor Willyam Petre, um monge, meu amigo Malcolm Maxwell, trouxe-me uma mensagem, que estava manchada pela viagem desde Ferrara, na qual estava escrita a notícia da morte de minha senhora Lucrécia, e me entregou uma carta que ela escreveu para mim uma hora antes de morrer. Ela insistia para que eu continuasse com a minha vida religiosa e paz com Deus, e, como seu último desejo, disse-me que suas joias inestimáveis deveriam permanecer escondidas, pois uma maldição recaía sobre elas. Era o desejo de minha senhora que ninguém as visse nem tocasse, mas só queria que fossem usadas em prol da Igreja Católica. E, com esse propósito, ela deixou o tesouro em minhas mãos, assim como o frasco de veneno e o antídoto secreto, a serem usados em prol da mesma causa, se a ocasião o justificasse; ambos estavam escondidos junto às joias esplendorosas na lama do laguinho de peixes. Esta notícia inundou meu coração de tristeza, e jurei a Deus (louvado seja Ele) que cumpriria fielmente as ordens de minha senhora, e continuaria exercendo minha fidelidade sincera de minha lealdade. Reduzindo à lembrança as memórias estimadas e os fatos renomados e perpétuos da famosa duquesa, ainda nas graças e benevolência do leitor, decidi permanecer no santuário da abadia, embora tivesse em minha posse algumas das melhores joias de que se tem conhecimento, as quais, se fossem vendidas, poderiam me manter próspero pelo resto de meus dias.

Continuação do relato

Fiz uma pausa no meu trabalho, e então me levantei e olhei para o mar iluminado pelo sol. Depois, ávido para obter mais conhecimento, voltei ao livro e continuei a decifrar, como segue:

Do tempo que permaneci em Croylande, envelhecendo ao longo dos anos, e fazendo visitas frequentes ao intercessor Petre de Castor, acompanhado de meu amigo Malcolm Maxwell, para lá da cidade de Peterborough, não falarei, exceto para dizer que muita coisa aconteceu em Londres a respeito dos casamentos do rei e do desagrado de nosso senhor cardeal Wolsey com sua majestade.

Mas agora, leitor, outra coisa aconteceu no ano de 1537 que inquietou nosso abade e todos nós: o rei pretendia suprimir e se apossar de nossa abadia, do mesmo modo que sua majestade havia se apossado das casas de Romburgh, Fyneshed, Walsinghame e Bury St. Edmonds. À vista disso, nosso abade, John Welles, um homem santo e muito amado, escreveu a Thomas Cromwell, secretário-chefe da alteza real, a seguinte carta:

"Com a devida reverência, dirijo-me a Vossa Senhoria, asseverando humildemente que envio a Vossa Senhoria, por meio deste portador, uma porção de nossos peixes do charco, implorando com deferência que aceite a oferenda e que aja com bondade e gentileza, senhor, em relação a mim e a minha pobre casa, de tal modo que daqui em diante eu terei razões para servir a Vossa Senhoria, e eu, juntamente a meus irmãos, orarei todos os dias ao nosso Senhor Deus pedindo por uma vida longa e saudável a Vossa Senhoria. – Em Croylande, dia xxv de março, por seu orador diário, John, abade de lá."

Mas não foi do agrado do secretário do rei que nossa esplêndida abadia fosse poupada, e os peixes que enviamos de presente foram em vão. A alteza real não reconheceu o serviço bom e verdadeiro prestado à sua graça, e não estendeu a sua indulgência a nós. Por seu isolamento, nossa abadia se tornou um refúgio naqueles dias sombrios em que a ira do rei recaía sobre nós. Durante aqueles anos, levei uma vida tranquila no mosteiro, dedicando-me principalmente à oração e à meditação, pois eu era penitente e rezava pelo descanso da alma de minha senhora Lucrécia. Lamentavelmente, o espírito secular prevaleceu em nossa terra, e recebemos a notícia, no primeiro amanhecer de dezembro de 1538, que os comissários William Parre, Robert Southwell e Thomas Myldemay, que haviam se apossado do Mosteiro de St. Androse em Northampton para uso do rei, pretendiam se apoderar do mesmo modo de nossa casa e de nossas terras. Portanto, nosso bom abade John chamou-me em particular com Malcolm Maxwell e aconselhou-nos a respeito da melhor maneira de esconder o nosso altar e as nossas joias, das quais tínhamos uma quantidade considerável. Em segredo, sabendo como era seguro o laguinho de peixes em que eu escondera o tesouro dos Bórgias, sugeri o local. E, naquela noite, deixando prata o suficiente para satisfazer os comissários de sua majestade, nós três pegamos o grande altar de prata e vários dos tesouros da abadia e, colocando-os em três baús reforçados com ferro, os afundamos até o leito fundo da lagoa. Apenas Maxwell e eu tínhamos conhecimento dos tesouros que havíamos tirado da abadia em segredo, conforme relatado a seguir.

Em uma linguagem antiquada, a lista dizia o seguinte:

i. grande altar de prata, feito pelo abade Richard em 1281.

i. grande cálice de ouro dado por Thomas de Bernack no ano de 1356.

iiij. cálices grandes de prata.

iiiij. patenas.

i. ofertório.

viij. taças de prata.

iii. taças de ouro.

ii. castiçais de ouro.

iiij. crucifixos de ouro.

viij. taças de prata.

ii. caixas de prata repletas de pedras preciosas retiradas dos altares e mantos, algumas bem grandes.

iii. caixinhas com outras joias.

O relato continuava:

Do restante, deixamos dois cálices e outras coisas para a alteza real, pois o abade sabia muito bem que nossa casa seria destruída e profanada, e que devíamos nos dispersar. A noite estava escura, com a névoa espessa do charco, quando carregamos os baús pesados e os deixamos deslizar silenciosamente na água em um ponto na extremidade oposta de onde meu próprio tesouro estava bem escondido havia anos. *O lago era profundo e não secava no verão, sendo abastecido por várias nascentes e repleto de boas carpas para as refeições às sextas-feiras. Malcolm manteve a vigília na porta ao sul enquanto eu e o abade submergíamos o nosso tesouro na parte mais funda do lago. Então, quando voltamos em silêncio, nós três entramos na alcova do abade e ali juramos ao Deus Todo-Poderoso que guardaríamos o segredo para sempre, prometendo que nenhum de nós tentaria reaver o tesouro escondido sem prévio consentimento dos outros dois. Sabíamos que nossa gloriosa abadia estava condenada e queríamos salvar o que pudéssemos em prol da Igreja. E não nos enganamos, pois, três dias depois, os comissários chegaram com Thomas Cromwell em pessoa, e nosso bondoso abade foi forçado a entregar-lhes tudo. Foi assim que nós, 164 monges, fomos dispersos; e os homens do rei espoliaram nossa igreja grandiosa, apossando-se de tudo que tinha valor, vendendo os sinos e o chumbo antes de quebrarem e demolirem as paredes. Vendo suas intenções pérfidas, alguns de nós ainda permaneceram refugiados nas casas das pessoas dos arredores. Encontrei hospitalidade em uma pousada chamada The Oak Branch em Eye, Malcolm estava em Thorney e nosso abade havia partido para Londres.*

Durante um mês inteiro, assistimos à destruição de nossa magnífica abadia, e vimos como os homens de Southwell quebraram nossas estátuas e derrubaram até mesmo a torre. Permaneci ali por conta do meu próprio tesouro escondido, o qual eu era incapaz de recuperar, pois não queria chamar atenção com os meus atos. Então, ouvi rumores de que Southwell pretendia drenar os lagos e que a bomba certamente já estava instalada. Nesse momento, estremeci, muito ciente de que tudo o que havíamos escondido seria descoberto. Cromwell, no entanto, julgou que já haviam se apossado de tudo que tínhamos, e felizmente deu ordens para que a drenagem fosse interrompida, uma ordem que me agradou em demasia, visto que todos os cantinhos e buracos haviam

·sido vasculhados em busca de coisas escondidas, especialmente livros e declarações contra o rei.

No dia 5 de fevereiro de 1539, meu amigo Malcolm Maxwell, que assim como eu havia sido coagido a abandonar o hábito pelos comissários do rei, veio até mim, dizendo-me que tinha decidido voltar para a Escócia, seu país, e me ofereceu asilo na casa do irmão dele, o Castelo de Treyf, em Galloway. Depois de aceitar o convite, em certa noite, à luz da lua, consegui drenar o lago de peixes, e depois de muitas tentativas obtive sucesso em recuperar a caixa de madeira e ferro que eu trouxera da Itália, e meus atos não foram vistos por ninguém. Para Malcolm, que era mais velho que eu, declarei que a caixa continha meu livro missal e uma relíquia de São Pedro, que eu trouxera de Roma, pois meu amigo não sabia que, na verdade, ali estavam as joias e os frascos secretos de minha falecida senhora. A respeito de nossa jornada para o norte pela grande estrada que passa por Stamford e York até Carlisle, não comentarei, exceto para dizer que tivemos muitas aventuras, e mais de uma vez enfrentei o perigo iminente de perder minha preciosa caixa. Havia grande tumulto nas fronteiras, e os bandoleiros estavam sempre prontos para roubar e matar. Ao passar pela estrada principal através de Dumfries e Dalbeatie, entramos na grande abadia de Dundrennan e rezamos diante da imagem prateada de Nossa Senhora. Também fizemos uma peregrinação até o santuário de São Niniano, e então seguimos pelas colinas e vales de Auchencaim e por Bengairn, e dali partimos para o rio Dee, onde, em uma ilha, ficava o castelo grandioso e sombrio de Treyf, outrora a fortaleza inexpugnável de Sir James Douglas, mas agora pertencente ao meu senhor Maxwell de Terregles, um antigo barão de grandes terras e irmão de frei Malcolm.

Nesse lugar, a parte mais selvagem de Galloway, recebemos boas-vindas calorosas de meu senhor de Treyf, que, na noite de nossa *chegada, estava oferecendo um banquete em seu grande salão para John Gordon de Lochinvar, que acabara de visitar a França com o rei escocês disfarçado à procura de uma esposa, e também para Gylbert, duque de Cassilis; David Vaus, abade de Soulseat, e seu irmão John Vaus de Bambarrock; com os lordes de Garlies e Sorby. Enquanto comíamos nossa carne de cervo com pão, a conversa revolvia em torno de como os dois lordes de Galloway, os Macdowalls de Freuch e de Mindork, estavam invadindo Arran a ferro e fogo, e sobre como haviam queimado o castelo de Brodick até não sobrar nada. Por sua conversa, eu estava bem ciente de que, embora meu senhor Maxwell fosse regente de Kilcudbricht (Kirkcudbright) e guardião de Treyf, que o rei havia usurpado de Douglas, ele, no entanto, não era verdadeiramente leal, e havia conspiração contra o rei, do mesmo modo que houvera naquela mesma fortaleza nos tempos de Sir James Douglas.*

Mas de forma alguma, eu, um frei desabrigado, faria qualquer reclamação, visto que meu senhor, que não via o próprio irmão havia quinze anos, tratou-nos com extrema gentileza e nos ofereceu abrigo pelo tempo que precisássemos, concedendo a nós quartos na torre que assomava sobre o rio e tinha vista para Greenlaw. Durante um ano inteiro permaneci com meu senhor Maxwell, frequentemente enfrentando os Gordons de Kenmuir, os Douglas de Drumlanrig e os Agnews de Locknaw, tendo escondido muito bem meu tesouro em um lugar seguro da ilha. Já estava com a idade avançada, embora tenha presenciado muitas guerras selvagens através das colinas e solos traiçoeiros revestidos de musgo de Galloway, muitas vezes cavalgando pela fronteira para enfrentar os ingleses com Malcolm, que, como eu, havia prontamente substituído o hábito pela armadura. Sitiamos o castelo de Kenmuir e levamos seu senhor para Stirling como prisioneiro, e o mesmo fizemos com Willyam Cairns, o senhor de Orchardton.

Nessa época, nosso rei Henrique da Inglaterra havia se livrado da autoridade do Santo Padre, e as doutrinas da religião da Reforma estavam se expandindo amplamente entre o povo. Na Escócia, era inevitável que uma grande mudança nacional também se aproximasse, pois a Reforma religiosa tinha avançado muito, e as doutrinas que se opunham à fé romana eram propagadas em Galloway pelos Gordons de Airds. A Bíblia, que havia sido detida aos fiéis do laicado pelo clero, agora era adquirida em grande quantidade, e havia reuniões secretas nas florestas para lê-la, pois era crime até mesmo possuir uma cópia do livro sagrado. A perseguição foi verdadeiramente terrível, pois muitos foram presos ou condenados à fogueira.

Treyf era uma fortaleza quadrada e vistosa, cercada por uma bar-bacã e flanqueada em cada canto por uma torre circular, protegida na parte frontal por uma fossa profunda e um valo, ao passo que a própria ilha era cercada pelas correntezas do rio Dee; e meu senhor Maxwell, com a autoridade do rei a apoiá-lo, era o mais poderoso dos senhores de Galloway. Certa noite, porém, retornamos de nossa cavalgada para enfrentar os ingleses de Lochmaben. Nossos soldados de Galloway, com Lochinvar liderando, haviam derrotado um grande contingente de homens de Somerset. E quando, ao pôr do sol, os cascos do meu cavalo retiniram na ponte levadiça de Treyf, Malcolm, que havia permanecido ali, aproximou-se para me cumprimentar com o rosto pálido, e levou-me ao meu quarto, onde poderíamos conversar em particular. Contou-me que a conspiração que seu irmão engen-drara contra o rei havia sido descoberta, e que um arauto de Helen, senhora de Torhouse que estava com a corte em Edimburgo, chegara para avisá-lo de que sua majestade enviara uma força armada para nos enfrentar. As intenções de meu senhor Maxwell a respeito de uma aliança com Somerset em detrimento do rei escocês tinham sido re-veladas por um dos conspiradores, Johnston de Lockwood, e o arauto alegou que já havia cinco mil homens em Dumfries com ordens de invadir e tomar Treyf. Meu senhor Maxwell, seu irmão Malcolm e eu, vindos da Inglaterra como viéramos, estávamos sob suspeita de ter participado da trama, e também de ter prendido o jovem Gordon de Lochinvar, o abade Vaus de Soulseat e o conde Gylbert de Cassilis, em suas várias moradias. Meu senhor Maxwell estava em Earlston junto com James, conde de Bothwell, mas um arauto foi enviado às pressas até ele, enquanto Malcolm e eu ponderávamos sobre como deveríamos agir. A bela filha de meu senhor, Margaret, estava no castelo, e percebemos que, se quiséssemos salvar a ela e a nós mesmos, todos os três precisariam fugir. Os dois estavam fazendo preparativos apressados enquanto fui às escondidas buscar minha preciosa caixa, e então o guarda de súbito anunciou que a vanguarda do exército do rei já estava nas cercanias de Treyf. Não havia tempo a perder, então, obrigado a deixar as joias de minha senhora Lucrécia em seu esconderijo seguro, montei na sela de um cavalo veloz, que um dos soldados levara até mim, e, seguindo Malcolm e a bela Margaret, disparei pela ponte levadiça e pela frágil ponte de madeira que ligava a ilha à margem oposta. Os cascos do meu cavalo mal haviam tocado a estrada quando os fracos suportes da ponte foram arrancados, os destroços lançados ao rio e arrastados pela correnteza, enquanto, no mesmo instante, o rastrilho se fechou e o chacoalhar das correntes anunciou que a ponte levadiça havia sido recolhida e a fortaleza isolada se tornara inexpugnável.

A bela filha de Maxwell se mostrou uma boa amazona e, no decorrer da longa noite escura, nós três cavalgamos a todo galope, muito cientes de que a captura significava a morte ou a prisão nas masmorras de Edimburgo. Nossa partida sem dúvida foi notada, e por algumas horas fomos firmemente perseguidos; mas Margaret Maxwell conhecia aquela região tão bem quanto qualquer bandoleiro, e nos conduziu em segurança através de Glenkens até a solidão colossal de Carsphairn; então, depois de uma pausa para descansar, tomamos uma rota circular e cavalgamos ao longo da orla selvagem do lago Doon, por sobre as Rhinns de Kells e através da baía de Auchenmalg, onde chegamos exaustos e padecidos na segunda noite. Por toda Galloway, os homens do rei estavam à nossa procura, e ouvimos que meu senhor Maxwell já havia sido capturado por eles perto do lago Ken, enquanto Treyf ainda resistia aos sitiantes. Continuar ali na Escócia era impossível, embora eu me lamentasse em segredo por não ter como recuperar minha preciosa caixa. De fato estávamos em uma situação extremamente perigosa.

Contém conhecimento proibido

Eu havia lido quase todo o relato do velho Godfrey, e então parei para fumar um cigarro. Eu escrevera tanto que minha mão estava cansada, mas certamente era uma história deveras interessante e mostrava uma nova faceta de Lucrécia Borges e seus crimes, além de nos apresentar um capítulo secreto da história da dissolução dos mosteiros por Henrique VIII. Do ponto de vista de um antiquário, o registro era, portanto, um achado valioso.

Ansioso para desvendar o resto, joguei fora meu cigarro depois de fumá-lo apenas até a metade, e novamente voltei ao trabalho, escrevendo cada palavra à medida que a decifrava, e agora eu as copio para você:

Com uma quantia de ouro subornei um pescador para nos levar em seu barco até Maryport, na Inglaterra, onde a ira do rei James não poderia nos alcançar. E juntos viajamos para York, onde deixei Malcolm e a sobrinha com os parentes que moravam perto da cidade, e segui meu rumo até Londres, inundado de pesar por ter sido obrigado a deixar para trás meu tesouro por conta de uma suspeita infundada contra mim. E, apesar disso, não me atreveria a voltar para Treyf, agora que estava em posse dos homens do rei abominável. Sobre as gentilezas e perversidades que presenciei enquanto estava naquele castelo no rio Dee, e sobre as aventuras que vivi em Londres, nada direi, exceto que logo fui tomado pelo desejo de retornar à Itália. E foi o que fiz: viajei a Florença e lá tornei a vestir o hábito religioso e entrei no Mosteiro de Certosa, e agora estou passando o fim de minha vida no interior do monastério.

Peço que compreenda, meu leitor, que, ao entrar neste mosteiro, fiquei tão atormentado com o passado que escrevi em síntese, neste nono dia de fevereiro de 1542, tudo o que me aconteceu, a fim de deixar registrado os crimes demoníacos dos Bórgias; a fim de mostrar como a minha senhora Lucrécia era apenas uma marionete impotente nas mãos de Sua Santidade e do duque César; a fim de declarar que minha ligação com os envenenamentos secretos tinha como intuito zelar pelos interesses de minha senhora e protegê-la; e, por último, a fim de deixar registrado o local exato, no interior das paredes sombrias de Treyf, onde estão escondidas as joias de minha senhora, junto dos frascos secretos, na pequena caixa repleta de esmeraldas, cujo valor seria suficiente para garantir a fortuna de uma grande casa. No que diz respeito à família dos Bórgias, o mal que eles causaram está escrito aqui neste Livro Fechado, do mesmo modo que está escrito naquele livro solene lá em cima que homem nenhum pode perscrutar.

Uma maldição recai sobre todos os Bórgias, exceto minha senhora Lucrécia, então uma maldição também recairá sobre aquele que tentar se apossar das joias de minha senhora para seu próprio usufruto. O conhecimento adquirido por você com meu relato se mostrará fatal, como eu já o avisei no prefácio, meu leitor curioso, portanto, seria melhor que você não fosse além para descobrir o local onde está escondido o tesouro. Não obstante, compreendendo que é meu dever deixar *registrado o lugar onde a caixa está escondida, agora que minha vida está chegando ao fim, e, no intuito de que as joias não se percam para sempre, escrevo estas instruções e alerto que, antes de segui-las, deve estudá-las com muito cuidado, caso contrário, o local secreto nunca poderá ser encontrado. E, ademais, que seja lembrado de que as joias têm sobre si o sangue das vítimas inocentes, e que uma maldição recairá sobre quem as descobrir, a menos que não sejam vendidas e que metade dos lucros seja dada aos pobres. Atente-se a isso!*

Item: Instruções para encontrar a caixa:

Vá para o castelo às três e meia da tarde, quando o sol brilhar no dia 6 de setembro, e siga a sombra da extremidade leste da torre de menagem a 43 passos da borda interna do fosso, então, com o rosto voltado diretamente para Bengairn, dê 56 passos. Procure ali, pois o tesouro de minha senhora Lucrécia está escondido em um lugar desconhecido por todos, com exceção de Malcolm Maxwell; porém, o segredo você só descobrirá se desejar enfrentar a morte mais uma vez.

Mas preste atenção ao meu aviso, você, que agora é detentor deste conhecimento. Sobre você recairá o mal, e viverá em eterno purgatório, se ousar pegar o tesouro de minha senhora para seu próprio usufruto, sem destinar metade a atos caridosos.

Procure em Treyf e no lago em Croylande, e sua diligência será bem recompensada por aquilo que encontrará.

Item: Como encontrar o local em Treyf:

Primeiro, encontre uma parede de pedras em ruína, uma em que se vê cortado um círculo do tamanho de uma mão. Em seguida, avançando cinco passos em direção à barbacã, encontre…

A página seguinte continha o curioso final que já reproduzi anteriormente.

Então, estava faltando uma página do Livro Fechado! A página mais importante de todas!

Os fólios contendo o registro secreto não eram numerados como o restante do volume, porém, após uma análise minuciosa, descobri que a principal página de velino havia sido arrancada.

Perguntei-me se seria possível que Selby tivesse lido o livro exatamente como eu, e então, tendo descoberto o segredo, tivesse removido a página na qual haviam sido escritas as minuciosas instruções para encontrar o tesouro. O fato de ele ter sido acometido pelos sintomas de envenenamento era uma prova clara de que estivera analisando as páginas envenenadas.

De súbito, recordei-me de algo e voltei para as duas plantas desenhadas grosseiramente no meio do relato. Então, perguntei-me se alguma delas daria pistas sobre o paradeiro do tesouro. O motivo de a palavra "treyf" estar rabiscada na margem de um dos desenhos, algo que tanto me intrigara, agora estava claro. A planta sem dúvida tinha relação com o antigo Castelo de Treyf, e parecia mais do que provável que, com seu auxílio, eu pudesse ter sucesso em encontrar o esconderijo das esmeraldas dos Bórgias e o frasco do veneno secreto de Lucrécia.

A outra planta, sem nome e sem traços peculiares, nada me dizia.

Levantei-me e, de pé em frente à janela aberta, fitei o mar iluminado pelo sol. Era diferente do Mediterrâneo azul e calmo, cuja vista eu havia passado sete anos contemplando, mas a brisa dele era mais revigorante e as ondas mais brancas e pesadas do que o mar do sul da Europa. Fiquei ali, perdido em pensamentos.

O segredo do tesouro escondido era aquilo que o velho Godfrey Lovel, soldado, cortesão e monge, havia escrito, ainda que tenha se esforçado para manter oculto, primeiro por suas terríveis advertências e, depois, envenenando as páginas do relato com aquela substância secreta letal dos Bórgias. Malcolm Maxwell havia morrido, e Godfrey, sendo a única pessoa que sabia a localização em que a caixa e seu conteúdo inestimável estavam escondidos, julgou que era seu dever escrever aquele relato, ainda que o tivesse protegido de tal modo que qualquer um que tentasse abrir o Livro Fechado encontraria uma morte misteriosa.

Recordei-me de como eu mesmo escapara disso por um triz. As luvas que eu usava no momento estavam, muito provavelmente, envenenadas.

Voltando-me novamente para a mesa, reli as instruções fornecidas até a página que faltava, comparando-as cuidadosamente com a transcrição que eu tinha feito, e não encontrei nenhum erro. Em seguida, fechei o precioso livro e o embalei no papel grosso antes de levá-lo ao gerente do hotel para que fosse guardado em seu cofre.

A história ali contida certamente era notável e interessante. Ao que tudo indica, havia tesouros escondidos tanto na Abadia de Crowland quanto em Treyf, cujo paradeiro, naquele momento, eu desconhecia. E parecia-me muito provável que as duas plantas indicassem os lugares onde estavam escondidos os tesouros. Não obstante, aquela página ausente era algo que me intrigava. Assim que as instruções minuciosas sobre como encontrar as esmeraldas dos Bórgias tiveram início, foram interrompidas, deixando-me totalmente confuso!

Seria possível que aqueles que haviam concebido essa trama notável para se apossar do livro tivessem conhecimento de seu conteúdo? A meu ver, parecia que sim e, além disso, que aquele tal de Selby havia sido o responsável por remover a página que faltava. Se fosse o caso, então ele estava em posse do segredo a respeito do paradeiro da caixa!

O que eu havia lido sobre os grandiosos tesouros da outrora magnífica Abadia de Crowland e sobre as esmeraldas da notória Lucrécia Bórgia aguçou minha curiosidade e despertou minha ânsia em começar uma verdadeira caça ao tesouro. Sempre me interessei por histórias de tesouros enterrados, e sabia que nos tempos tumultuosos da Inglaterra, durante a dissolução dos mosteiros e guerras civis, todos escondiam suas riquezas por medo de que alguém se apoderasse delas. Uma análise rápida das correspondências dos comissários do rei Henrique VIII para Thomas Cromwell relatando a dissolução dos vários mosteiros, agora preservadas no Museu Britânico, mostra claramente que os abades e monges tinham escondido a maior parte de seus tesouros antes da chegada dos homens do rei, e que as buscas feitas por eles geralmente eram infrutíferas, visto que os esconderijos eram planejados de forma extremamente engenhosa. Também não se deve esquecer de que os mosteiros eram as instituições mais ricas da Inglaterra, e que os altares e estátuas das abadias eram, em grande parte, adornados com ouro e pedras preciosas. Sabe-se que muitas das estátuas de Nossa Senhora eram feitas de prata maciça e em tamanho natural. Apenas uma pequena parcela desses tesouros de enorme riqueza havia sido encontrada. Onde, portanto, estará, a não ser enterrado? O tesouro do abade de Crowland estava, de acordo com o relato do velho Godfrey, escondido no lago de peixes ou nas proximidades, um tesouro cuja descrição me deixara maravilhado, incluindo o grande altar de prata que datava do século XIII; o grande cálice de ouro, presente de Thomas de Barnack; quatro cálices de prata; cinco patenas, um ofertório, oito taças e uma estátua de Nossa Senhora, tudo de prata; e dois castiçais, três taças e cinco crucifixos de ouro, além de duas caixas de prata cheias de pedras preciosas. Certamente, mesmo com a Lei do Achado do Tesouro pairando feito um fantasma acima de nós, valia a pena procurar por uma coleção tão valiosa!

Porém, por alguma razão, enquanto eu caminhava ao longo da pequena orla em direção ao velho vilarejo onde os pescadores bronzeados estavam removendo seus covos de caranguejo e armazenando os peixes para o mercado de Londres, não pude evitar de me sentir ainda atraído pelo tesouro de Treyf. Godfrey, aquele velho astuto, havia escrito aquele relato para que o tesouro que ele havia escondido na Escócia não se perdesse para sempre. As esmeraldas dos Bórgias eram históricas, assim como o veneno Bórgia.

Senti-me impelido a escrever para Walter Wyman e explicar o que eu havia descoberto a fim de incitá-lo a me ajudar em minha busca. Agora que eu havia descoberto o segredo contido no Livro Fechado, não podia mais permanecer na incerteza.

Naquela tarde, peguei o trem para Cromer e, em um dicionário de topônimos que encontrei na biblioteca de lá, descobri que Treyf na verdade era o Castelo de Threave, um amontoado de ruínas históricas situado em uma ilha no rio Dee nas proximidades da cidade de Castle-Douglas, distrito de Galloway, no sudoeste da Escócia, no caminho de Carlisle a Stranraer. Essa informação foi muito gratificante, visto que meu velho amigo major Fenwicke e sua esposa tinham uma esplêndida mansão antiga chamada Crailloch, a apenas 25 quilômetros de distância, e eu sabia que receberia boas-vindas calorosas no mais alegre dos círculos se desejasse torná-la minha sede, pois Fred Fenwicke mantinha as portas abertas e a casa ficava cheia de visitantes todos os anos. Um pouco mais velho do que eu, ele era um dos meus amigos mais próximos e mais confiáveis, portanto, eu estava ansioso para lhe fazer a visita que havia prometido havia tanto tempo, e que, por morar no exterior, tinha sido obrigado a adiar.

Então, quando voltei a Sheringham, escrevi uma carta para Wyman, contando-lhe brevemente sobre a interessante descoberta que eu fizera, e do mesmo modo escrevi para Fred Fenwicke, anunciando que estava ansioso para lhe fazer uma visita assim que ele pudesse acomodar nós dois. Não expliquei qual era meu objetivo, pois, se alguém anunciar que está à procura de um tesouro escondido, poderá ser alvo de ridicularização e sarcasmo.

No entanto, eu estava em posse de fatos que não podiam ser contestados; fatos que haviam suscitado uma conspiração curiosa e aparentemente muito bem arquitetada.

Aquelas páginas envenenadas me apavoravam, agora que eu sabia o quanto eram fatais ao toque.

Lady Judith se manifesta

O *table-d'hôte* daquela noite diferia um pouco daqueles dos hotéis à beira-mar. A maioria dos hóspedes eram londrinos que haviam tirado umas férias e trajavam elegantes roupas casuais confeccionadas na cidade, enquanto as mulheres vestiam trajes de fornecedores de Westbourne Grove ou Kensington High Street. Alguns dos homens usavam trajes formais, ao contrário de outros; a maioria das mulheres usava aquela vestimenta mais cômoda, a blusa. Alguns eram homens ricos e robustos de meia-idade, que estavam ali para jogar golfe, e não para relaxar em barracas de praia ou passear pela orla: estes formavam um grupo à parte.

Houve um tempo, quando eu era um viajante sem lar, em que a vida de hotel me atraía por conta de sua animação, seu falatório e sua constante mudança. Porém, depois de passar anos vagando de um lado para o outro pelo continente, eu odiava tudo relacionado a essa vida, desde o porteiro de uniforme com adornos dourados que torce o nariz para uma gorjeta de meia-coroa até o gerente de sobrecasaca que vive a esfregar as mãos e que, por algum motivo inexplicável, frequentemente dá a entender que é estrangeiro. Você pode ter apreço pela vida arejada e mutável de comida e amigos que consegue em hotéis, mas tenho certeza de que sua opinião se assemelharia à minha se você tivesse passado por uma experiência tão longa e variada de falso conforto combinado com despesas excessivas, como aconteceu comigo. Experimente um hotel moderno "de primeira linha" no Cairo, na Riviera ou em qualquer outro lugar que esteja em voga hoje, na Inglaterra ou fora dela, e acho que você concordará com o meu argumento.

Muitas vezes, por conta dos meus livros, eu havia estudado a fantasmagoria da vida presenciada no *table-d'hôte*, especialmente nos antros de jogatina de Aix, Ostende, e no distrito perfumado de patchuli de Monte Carlo, onde muitas vezes é possível encontrar sujeitos estranhos com histórias estranhas; aqueles que frequentam os *resorts* à beira-mar, no entanto, seja no aristocrático Arcachon ou no popular Margate, não são de forma alguma mais interessantes do que a agitação das ruas de Londres.

Portanto, naquela noite, saí da mesa rapidamente, recusando-me a ser arrastado para uma longa discussão científica com o homem sentado à minha direita, que provavelmente era um assistente de advocacia muito louvável curtindo as férias, e que, evidentemente, tinha um parco conhecimento sobre o assunto. Feito isso, saí para um passeio pelos campos de golfe na direção de Weybourne.

Perguntei-me sobre o que Wyman havia descoberto a respeito do desaparecimento do conde de Glenelg e sua ligação com o Livro Fechado. As estranhas palavras da filha do conde, aquela garota pálida e aterrorizada, ainda ecoavam em meus ouvidos, e seu rosto ainda me assombrava. Estudioso do caráter humano como sempre fui, nunca antes tinha visto tamanho terror e desespero no rosto de uma mulher. Mas um estudioso sempre pode aprender coisas novas.

Noyes também continuava a manter uma vigilância cuidadosa sobre a casa na Harpur Street, onde, não me restavam dúvidas, o livro fora reavido por algum ladrão profissional. Era evidente que Selby acreditava que havia sido alvo de um roubo, mas temia informar a polícia já que, por acaso, o único objeto furtado era uma propriedade roubada. Portanto, tudo o que ele podia fazer era ficar sentado e lamentar a sua falta de sorte. De fato, Noyes havia dado um habilidoso xeque-mate nos conspiradores, quem quer que fossem ou qualquer que fosse seu objetivo, o qual aparentemente era recuperar o ouro escondido.

Naquele momento, ansioso como estava para iniciar as investigações, só me restava esperar.

O sol havia se posto ao longe no mar à minha frente e, enquanto eu caminhava sobre as falésias, surgiu uma brisa bem-vinda, refrescante depois da calidez do salão de jantar do hotel. O trajeto era solitário e adequado aos meus pensamentos naquele momento. Conduzia a um lugar conhecido pelo nome horripilante de Colina do Homem Morto, e, a partir dali, seguia direto para a base da guarda costeira de Weybourne, assomando solitária e altiva naquela costa fustigada pelo vento. Perguntei a um oficial da guarda costeira como chegar até Kelling Hard, onde, tinham me dito, havia uma estrada interna para a Kelling Street, que seguia pela colina de Muckleburgh, passando pelo vilarejo de Weybourne e de volta a Sheringham. O velho marinheiro barbudo, que estava parado em frente à fileira de casas baixas e caiadas de branco, apontou para uma trilha descendo a colina e disse-me que eu encontraria a estrada a mais ou menos um quilômetro além, em um lugar chamado Quag. Então, como já estava escurecendo, desejei-lhe um boa-noite e segui pela trilha que ele havia indicado.

Sou bom de caminhada e queria me exercitar depois de toda aquela longa transcrição que havia feito no início do dia.

Depois de percorrer cerca de um quilômetro naquele caminho pouco trilhado, tornei a subir no topo da falésia, onde uma sebe com um portão separava uma pastagem da outra; porém, eu estava tão absorto em meus próprios pensamentos que não notei o portão até estar perto dele.

No entanto, ao levantar minha cabeça de súbito e perceber que estava diante dele, avistei, além do portão, a silhueta de uma mulher delineada contra o distinto clarão adiante.

Olhei de novo enquanto seguia apressado pela trilha na direção dela, e meu coração parou por um instante. A mulher olhava diretamente para mim, como se hesitasse em passar pelo portão até que eu o tivesse atravessado; e, ao lado dela, também encarando minha abordagem com desconfiança, estava um grande cachorro preto da raça collie.

Aproximei-me e coloquei a mão sobre o trinco, e foi nesse momento que nossos olhos tornaram a se encontrar.

Não, eu não estava enganado! Ela era a garota de rosto pálido que eu vira passar pela Harpur Street naquela noite, a mulher de cujos lábios havia saído aquela exclamação de puro desespero, a mulher que julgava o sinal do urso como o sinal da morte.

Por alguns segundos, cogitei que meus pensamentos constantes sobre ela pudessem ter me pregado uma terrível peça; porém, enquanto eu tentava abrir o portão desajeitadamente ao mesmo tempo que ela dava um passo para o lado a fim de permitir minha passagem, assegurei-me de que realmente era a filha do conde de Glenelg.

Por que ela me seguira até ali? Essa foi a primeira pergunta que cruzou minha mente, pois os acontecimentos estranhos relacionados ao Livro Fechado instavam-me a encarar as coisas com suspeita.

Ela me fitou uma vez, então baixou os olhos e segurou o cão pela coleira, pois não tinha mais nada a fazer. O rosto ainda estava pálido e ligeiramente contraído, e os olhos expressavam uma ansiedade profunda e desgastante. Porém, seu semblante era, eu estava vendo, ainda mais belo do que me parecera naquela noite chuvosa nas ruas lúgubres de Londres.

Todos esses detalhes eu captei com um único olhar. Porém, a questão mais importante era: seria sensato falar com ela?

Não nos conhecíamos. Talvez ela não tivesse me notado naquela noite em Londres. Na verdade, era mais provável que não tivesse. Entretanto, se ela não sabia da minha existência, por que teria me seguido até Norfolk?

A fala pode não ser uma jogada muito diplomática; porém, de súbito me lembrei de seu desespero ao avistar o misterioso sinal de urso e o aparente descaso do pai em relação ao futuro da filha. Sendo esse o caso, não deveríamos nos conhecer?

Esse argumento influenciou minha decisão e, um pouco hesitante, levantei o chapéu depois de passar pelo portão ao lado dela, e, titubeando, pedi sua permissão para me apresentar.

Ela franziu a testa com desagrado e, no instante seguinte, percebi que eu havia dado um passo em falso. Hoje em dia, uma garota que joga golfe, com casaco vermelho e modos masculinos, tratará um estranho da mesma forma que um homem trataria. A modéstia, receio, é uma virtude que está ficando cada vez mais rara nas garotas dos dias de hoje, pois, atualmente, se uma menina fica corada ao ser apresentada a um estranho, é logo chamada de "acanhada", até mesmo pela própria mãe.

Mas não havia nada de masculino na Lady Judith Gordon, apenas doçura e uma simplicidade encantadora.

– De fato não tenho o prazer de conhecê-lo, senhor – respondeu-me ela com uma voz musical, porém dotada de uma altivez natural e fria. – Não tenho o hábito de permitir que estranhos se apresentem a mim – acrescentou.

Sua resposta, embora com um tom de certa superioridade, foi a única que se poderia esperar de uma mulher modesta e nobre.

– Tenho a honra de conhecê-la apenas de vista, devo admitir – declarei rapidamente, com o chapéu ainda erguido e ávido para mudar sua primeira impressão a meu respeito. – Meu nome é Allan Kennedy, e sou escritor profissional...

– Você! – arfou, interrompendo-me. – Você é o Sr. Kennedy? – E seu rosto empalideceu em um instante.

– Esse é o meu nome – respondi, muito surpreso com o efeito que causou nela. Porém, pegando a deixa, acrescentei rapidamente: – Talvez eu não precise dizer mais nada, exceto que eu e você compartilhamos dos mesmos interesses.

Ela pareceu confusa e declarou que não tinha entendido.

– Então, perdoe-me se eu trouxer à tona um assunto que deve ser desagradável para você, mas só farei isso para mostrar o quanto desejo me tornar seu amigo, se, depois de fazer indagações a meu respeito, você concordar.

Então, continuei:

– Você se lembra de algumas noites atrás, quando estava vestindo roupas que não eram suas, e, acompanhada de seu pai, o conde, foi em segredo até uma certa rua em Bloomsbury?

Sua expressão mudou. Ela prendeu a respiração, parecendo se perguntar o quanto eu sabia sobre o assunto.

– Você se lembra também de como a chuva estava forte, e de como você saiu da Theobald's Road e foi até a Harpur Street em busca de algo? Você viu o sinal, o filhote de urso empalhado na janela, o sinal fatal. Você nega alguma dessas coisas?

Ela permaneceu em silêncio. Seus lábios se crisparam, mas, por alguns momentos, nenhum som saiu deles. Ela estava perplexa e parecia incapaz de falar. Por fim, acabou gaguejando:

– Eu me lembro, eu me lembro! Mas por que você está me torturando dessa forma? – gritou ela. – Você, que evidentemente conhece a verdade?

– Infelizmente, não conheço a verdade – declarei. – Posso muito bem dizer a você, entretanto, que ouvi sua exclamação quando seus olhos recaíram sobre o sinal naquele quarto sombrio, e que eu os segui até a casa em Grosvenor Street, com a determinação de que, se você permitisse, eu me tornaria seu amigo. Por essa razão, arrisquei-me a me apresentar a você esta noite.

– Meu amigo? – repetiu ela. – Ah! Não há problema em me oferecer sua ajuda, Sr. Kennedy, mas temo que não adiantará de nada. Meus inimigos são mais fortes que você. Eles arruinaram toda a minha vida. Não há nenhuma esperança quanto ao meu futuro… nenhuma esperança – declarou e soltou um suspiro.

O cachorro, escapando da mão dela, cheirou-me com desconfiança, e então se acomodou perto de sua dona.

– Ah, não! Sempre há esperança. Além disso, ignoro completamente a motivação por trás de suas palavras. Minha suposição, baseada meramente em conclusões lógicas, é que nossos interesses, como já sugeri, são idênticos. Você já ouviu falar de mim, não é?

– Eu li os seus livros – foi a resposta dela. – E meu pai falou de você.

– E o que ele falou a meu respeito tinha alguma ligação com o sinal colocado naquela janela em Bloomsbury? – sugeri.

Ela assentiu. Seus olhos esplêndidos encontraram os meus misteriosamente.

– Ele é amigo do Sr. Selby? – arrisquei.

– Creio que sim.

– Você não admite, então, que é verdadeira a minha sugestão de que, como compartilhámos dos mesmos interesses, devemos estabelecer relações amigáveis de modo que possamos derrotar nossos inimigos? – perguntei.

– Admito que seu argumento é completamente verdadeiro – foi a resposta dela após alguns momentos de reflexão. – E, embora eu reconheça sua gentileza em me oferecer sua amizade, não vejo como qualquer um de nós pode tirar proveito disso. A minha sina é sofrer até a minha morte.

– Sua morte?! – repeti em tom de censura. – Não diga isso. Imagino como você se sente desamparada, e como está completamente à mercê desses seus inimigos misteriosos. Ainda assim, imploro para que não se desespere. Confie em mim quando digo que a ajudarei da forma que eu puder, pois lhe garanto que minhas intenções são genuínas. Seja franca comigo e conte-me tudo e, feito isso, vamos traçar um plano para pôr fim a esta conspiração, visto que parece se tratar mesmo de uma.

– Ser franca com você? – gritou ela em tom de consternação, mas rapidamente se recompôs. – Com você, entre todos os homens?

– Por que não comigo? – perguntei, surpreso com a forma como ela reagiu. – Certamente não sou seu inimigo, sou?

– Se não é neste momento, já foi no passado.

– Como assim? – perguntei, perplexo.

– Você teria me matado se pudesse – gritou ela com a voz rouca. – Eu só fui salva graças à providência divina.

– Eu realmente não entendo o que você quer dizer com isso! – rebati.

– Eu só vi você uma vez antes, naquela noite chuvosa em Londres. Ainda assim, você está me acusando de ser seu inimigo?

– Não – declarou ela com uma voz grave. – Minhas palavras não são uma acusação. A culpa, tenho certeza, não foi sua. Ainda assim, você poderia facilmente ter causado a minha morte sem ao menos saber.

– Eu realmente não estou entendendo! – exclamei. – Será que você não pode ser mais clara? Pensar que já fui seu inimigo, consciente ou inconscientemente, mesmo que por um único momento, me dói, pois tal coisa não poderia estar mais distante da realidade. Meu único desejo é ser um amigo bom e dedicado. Nós dois temos inimigos, eu e você. Portanto, se unirmos forças em total confiança, talvez tenhamos sucesso em enfrentá-los.

– Então devo presumir que você me seguiu até aqui para me fazer esta proposta? – perguntou ela com indignação.

– Eu definitivamente não a segui! – foi a minha resposta rápida. – Na verdade, eu achei que era você quem estava me seguindo! Estou hospedado em Sheringham e não fazia a menor ideia de que você estava por perto.

– Pois digo o mesmo – respondeu ela. – Meu pai e eu estamos hospedados com meu tio, lorde Aldoborough, em Saxlingham, e esta noite caminhei até aqui, junto ao mar. Então, nosso encontro deve ter sido fruto do acaso.

– Quando você chegou?

– Ontem.

– E será que seu pai pode ter vindo até aqui para me vigiar? – sugeri.

Ela não respondeu, embora seu peito atormentado subisse e descesse em uma respiração acelerada.

– Eu sei que você está hesitante em me aceitar como amigo – declarei com sinceridade. – Mas antes de dar sua decisão final, imploro para que busque saber mais sobre mim, pois só posso repetir o que já disse: que partilhamos dos mesmos interesses e que devemos nos defender.

– De quê?

– Do mal que você teme que poderá recair sobre você – respondi, lembrando-me do que ela havia dito na Harpur Street.

– Oh, não! – lamentou-se amargamente, enquanto seus lindos olhos se enchiam de lágrimas. – É inútil você dizer isso para mim… totalmente inútil! Ai de mim! Eu conheço a verdade. Quando o amanhã chegar – acrescentou ela com voz rouca –, já terei deixado de incomodá-lo.

A mão e a luva

Você acredita em amor à primeira vista? Eu não acreditava até o momento em que, em minha breve conversa com a filha do conde, percebi como era belo o seu caráter. Muitas vezes já ouvi que apenas os tolos se apaixonam por uma mulher assim que a conhecem. Porém, no coração daquela mulher havia um poço insondável do mais puro afeto, embora suas águas repousassem sobre silêncio e obscuridade, nunca falhando em sua profundeza e nunca transbordando em sua plenitude. Tudo nela parecia se encontrar além da minha visão, afetando-me de uma forma que era mais sentida do que percebida. A princípio, eu não sabia que aquilo que eu sentia por ela era amor. Em meio à estranha atmosfera de mistério e conspiração em que eu fui tão subitamente envolvido, em meio aos repentes de dúvida e medo que, naqueles dias, atormentavam a minha alma, a tenra influência daquela mulher apareceu como algo enviado dos céus, fazendo-me senti-la e reconhecê-la, embora não conseguisse entender. Como uma estrela tênue que por um instante brilha atrás de uma nuvem tempestuosa, e no momento seguinte é engolida pela tempestade e pela escuridão, a impressão que deixou em mim era bela e profunda, ainda que vaga.

Talvez você me culpe. É bem provável que faça isso. Mas o homem é sempre o refugo dos ventos do destino.

Olhei para ela e contemplei cada detalhe de seu semblante e vestido. Não usava mais roupas pretas e esfarrapadas, e sim um lindo traje de caxemira cinza, com adornos de seda em um tom um pouco mais escuro; ela parecia delicadamente encantadora, macia e esbelta, o cinza suavizando a redondeza delicada, as curvas suaves de uma silhueta na qual a feminilidade precoce estava florescendo com todo o seu charme doce e adorável. Os cabelos claros, com mechas douradas aqui e ali, estavam cobertos por um chapéu que combinava primorosamente com ela, quer os olhos buscassem harmonia nas cores ou na unidade de linhas. Não usava véu, e assim eu podia oferecer aos meus olhos o banquete que era a sua beleza.

– Eu realmente não entendo você! – exclamei depois de uma pausa. – Você não me incomoda, visto que, até o momento que a vi por acaso passando pela rua, éramos completos desconhecidos.

– Não há nenhum proveito a ser tirado ao discutir o assunto – respondeu ela de forma inexpressiva. – Por que você estava vigiando a Harpur Street se não para testemunhar meu desespero?

– Eu tinha outro motivo para vigiar – respondi.

– Claro que você tinha. Você não pode negar isso. Meu pai já falou sobre você e me contou tudo.

– E ele ainda se sente triunfante? – perguntei, lembrando-me da expressão satisfeita do homem ao ver o sinal fatal.

Ela ficou em silêncio, os lábios comprimidos, o rosto pálido voltado para a imensidão cinza do mar.

– Não estou certo ao sugerir que seu inimigo é um homem chamado Selby, e que ele…

– Quem disse isso a você? – gritou ela. – Como você sabia?

– Pelas minhas próprias observações – respondi tão calmamente quanto pude, ainda que secretamente satisfeito por ela ter deixado a verdade escapar.

– Ah! – suspirou ela. – Entendi! Então, eu não me enganei. Você realmente não é meu amigo, Sr. Kennedy.

– Sou, sim! – declarei. – Dê-me uma chance para provar que sou seu amigo. Pelo jeito, você acredita que estou envolvido em alguma conspiração contra você, mas juro que sou inocente quanto a isso. Eu mesmo sou vítima de uma conspiração espantosa, assim como você.

Ela fitou meu rosto fixamente, como se estivesse hesitante e não se atrevesse a falar a verdade. No instante seguinte, no entanto, sua cautela se fez presente e, com engenhosidade diplomática, ela mudou o rumo da conversa. Parecia inquieta e ansiosa para escapar do meu interrogatório, ao passo que eu, por outro lado, estava determinado a tirar a verdade dela e convencê-la de minhas boas intenções.

Encontrava-me em uma situação difícil, porque revelar minha ligação com o Livro Fechado poderia frustrar todos os meus planos. Por tudo que eu sabia, ela poderia muito bem repassar as informações ao tal de Selby, que, ao descobrir que eu estava na Inglaterra, suspeitaria que o precioso volume estava de novo em minha posse. Sendo assim, fui impelido a guardar o meu segredo e, por conseguinte, fui incapaz de convencê-la de minha intenção de ser seu amigo.

A minha posição era penosa, tão penosa quanto a dela. Por algum motivo inexplicável, ela parecia nutrir um certo terror por mim, e agora que o crepúsculo estava dando lugar à escuridão da noite, ela desejava voltar para Saxlingham, a cerca de cinco quilômetros de distância. Era evidente que a minha confissão de a ter visto com o pai na Harpur Street despertara suas suspeitas contra mim, suspeitas essas que nenhum argumento ou declaração seria capaz de remover.

Ela não parecia inclinada a dar seguimento ao assunto e, depois de uma conversa desconexa sobre as belezas de Norfolk, ela chamou seu cão, Rover, preparando-se para se despedir de mim.

– Peço licença, Sr. Kennedy – disse ela abrindo um sorriso, o primeiro que vi naquele rosto doce e triste –, mas está ficando tarde e vai escurecer antes de eu voltar.

– Posso acompanhá-la até a metade do caminho? – insisti.

– Não – respondeu-me. – Isso o desviaria de seu caminho até Sheringham. Eu conheço as estradas daqui desde que sou criança, então não tenho medo.

– Bem – disse eu, estendendo minha mão e erguendo o chapéu para cumprimentá-la. – Eu só posso torcer, Lady Judith, para que quando nos encontrarmos da próxima vez, você tenha descoberto que sou seu amigo, e não seu inimigo.

Ela pousou a mão na minha em um gesto tímido, e eu a segurei enquanto, com um suspiro, ela respondia:

– Ah, se eu pudesse acreditar que o que você diz é verdade!

– Mas é verdade! – exclamei, ainda segurando sua mãozinha. – Você está aflita e, embora se recuse a aceitar minha ajuda, vou lhe mostrar que, esta noite, não menti para você. Não se esqueça, Lady Judith – continuei fervorosamente, pois vi que algum terror inominável suscitava nela o desespero. – Não se esqueça de que sou seu amigo, pronto para ajudá-la de qualquer forma e para prestar qualquer serviço a qualquer momento. Porém, de sua parte, peço para que me prometa uma coisa.

– E que coisa é essa? – perguntou, hesitante.

– Prometa-me que não vai contar a ninguém sobre o nosso encontro. Lembre-se de que, embora você não esteja ciente disso, seus inimigos são os mesmos que os meus.

Ela permaneceu em silêncio por um momento, com os olhos fitando o chão. Então, respondeu em voz baixa:

– Muito bem, Sr. Kennedy. Se é isso que você quer, não direi nada. Boa noite.

– Boa noite – respondi e, tendo soltado a sua mão, ela se afastou de mim com um sorriso triste como despedida. E, com o cão saltando ao seu lado, seguiu até o topo da falésia ao longo da estrada branca e reta, enquanto eu, depois de ficar olhando até que ela desaparecesse de vista, virei-me e segui pela direção oposta.

Qualquer indício de mistério, qualquer omissão ou qualquer coisa que escape à nossa mente, se apodera de nossa imaginação e desperta a nossa curiosidade. Então, somos mais dominados por aquilo que julgamos perceber e por aquilo que criamos do que por aquilo que é expresso abertamente e concedido de forma voluntária. Mas tal sentimento faz parte da nossa vida; quando o tempo e os anos já nos arrefeceram, quando não podemos mais enviar nossa alma além, nem por nossa própria superfluidade da vida e sensibilidade poupar os materiais com os quais construímos um santuário para o nosso ídolo, é nesse momento que buscamos, pedimos, ansiamos pela calidez daquela ternura franca e segura que revive em nós os afetos fenecidos e os sentimentos enterrados, mas não mortos. Então, o excesso de amor é bem-vindo, não repelido; é tão bondoso para nós como o sol e o orvalho o são para o tronco ressequido e clivado com suas parcas folhas verdes.

Como qualquer outro homem, tive minha parcela de questões sentimentais. Eu havia amado de forma imprudente mais de uma vez, mas a doçura, a sensibilidade, a magnanimidade e a fortaleza do caráter infeliz de Judith me atraíram com todo o frescor e a perfeição que deveriam compor uma mulher de verdade.

Não me importava a repugnância que ela nutria por mim, pois sabia que devia ser fruto de alguma calúnia vil ou de alguma suspeita vaga.

Ao refazer meus passos ao longo da trilha estreita sobre as falésias, meu rosto voltado para a noite que se aproximava, ponderei calmamente sobre a minha vida, e percebi naquele momento que sete anos haviam se passado desde que o grande golpe doméstico caíra sobre mim e me fizera vagar sem rumo através do continente. Percebi também que eu ainda estava no início da existência, e que não era tarde demais para ganhar o presente glorioso que eu havia pedido à vida: o amor encarnado em uma beleza soberana, dotado de todo o fervor e nobreza e ternura e honestidade.

De todo modo, quer ela se tornasse minha ou não, eu a amei com todo o meu coração; e saber que eu ainda era capaz de amar, apesar de todos os suplícios do passado, era por si só reconfortante e encantador.

Walter Wyman junta-se a mim

Dormi pouco naquela noite, pois minha mente estava atribulada com os pensamentos sobre a aventura da tarde. Diante dos meus olhos, via constantemente aquele rosto pálido e trágico, do mesmo modo que, anteriormente, tinha sido inundado pelas visões do semblante da mulher que eu vira no escritório escuro do prior em Florença. Seria por intuição que eu sabia que aquelas duas mulheres estavam destinadas a exercer muito mais influência em minha vida do que qualquer outra fizera antes? Acho que era, sim; pois eu amava uma delas, ao passo que a outra me despertava um terror constante e indefinível. O porquê disso, ainda hoje não sei, nem mesmo agora que estou sentado aqui, relatando calmamente tudo o que me ocorreu naqueles dias selvagens de amor ardente, aventuras ousadas e mistérios impenetráveis.

Ao meio-dia, Walter Wyman adentrou o meu quarto inesperadamente e saudou-me com alegria. Então, jogando-se no sofá em frente à janela que dava para o mar, exclamou:

– Bem, meu velho camarada, o que esse livro extraordinário contém, afinal?

Peguei a transcrição no local onde a escondera e, sentando-me na beirada da mesa, li para ele.

– Oh, espere aí! – exclamou ele com entusiasmo quando terminei. – Então, se formos perseverantes e cuidados, realmente poderemos encontrar este grande tesouro!

– Exatamente – respondi. – Eu sou da opinião de que não devemos perder tempo e ir logo fazer investigações preliminares nos dois locais mencionados pelo homem que o escondeu de seus inimigos.

– E, supondo que consigamos encontrá-lo, teríamos algum benefício, levando em conta a Lei do Achado do Tesouro? – foi a pergunta muito prática de Walters.

– Talvez não muito – admiti. – Porém, no mínimo, desvendaremos um mistério que intriga o mundo há séculos: a existência do veneno dos Bórgias e seu antídoto, além de reaver as esmeraldas de Lucrécia Bórgia, e ao mesmo tempo descobrir a verdadeira motivação por trás da estranha conspiração em torno do livro.

– Eu estou de pleno acordo! – exclamou meu amigo. – Mas não lhe parece que estamos em certa desvantagem por conta do fólio que está faltando? A página mais importante para o sucesso de nossa busca? Além disso, aquele homem, Selby, muito provavelmente leu o relato e, sendo assim, sabe tanto ou até mais do que nós.

– Concordo com você – declarei. – Mas, ainda assim, sinto que devemos procurar tanto em Crowland, para onde podemos ir com facilidade a partir daqui, quanto em Threave, na Escócia. – E contei-lhe que eu escrevera ao meu velho amigo Fred Fenwicke, perguntando se nós dois poderíamos prestar-lhe uma visita.

– Você não perde tempo mesmo, hein, meu camarada? Você nunca perde – disse ele, pegando um cigarro da caixa que lhe estendi e o acendendo. – Acho que devemos tentar Threave, pois a planta evidentemente mostra aquele lugar. Mas não podemos fazer nada até o dia 6 de setembro, quando devemos estar lá às três horas da tarde, de acordo com as instruções fornecidas.

– Nós ainda temos três semanas, então – comentei. – Nesse caso, podemos ir primeiro para Crowland e dar uma olhada por lá. É muito provável que a outra planta sirva para mostrar onde o tesouro da abadia está escondido.

– Por Deus! – exclamou ele, pegando a transcrição da minha mão. – Esta lista de coisas... o altar de prata, cálices de ouro e caixas repletas de pedras preciosas... são o suficiente para dar água na boca, não?

– Sim – respondi aos risos. – Se agirmos com prudência e não chamarmos a atenção dos aldeões, podemos ser capazes de realizar a busca em segredo. A única coisa que devemos evitar é o interesse público. No instante em que alguém suspeitar sobre o que estamos procurando, todo o caso chegará aos jornais, e não apenas a nossa chance de sucesso se esvairá, como também nossos inimigos, sejam eles quem forem, saberão que o Livro Fechado está novamente em nossas mãos.

– Eu concordo com você, Allan – declarou ele com súbita seriedade. – Nós iremos para Crowland esta noite, se você estiver de acordo, e daremos início à tarefa minuciosa de descobrir se a planta condiz com qualquer construção que ainda exista. É uma pena que o velho camarada que escreveu o relato não tenha especificado o local, como fez com o outro.

– Talvez ele quisesse fornecer a planta, mas esconder o segredo de qualquer um que pudesse abrir o livro ao acaso – sugeri. – Veja bem, o volume foi evidentemente preservado por séculos na biblioteca do Mosteiro de Certosa em Florença, o local em que o monge Godfrey Lovel morreu, e, sendo escrito em inglês antigo, é claro que não poderia ser traduzido pelos monges italianos.

– Eu me pergunto quantas pessoas morreram ao folhear aquelas páginas envenenadas... – comentou meu amigo. A letalidade do veneno secreto dos Bórgias o atraíra do mesmo modo que fizera com o mundo ao longo dos séculos.

– Ah! – exclamei. – É impossível saber.

Entretanto, minha mente estava absorta em outras questões e, assim que a oportunidade surgiu, contei a Walter sobre meu estranho encontro com a Lady Judith Gordon.

– O quê? – gritou ele, levantando-se do sofá com um salto. – Você realmente a viu e conversou com ela?

– Com certeza. Ela é encantadora, e eu admito, meu caro Walter, que me apaixonei perdidamente por ela.

– Apaixonou-se! Você realmente a ama? – quis saber ele.

– Sim, eu a amo. Ela é a perfeita encarnação do que uma mulher doce e boa deve ser. Existe alguma razão pela qual eu não possa admirá-la?

– Não que eu saiba – respondeu ele. – Mas tenho receio dessas pessoas e da ligação delas com este caso misterioso. Lembre-se, tudo o que sabemos sobre eles é que levaram uma vida muito peculiar por vários anos. Mas o tempo mostrará se você é sábio ou não. Certamente essas pessoas parecem ter encontrado o segredo do mesmo modo que nós... o segredo que revela a existência de um tesouro muito valioso.

Fazemos uma investigação preliminar

– Achei que tesouros escondidos só existissem nos livros! – comentei, lembrando-me de *A ilha do tesouro* e outros romances semelhantes. – De fato nunca imaginei que me envolveria com uma verdadeira caça ao tesouro.

– Nem eu, até que vi a gravidade do assunto todo, e como são intensas essas pessoas.

– Eles não têm ideia de que o Livro Fechado está comigo novamente, têm? – perguntei.

– Absolutamente não. O livro foi roubado da Harpur Street, é claro, e eles estão intrigados quanto ao seu paradeiro. Todos os principais comerciantes de manuscritos de Londres, Quaritch, Maggs, Tregaskis, Dobell e os outros, foram avisados de que se o Arnoldus for oferecido a eles, trata-se de propriedade roubada.

– Bem, não é muito provável que qualquer um deles receba a oferta – comentei aos risos. – Agora que estou novamente em posse do livro, ele será mantido em um local seguro, pode confiar em mim.

Walter Wyman havia folheado as inúmeras páginas de minha transcrição e estava lendo a parte referente ao tesouro escondido na Abadia de Crowland. Acho que estava atraído por aquela lista muito bem organizada de objetos de ouro e prata.

– Vamos voltar para Peterborough esta noite – declarou ele. – Dormiremos no Angel e iremos até Crowland amanhã. Fiquei sabendo que as ruínas da abadia estão em ótimas condições. Será um passeio interessante, no mínimo.

– Antes de partirmos, é melhor fazermos uma cópia da planta sem nome – sugeri. – Pode ser que nos ajude. Porém, por outro lado, pode ser uma planta de um lugar completamente diferente. No entanto, uma coisa é certa: foi desenhada ali com algum objetivo distinto, assim como a planta de "Treyf".

Ele concordou com o que eu disse, e, ao descer as escadas, peguei o pacote com o livro no cofre do gerente do hotel. Então, Wyman e eu copiamos cuidadosamente a planta em questão. Era apenas um arranjo de linhas e números, que não nos dizia absolutamente nada. Não obstante, ambos tínhamos certa convicção de que, de alguma maneira, deveria dizer respeito ao tesouro de Crowland, que havia sido escondido dos homens do rei no momento em que a abadia fora dissolvida e destruída.

Às sete e meia, depois de termos jantado mais cedo que de costume, partimos no trem expresso de Londres para Peterborough, retornando ao tradicional Angel pouco antes das onze. Durante a viagem, carreguei eu mesmo o precioso Arnoldus, temendo perdê-lo. Porém, no nosso hotel, o transferi para o cofre do proprietário, alertando o funcionário para que tomasse cuidado, pois o objeto tinha um valor considerável.

A manhã seguinte foi clara e ensolarada e, pegando uma carruagem no hotel, partimos para Crowland, um vilarejo em meio ao charco que ficava a cerca de onze quilômetros de distância.

Talvez você já tenha visitado aquele lugar do velho mundo, isolado e se estendendo ao redor das ruínas da antiga abadia, enegrecidas e corroídas pelo tempo, um amontoado respeitável que, mesmo em sua decadência esquálida, ainda conservava os resquícios das glórias de outrora.

Parados diante de sua torre restaurada e dos grandes corredores sem telhado em ruínas, onde ainda permaneciam os arcos que são a maravilha do construtor moderno, não pudemos deixar de refletir sobre as vicissitudes pelas quais aquele lugar antigo e grandioso havia passado desde a sua construção, em 713 d.C., como um monumento em homenagem ao santo saxão Gustavo, até a sua completa dissolução e destruição por Henrique VIII. Por conta de seu isolamento em meio àquele grande pântano, durante séculos servira de refúgio, e ali os monges tinham se dedicado a um trabalho grandioso e nobre, fazendo orações, escrevendo manuscritos, construindo pontes e estradas, ou aos poucos erigindo aquele nobre monumento para a glória de Deus, a grande abadia, a nutriz da Universidade de Cambridge e o centro da vida cristã nas charnecas de Lincolnshire. Embora aqueles veneráveis corredores não tivessem telhado, e que as esplêndidas estátuas em tamanho real no estilo gótico inglês, posicionadas na ala oeste da nave, estivessem enegrecidas pelo tempo e se desintegrando, e ainda que todos os vestígios das dimensões originais do local tivessem se perdido no adro mal cuidado e coberto de ervas daninhas que o cerca, as ruínas antigas ainda eram uma das construções mais nobres da Inglaterra, maravilhosa em sua constituição, única em sua beleza e uma relíquia valiosa da devoção cristã, interessante tanto para o arquiteto quanto para o historiador e o antiquário.

O guia do local, que compramos com a sacristã, revelou-nos que a grande estrutura, composta pelo pórtico, torre ocidental e corredor norte, assim como as ruínas da nave, não compunham nem um quarto da abadia original. Na verdade, o prédio cinza e manchado pelo tempo em que estivéramos antes era basicamente o corredor norte da igreja anexa à abadia e, portanto, não transmitia uma noção adequada do tamanho do edifício monástico, do mesmo modo que as ruínas de uma capela doméstica não representam a real dimensão do castelo ou mansão ao qual fora anexada. Na época da dissolução, a abadia estava de pé com toda a sua glória, o telhado de madeira da nave, agora em ruínas, já fora recoberto de ricas douraduras; as grandes janelas outrora tinham sido revestidas de vitrais requintados, e ali, dois grandes órgãos e o altar resplandecente de ouro, prata e pedras preciosas estiveram presentes.

A ala norte ainda continuava lá, apesar de desinteressante, cumprindo seu dever de igreja paroquial; a magnífica nave, no entanto, estava dilapidada, mutilada e aberta aos quatro cantos do céu, pois o sacrilégio que os comissários de Henrique VIII não tinham cometido na época do velho Godfrey Lovel, os soldados de Oliver Cromwell concluíram ao invadir e quebrar as paredes e janelas restantes em 1643.

Juntos, entramos na área fechada da nave, vagando entre as velhas ruínas cinzentas, onde o silêncio era quebrado apenas pelo chilrear de um pássaro. A manhã estava clara, com um sol cálido e um céu sem nuvens; porém, a própria luz parecia deixar o amontoado venerável, repleto de feitos esquecidos há muito, ainda mais escorchado, solene e imponente.

Estávamos a sós, pois a sacristã, depois de receber os seis pence que havíamos pagado pelo guia, voltara para seu chalé, permitindo-nos perambular por ali livremente. Portanto, quando chegamos a um local onde julguei que não estávamos sendo observados, peguei a transcrição que eu havia feito do relato do velho monge e reli em voz alta para meu companheiro a fim de que minha memória fosse refrescada e que ele soubesse exatamente o que havia sido escrito.

Sorrimos com a simplicidade do velho abade John enviando a Thomas Cromwell peixes do charco como presente, na esperança de que ele fosse aplacado e passasse pela abadia sem tomá-la; todavia, como descobri posteriormente, a versão original dessa mesma carta ainda está preservada no Museu Britânico, e eu a segurei com minhas próprias mãos, mostrando, dessa forma, que o velho Godfrey devia gozar da total confiança de seu abade.

Em frente de onde eu estava, apoiada na parede em ruínas e castigada pelo tempo, havia um pedaço de ardósia cinza que eu sabia se tratar de algo confeccionado no século XV. A inscrição entalhada nas bordas, em capitulares lombardas, era a seguinte:

PETRE: PRECES: P:.ME: PETRO: PASTOR: PIE: P: ME.

Esta, ao ser traduzida, dizia:

Pedro (oferece) orações a mim.
Pedro, pastor devoto (ore) por mim.

No meio da ardósia havia uma cruz floreada e os dizeres "Orate p. aia Johanis Tomson". Em 1423, John Tomson deu dez marcos para ajudar na construção da torre da abadia, e parecia que a inscrição entalhada na borda era uma oração dirigida ao apóstolo São Pedro ou ao padre confessor de John Tomson, cujo nome era Pedro.

Aquelas grandes paredes nuas e os arcos altos e pontiagudos, cinzentos e austeros, esfacelados grosseiramente, ainda que perfeitos em graça e simetria, com certeza forneciam um exemplo notável da imprecisão de todos os trabalhos humanos. Na época em que o monge e soldado Godfrey residia ali, o lugar era a sede da devoção e do aprendizado, a morada do luxo e do conforto, com riquezas abundantes e recipientes para o uso da descrição mais custosa; agora, porém, com exceção daquela parte que fazia as vezes de igreja, a construção mal fornecia abrigo a uma frouva ou a uma gralha, e os últimos resquícios de seu esplendor inigualável de outrora desintegravam-se silenciosamente e se misturavam ao solo sobre o qual estavam:

Na decadência que ocorre ao longo de gerações,
Os tronos se reduzem a pó e extinguem-se as nações.

Voltamos a consultar o relato antigo do monge que ali viveu e de fato viu aquelas paredes maciças serem derrubadas pelos homens de Southwell;

o monge que, com o auxílio do próprio abade e de outro amigo, o monge escocês Maxwell, escondera, à meia-noite do dia 1º de dezembro de 1538, a maior parte dos tesouros da abadia.

De acordo com a narrativa de Godfrey, Malcom havia vigiado a porta sul enquanto ele e o abade carregavam os três baús e os submergiam na parte central e mais profunda do lago de peixes. Estavam escondidos no mesmo lago em que ele anteriormente havia colocado as joias dos Bórgias, ou seja, no lago do local indicado, que ficava a 131 passos ao sul do grande altar. O lago nunca secava, ao que parecia, mesmo no mais escaldante dos verões, e como todas as outras fontes de água de mosteiros, continha as carpas para os jantares de sexta-feira. Ele havia conseguido reaver o tesouro dos Bórgias em segurança antes de partir de Crowland com seu amigo Malcolm Maxwell, mas fora obrigado a deixar para trás as pratarias e joias da abadia e o altar de prata. As outras duas pessoas que sabiam do segredo, além dele próprio, estavam mortas. O monge havia relatado a existência do tesouro por um senso de dever religioso, sentindo que a Igreja Católica não deveria sofrer a perda daquela propriedade tão magnífica.

Suas instruções não eram nem um pouco claras, porém, em nosso anseio, decidimos investigar o máximo que pudéssemos.

Passando pelo que antes era a nave, onde agora grandes árvores floresciam e arbustos cresciam em uma profusão emaranhada, chegamos ao arco polilobado e aos pilares maciços que eram tudo o que restava da torre central. Mais além, embora a igreja da abadia se estendesse tão ao leste quanto as ruínas estendiam-se para o oeste, tudo havia desaparecido.

Não havia sinal do paradeiro do grande altar que nos serviria como orientação. Todo o lado leste de igreja havia sido varrido e convertido em um adro moderno.

– Talvez o guia nos forneça alguma pista – sugeriu Wyman, e logo se pôs a folhear as páginas do livreto, enquanto estávamos parados em meio à relva abundante e sob a sombra daquele arco magnífico que causa admiração em todos os construtores modernos.

Ele me informou sobre as medidas originais, declarando que, antigamente, a nave media 44 metros de comprimento por 8,50 metros de largura e 23 metros de altura. A partir disso, mediante cálculos e outras comparações, chegamos à conclusão de que o grande altar outrora deveria ter estado a uns 26 metros do pilar quebrado da torre central em que estávamos.

Felizmente havíamos comprado uma trena em Peterborough; então, sem mais delongas, medimos 26 metros em uma direção direta ao leste seguindo rumo às pastagens do charco aberto bem à nossa frente. E, para nossa satisfação, quando olhamos em volta, avistamos alguns blocos de pedra quebrados escondidos sob a grama e as ervas daninhas, evidentemente as pedras inferiores do grande altar mencionado pelo monge Godfrey.

Uns quatro metros adiante, havia algumas pedras cobertas de musgo semelhantes àquelas, e julguei que se tratasse dos destroços da parte traseira do altar demolido. Portanto, decidimos tomar este último local como marco inicial e começar nossas operações.

Ficamos parados e fitamos os arredores em busca do lago de peixes do mosteiro. Ao sul da direção indicada, no centro de um gramado repleto de montículos onde partes antigas da construção haviam sido cobertas por vegetação, havia um declive profundo no solo, um laguinho muito diferente do lago profundo e cheio de carpas que havíamos imaginado.

– É isso aí? – questionei, muito decepcionado. – Certamente não tem muita água lá. Acho melhor medirmos os 131 passos, para nos certificarmos de que realmente é o lugar certo.

– Venha cá – gritou meu amigo. – Vamos fazer isso separados.

E, voltando nossos rostos para o sul, começamos a andar, cada um contando silenciosamente, e sendo obrigados a escalar o muro do adro durante nosso avanço.

Depois de 109 passos, no entanto, cheguei à margem do que outrora sem dúvida havia sido um grande lago, pois a depressão no gramado tinha cerca de nove metros de largura e dezoito de comprimento, dividida ao meio, e em cada uma das partes restava um raso regato de água lamacenta que servia de bebedouro aos bois.

Ao longe, aquele desnível nos intrigou. Seria possível que o célebre altar de prata de Crowland e os três baús cheios de tesouro estivessem enterrados no leito lodoso daquele lago parcialmente seco?

Certamente o lago devia ser muito maior na época de Godfrey; e, se fosse, então a distância entre sua margem e o grande altar não seria tão grande.

Peguei a cópia da planta misteriosa contida no Livro Fechado, mas não consegui compreender seus detalhes. As linhas tremidas, que tinham o intuito de serem retas, estavam em sua maioria numeradas, como se indicassem passos de distância. Mas não havia o número 131, nem o 109, que havia sido a quantidade de passos que eu dera para chegar até ali. Desse modo, ficamos totalmente intrigados e ambos estávamos inclinados a crer que havíamos nos enganado ao pensar que aquela planta se referia a Crowland.

Ficamos parados na beira do lago lamacento e fitamos suas águas verdes e estagnadas.

Seria possível que os tesouros grandiosos daquela abadia parcialmente em ruínas, cujas altas paredes e contrafortes esfacelados projetavam sombras para trás, tivessem sido escondidos naquele leito lamacento pela mesma mão que escrevera o Livro Fechado? A mão que havia envenenado as páginas e, desse modo, preservado o grande segredo ao longo dos séculos?

Parecia quase inacreditável nessa época de praticidade, e, ainda assim, ambos tínhamos certeza de que o tesouro mencionado naquela lista estava ardilosamente escondido em algum lugar nos arredores.

O que aconteceu em Crowland

A longa depressão no gramado, com uma pequena quantidade de água lamacenta no fundo, não era de forma alguma o tipo de lugar onde se esperaria encontrar um tesouro escondido. Os campos irregulares ao redor daquele adro abandonado estavam repletos de edifícios monásticos, agora recobertos de vegetação abundante e urtigas, e bem no meio deles estava o vazio onde certamente outrora houvera o lago.

Diante de nós, na fronteira leste do campo, havia uma fileira de faias e, adiante, o charco amplo, descampado, inóspito e fastidioso. Assim como a região de Maremma, com a qual eu havia ficado tão familiarizado na Toscana, uma névoa leve se estendia por tudo, aquele miasma que na Itália é tão letal para o campesinato; e, ainda assim, era ainda mais árido e desolado que os pântanos largos do caminho até Roma. O velho moinho de vento, com velas quebradas e as construções sem telhado, destacava-se como o objeto mais proeminente naquela paisagem plana e ininterrupta e desprovida de sebes, uma relíquia deplorável dos dias em que se pagava para moer o milho, antes do advento dos maquinários a vapor. E, agrupados no lado norte da abadia, havia fileiras de chalés antigos, a maioria construída com as pedras das casas dos monges que haviam sido demolidas por Cromwell. O vilarejo pacato e antigo de Crowland ainda fica afastado da ferrovia e, portanto, o progresso da modernidade demorava para chegar até ali.

Enquanto eu, junto de meu companheiro, estava parado ao lado daquele buraco revestido de ervas daninhas, fui obrigado a admitir que, embora o velho Godfrey Lovel tivesse morado no mosteiro por dezoito anos ou mais, e seu relato pudesse ser provado como correto se comparado com a história contemporânea, ainda assim a declaração que fizera a respeito da distância do lago até o grande altar estava incorreta.

Walter comentou que havíamos medido a partir de um ponto em que apenas supúnhamos que estivesse o altar e, portanto, poderíamos ter errado a distância. Ainda assim, fitamos nossos arredores com incerteza. Éramos os únicos que sabiam da existência de um tesouro escondido ali, já que estávamos em posse de um segredo ocultado do mundo desde o Ano da Graça de Deus de 1538.

Não seria isso o suficiente para nos incentivar a empreender uma busca?

– É evidente que foi este o local em que Godfrey Lovel escondeu as joias dos Bórgias – declarou Walter Wyman, referindo-se à minha transcrição do relato secreto que ele tinha em mãos. – Mas, ao que parece, ele tirou a caixa do lago um dia antes de partir para a Escócia.

– E deixou o tesouro da abadia ainda escondido – acrescentei.

– Certamente – concordou ele. Em seguida, fazendo uma rápida consulta à minha transcrição, ele acrescentou: – Pelo que entendi, o altar de prata e os três baús que continham os tesouros que eles esconderam dos homens de Cromwell não foram colocados no mesmo lago que as joias dos Bórgias. O velho Godfrey era astuto o suficiente para fazer algo assim, temendo que a caixa que ele mesmo escondera pudesse ser encontrada por alguma pessoa bisbilhoteira. Veja, ele diz que as pratas e as joias da abadia foram enterradas "na extremidade oposta de onde meu próprio tesouro estava bem escondido havia anos". E, depois, ele diz: "Então ouvi rumores de que Southwell pretendia drenar os lagos". Ele usa o plural, deixando claro que havia mais de um lago de peixes por aqui. Claro, desde então eles foram aterrados, e este terreno se tornou relativamente nivelado em relação às antigas construções.

Conferi os trechos aos quais ele se referia e vi que suas conjecturas estavam corretas. Na época de Godfrey, certamente existira mais de um lago ali, e embora as joias dos Bórgias estivessem escondidas na água a 131 passos a sudeste do grande altar, isso não queria dizer que as pratas da abadia estavam submersas no mesmo lago, ainda que na extremidade oposta. Isso seria a sudoeste do grande altar.

Expus isso ao meu amigo e, quando nós dois nos viramos ao mesmo tempo, avistamos o sol reluzir sobre a água no ponto oposto do terreno acidentado e irregular, nivelado com a torre do relógio, e adjacente à estrada que contornava o vilarejo.

Juntos nos aproximamos do local avidamente, porém, primeiro retornamos ao ponto em que havíamos estimado que o altar principal se localizava e contamos os passos a partir dali. Contei 129 passos, enquanto Walter contou 132.

O lago era grande, cheio de água escura e desprovido de ervas daninhas, indicando que tinha uma profundidade considerável. Não o havíamos notado quando chegamos à abadia, e ambos vimos que, embora agora estivesse delimitado em um dos lados por uma cerca alta de madeira escura do jardim de um chalé e, na outra ponta, por barracões de tijolinhos vermelho e montes de feno, um dia já tivera dimensões consideráveis. Sem dúvida se tratava do lago de peixes onde os monges pescavam o alimento das sextas-feiras.

Em tempos remotos, sem dúvida havia sido conservado e bem cuidado, mas nos dias de hoje os rebanhos que pastavam naquele terreno coberto de ervas daninhas o usavam de bebedouro, pois havia marcas de cascos na lama ao redor das margens.

– Com certeza é este! – exclamou Wyman, consultando a transcrição mais uma vez. – Veja, aqui diz que "o lago era profundo e não secava no verão, sendo abastecido por várias nascentes". A água daqui está em constante movimento, ao passo que a do outro lago é estagnada. Se o tesouro ainda não tiver sido encontrado, é mais provável que esteja afundado na lama daqui.

Nós dois fitamos a superfície imperturbável da água que cintilava sob o sol, nos perguntando que parte havia sido o centro do lago original. No momento, não tinha mais de seis metro de largura e talvez uns quinze de comprimento. As dimensões de tempos remotos eram, sem dúvida, muito maiores, pois ele devia se estender por quase toda a extensão do terreno da abadia se, como parecia provável, a depressão no canto leste do campo um dia tivesse se ligado a ele.

Nós tínhamos visto de imediato, é claro, que a abadia e as construções monásticas antigamente se espalhavam por todos os campos ao sul, leste e norte; porém, tínhamos ali evidências suficientes da existência dos lagos, locais onde o tesouro estava escondido.

Uma revoada de gralhas voava preguiçosamente ao redor da torre e, enquanto estávamos parados em silêncio na beira do lago, o sino da abadia soou a hora em seu tom profundo.

– Não sei como poderemos empreender buscas aqui sem que ninguém saiba – comentou Wyman por fim. – Como vamos drenar este lago e cavar a lama em segredo? Ora, se fizéssemos isso, o vilarejo inteiro apareceria aqui dentro de meia hora.

– Eu concordo plenamente com você – respondi. – E ainda saliento que, até que saibamos onde ficava o centro do lago, não há sentido em começar a busca. Acredito que o local onde o tesouro está escondido não fique sob a água, e sim em outro lugar, na metade do caminho entre este ponto e o outro lago... um lugar que desde então foi preenchido com os destroços de quando a abadia foi destruída. Como pode ver, o terreno foi praticamente nivelado, porém, em algum momento, quase todo este campo era um lago profundo. Lembre-se de que às vezes chegava a haver setecentos monges aqui. Então, eles precisavam de lagos de peixe de um tamanho considerável. Não, estou confiante de que, se encontrarmos o tesouro, ele estará em algum lugar no meio deste campo.

– O que significa que temos muitas escavações pela frente e que devemos contar nosso segredo para todos da região, mesmo se conseguirmos a permissão do senhor das terras, dos comissários eclesiásticos ou de quem quer que seja o proprietário deste terreno.

– Significa tudo isso – acrescentei – e muito mais. Significa que, se começarmos a busca sem saber o local exato em que o velho Godfrey e o abade esconderam o altar de prata e os três baús cheios de tesouros, pode ser que fiquemos procurando até o dia do juízo final e ainda assim não ganhar nada com isso, exceto a reputação inevitável de termos nos feito de tolos.

– Mas como descobriremos a localização exata? – quis saber Wyman, que era uma pessoa extremamente prática.

– Com a ajuda desta planta, muito provavelmente. A outra planta sem dúvida se refere ao Castelo de Threave, na Escócia. Sendo assim, o mais provável é que isso mostre exatamente onde os baús foram submersos. – E então fitei a cópia do desenho grosseiro com suas linhas tortas e numerais intrigantes. – Se ao menos conseguíssemos descobrir a chave para o segredo… – acrescentei com melancolia.

– Acho que seria sensato, já que por ora não podemos prosseguir com nossas investigações por aqui, que descobríssemos quem é o proprietário destas terras e apurássemos outros fatos para nos servir de orientação no futuro. Notei que quem escreveu este guia foi o pároco, o reverendo Henry Mason. Por que não lhe prestamos uma visita e perguntamos algumas coisas sobre antiguidades?

Concordei com isso de imediato, e quinze minutos depois estávamos sentados no escritório aconchegante do pároco sob a sombra das paredes da abadia. Era um cavalheiro idoso e baixo que usava óculos, tinha modos afáveis e muitas informações sobre o assunto que nos interessava.

Percebendo que estávamos interessados na história da abadia, ele pegou vários volumes raros em suas estantes, incluindo *Vida de São Gustavo*, de Felix, *Histórias de Crowland*, de Gough, Nicholls e Canon Moore, além de um exemplar da coleção de manuscritos de Cole, que continha muitos trechos notáveis extraídos dos registros da abadia. Este último foi o que mais me interessou e, enquanto Wyman conversava com o pároco, folheei as páginas, encontrando referências ao altar de prata e às taças e cálices de ouro que estávamos procurando.

Meu amigo fez algumas perguntas casuais a respeito do campo que havíamos acabado de visitar, ao que o pároco respondeu:

– Os antigos lagos de peixes costumavam ficar lá, mas com o passar do tempo foram preenchidos com detritos e pedras caídas. Ainda existem, todavia, vestígios dos lagos. Talvez vocês tenham notado. Também neste mesmo campo, no início do século, uma taça de prata suntuosa foi desenterrada por um trabalhador que estava retirando algumas das pedras velhas para construir um chalé. O objeto foi reivindicado pelo proprietário das terras e agora está em posse do marquês de Exeter em Burghley.

– Talvez existam mais como aquela – sugeri, rindo.

– É muito provável – respondeu o clérigo. – De acordo com uma lenda popular, um grande tesouro está enterrado em algum lugar por aqui, mas até hoje ninguém conseguiu encontrá-lo.

– E muitas pessoas tentaram? – perguntei.

– Ah, certamente! O lugar deve ter sido vasculhado e escavado muitas vezes, ainda que sem sucesso – foi a resposta dele. – Não recentemente, no entanto. Faz sessenta anos que conheço Crowland, e nenhuma busca foi feita durante esse período.

– Caso quisessem começar uma busca abrangente, seria necessário pedir a permissão de quem? – perguntei, como se estivesse repentinamente interessado na lenda popular.

– A minha – respondeu-me ele. – Os campos fora do muro do adro são minha propriedade particular. A última busca parece ter acontecido em 1721, pois no registro há uma anotação dizendo que nove xelins foram pagos a quatro homens por cavar em busca do suposto tesouro. Em sequência, há uma nota dizendo que não foi descoberto nada de grande valor.

– Bem – comentei –, a lenda é de fato interessante, e eu mesmo gostaria de fazer algumas buscas um dia, se você permitir.

– Você será muito bem-vindo, desde que reponha tudo no lugar depois de escavar – respondeu ele. – É claro que isso exigirá tempo, dinheiro e muita paciência. Ademais, não é recomendável que os aldeões saibam qual é o seu objetivo, caso contrário, você terá que lidar com uma multidão constante de curiosos. Quando você pretende começar?

– Ah, primeiro preciso consultar meu amigo, o capitão Wyman aqui – declarei. – No momento, tenho muitos compromissos. Quem sabe um pouco mais tarde? Porém, é claro, isso é estritamente confidencial.

– Tudo bem, Sr. Kennedy – disse ele. – Se você realmente pretende fazer investigações sérias, ficarei muito feliz em ajudá-lo.

Passamos mais um tempo com ele e depois voltamos para o George Hotel, um lugar pequeno e antiquado, onde nosso cocheiro havia deixado o cavalo, e almoçamos juntos em um cômodo aconchegante e decorado à moda antiga com vista para a East Street, a viela estreita que ligava a curiosa ponte triangular até a abadia.

Aquele hotel era, como viemos a descobrir, um dos poucos na Inglaterra que não haviam sido estragados pelo progresso moderno. Serviam comidas típicas do interior excelentes; mas a coisa que mais me impressionou foi o fato de o prato sobre a mesa ser todo de prata do período Georgiano.

Até aquele momento, tudo havia corrido bem. A lenda local parecia corroborar o que estava escrito no Livro Fechado, e o fato de termos feito amizade com o Sr. Mason, o pároco, também era muito gratificante.

Estávamos fumando cigarros e segurando nossas taças de vinho do Porto envelhecido, servido à moda antiga na mesa limpa e lustrosa, e eu havia me levantado para espiar através da cortina para a rua ensolarada antes de voltar às ruínas quando, de repente, ouvi a voz de alguém se aproximando.

Então, no instante seguinte, duas pessoas passaram pela janela e sumiram de vista tão rápido que quase não deu tempo de eu notar sua presença.

Naquele momento, porém, enquanto eles passavam, reconheci um deles: alto, magro e de cabelos grisalhos, era o conde de Glenelg e, o seu acompanhante, baixo, feio e coxo, não era ninguém menos que Francesco Graniani, o corcunda de Livorno, o homem cuja estranha ligação com o Livro Fechado permanecia um grande mistério.

– Veja só! – gritei para o meu amigo. – O conde de Glenelg acabou de passar acompanhado do velho comerciante de antiguidades corcunda que me contou sobre a existência do livro. Por que eles estão aqui? Por que Graniani veio da Itália se não para procurar o tesouro da abadia?

– Se você não tiver se enganado, Allan – respondeu meu amigo, levantando-se de um salto e se juntando a mim na janela –, então pode ter certeza de que a página que está faltando no livro contém instruções para encontrar não apenas a caixa na Escócia, mas também o ouro escondido nesta região. Eles não fazem ideia de que estamos aqui, isso é certo. Mas que eles sabem mais do que nós... isso também é certo.

– Mas por que Graniani está aqui? – perguntei.

– Ele, sem dúvida, foi trazido até aqui porque tem alguma chave para o mistério. Essa história parece ficar cada vez mais desnorteante.

Táticas do inimigo

Walter Wyman, um homem vivido e versado no mundo, era rápido em se valer de recursos. Na verdade, era a sua esperteza e engenhosidade que o tinham livrado de muitos apertos durante suas longas jornadas de exploração. Mais da uma vez ele havia arriscado a vida naquela viagem perigosa do lago Alberto até Darfur e Cordofão, que ele corajosamente empreendera em nome do departamento de inteligência do gabinete de guerra antes de Kitchener marchar para Ondurmã; e mais de uma vez ele se salvou graças a sua capacidade de antever situações e agir de imediato.

O retrato da saúde, ele era o oficial britânico ideal, de boa constituição, bem-vestido e asseado; e, enquanto ele estava parado ali vestindo um terno de tweed cinza e chapéu Panamá, seu rosto alegre e avermelhado pelo sol africano se franziu em uma careta pensativa.

– Vou lhe dizer uma coisa, Allan, meu camarada. Nós precisamos descobrir como o inimigo pretende iniciar sua campanha. Há algo definitivamente curioso sobre o fato de o velho corcunda italiano estar aqui. Você tem certeza de que não se enganou?

– Tenho certeza. Graniani passou acompanhado do conde.

– Mas todos na cidade acham que o conde ainda está na Índia. Os próprios criados dele devem, é claro, estar a par do assunto, mas as circunstâncias são todas suspeitas. Agora, o corcunda não me conhece, portanto será muito melhor se eu os seguir sozinho. Eles não podem saber que você está aqui.

– Não podem mesmo. Vá e veja qual é a jogada deles. Eu ficarei aqui esperando por você. Eles certamente foram até a abadia e estão bisbilhotando por lá. Fique de olho neles, e podemos descobrir algo com seus movimentos.

– Tudo bem – concordou ele e, sem dizer mais nada, saiu e fechou a porta atrás de si.

Uma arrumadeira entrou e limpou a mesa. Depois, fiquei sozinho ao lado da janela, cuja cortina felizmente impedia que eu fosse visto da rua.

Uma hora se passou, badalada pelos sinos musicais da torre, mas meu amigo não voltou. Sem dúvida havia algo importante acontecendo.

Para passar o tempo, peguei no bolso a transcrição do relato antigo e reli do começo ao fim. Anotei vários títulos de livros para consultar na sala de leitura do Museu Britânico, a fim de verificar as informações tanto a respeito das ações dos Bórgias quanto dos acontecimentos em Galloway em meados do século XVI, conforme relatado pelo antigo registro. Meus próprios gostos por antiguidades me diziam que, para que fizéssemos essa investigação de forma adequada, precisaríamos estar munidos com fatos e dados históricos; e que muito provavelmente isso poderia ser encontrado no Museu Britânico ou nos registros do condado. Eu me interessava pela história dos Bórgias havia anos e tinha lido muitas obras retratando aquela célebre família de prelados e envenenadores; sobre a história de Galloway, porém, confesso que não tinha quase nenhum conhecimento.

Eu já havia visitado Galloway antes, é claro, caçando com meu velho amigo Fred Fenwicke de Crailloch, quando minha visão era melhor do que é agora, e tinha ficado admirado com as belezas naturais da região: uma terra repleta de colinas, riachos e lagos, e com lugares encantadores e tão bonitos quanto quaisquer outros na Escócia. Eu tinha passado pelas urzes-roxas de Lochenbreck, atravessado os vastos campos solitários de Carsphairn e as planícies repletas de pedregulhos de Dromore; e havia caçado perdizes no Shirmer's, local em que se passa a encantadora história de meu amigo Sr. Crockett, *A touca lilás*, e ido pescar salmão na ponte Tongland no rio Dee e no murmurante Garpal, onde a água corre sobre rochas cinzentas e corta o vale profundo e arborizado em frente à bela e antiga mansão de Crailloch de Fred Fenwicke. Não obstante, nunca tivera a oportunidade de me ocupar com suas relações históricas.

Eu conhecia o título de vários livros, que julguei que poderiam me ajudar, e os anotei para consultá-los posteriormente.

Porém, durante tudo isso – na verdade, durante o dia todo –, minha mente foi constantemente assombrada por Judith Gordon, aquela bela, ainda que trágica, figura que estivera ao meu lado naquele penhasco em frente ao mar veranil.

Sentado ali, aguardando impacientemente o retorno de Walter, refleti sobre a atitude daquela mulher em relação a mim e vi que ela parecia nutrir por minha pessoa mais terror do que repulsa.

Você pode me chamar de idiota por conta desta insensatez do coração. Todavia, digo-lhe que não se tratava de uma mera fantasia vã baseada em admiração repentina, e sim de uma atração profunda e genuína, do tipo que os homens experimentam apenas uma vez na vida.

Era como se minha vida tivesse começado naquele momento. Embora ela não tivesse demonstrado nenhum indício de ternura em relação a mim, apresentava todas as características que podem tornar uma mulher adorável ao homem. Todos os meus dias, aqueles longos e cansativos dias de juventude e trabalho em Londres, e aqueles anos lânguidos e ociosos vivendo como um lotófago no Mediterrâneo, foram passados em meio a buscas e anseios, e o meu ideal sempre escapava de minhas mãos, deixando-me atormentado, ávido, amaldiçoado. Mas agora tudo havia mudado. Ali, no meio daquele mistério tempestuoso e enervante, de repente uma mulher aparecera para mim, e eu tinha ficado ao lado dela, encantado.

Não lamentava que a felicidade plena houvesse me sido negada por tanto tempo: eu estava feliz por ter sido mantido insaciado pelo destino.

Mas estas páginas são apenas páginas destinadas a relatos, e não a confissões.

Quando Walter adentrou o cômodo novamente, com as roupas empoeiradas e o rosto suado, vi em seu semblante que algo curioso havia ocorrido.

– Eu os vigiei durante todo esse tempo – declarou ele sem fôlego enquanto fechava a porta atrás de si. – Eles estão hospedados no White Hart, em frente à ponte velha, e perambularam pelos campos ao redor das ruínas com uma planta desenhada em papel de decalque. É evidente que sabem o que estão fazendo, pois nem chegaram perto das ruínas propriamente ditas, o que foi um golpe de sorte para mim, pois eu estava escondido ali enquanto observava todos os seus movimentos. O velho corcunda fala inglês muito bem.

– Fala inglês? – repeti, surpreso. – Ora, em Livorno ele sempre fingiu que não sabia nenhuma palavra do idioma.

– Para servir aos propósitos dele, sem dúvida – respondeu meu amigo aos risos. – Dez minutos atrás, ouvi enquanto ele falava um inglês bastante fluente com o conde. Parece que este velho italiano tem uma planta, uma cópia, sem dúvida, e a partir dela eles estão tentando localizar o paradeiro do tesouro. Eles trouxeram uma trena e fizeram muitas medições, todas começando no contraforte sul da torre central. As medições deles, no entanto, se estendiam por uma distância muito maior do que as nossas. Na verdade, iam direto para o campo além daquele terreno onde estão os resquícios dos lagos de peixes. Você se lembra de uma encruzilhada na trilha que, ao que parece, leva a um lugar chamado Anchor Church House, seja lá o que for? Bem, eles a mediram, tomando o contraforte da torre como base para os ângulos, e aqui e ali fincaram na grama ripas de madeira caiada, como os marcos que os jardineiros usam. Eles evidentemente delimitaram o solo em um trecho longo e oblongo, e ambos foram extremamente cuidados para que suas medidas correspondessem exatamente àquelas fornecidas na planta. O conde de Glenelg começou a sondar vários lugares, batendo na terra com a bengala. Descobri que este objeto que ele carregava na verdade era uma barra de ferro pintada de marrom-escuro e curvada para representar uma bengala, um artifício inteligente para não chamar atenção. Estava claro que ele esperava encontrar algum ponto oco no solo.

– Mas o relato deixado pelo velho Godfrey não diz nada sobre isso, não é? Por que eles esperariam encontrar um ponto oco?

– Ah, isso é um mistério! – respondeu ele. – Eu apenas lhe contei o que acabei de ver, ou seja, que eles têm uma planta a partir da qual estão agindo de forma lenta, científica e metódica, não no nosso campo, e sim no que está além dele, naquele que descobri que se chama Great Postland. Eles têm uma bússola e parecem estar bem preparados.

– Bem, eles vão ter que conseguir a permissão do proprietário das terras antes de começar a cavar, isso é certo. A quem será que o terreno pertence?

– À Igreja, sem dúvida. Se avisarmos nosso amigo pároco, com certeza conseguiremos interromper o joguinho deles, pelo menos por enquanto – comentou Walter. – A menos, é claro, que o nome do conde tenha mais peso do que o nosso. Lembre-se de que o conde de Glenelg é membro da Sociedade de Antiquários e um arqueólogo renomado.

– Mas por que ele está investigando um local que não é mencionado no Livro Fechado? – perguntei. – Esta me parece ser uma busca completamente independente.

– É possível que sim, mas tem o mesmo propósito: encontrar o tesouro da abadia. Ainda assim, continua sendo um mistério a forma com que o corcunda conseguiu obter uma planta. Eles traçaram um retângulo na grama com cerca de seis metros de comprimento por três metros de altura, e então aferiram o centro dele. No ponto exato, o velho italiano colocou um pedaço de jornal debaixo de uma grande pederneira que encontrou na trilha e, em seguida, pegou as ripas de madeira caiadas que havia usado para marcar o terreno.

– E depois?

– Eles voltaram para a pousada juntos e, assim que desapareceram de vista, usei meu bastão para cortar um punhado de urtigas naquele local e movi a pedra e o pedaço de jornal cerca de quinze metros para oeste – declarou, rindo.

– Então, se eles fizerem qualquer tentativa de escavação, estarão bem longe da localização correta! – comentei com satisfação.

– Exatamente. Não queremos que eles encontrem coisa alguma, mesmo que estejam em posse da folha faltante do Livro Fechado, o que parece ser o caso.

Qual ligação poderia haver entre o velho Graniani e o conde de Glenelg, era um completo enigma para mim. Todos sabiam que o conde era um homem que havia se dedicado profundamente ao estudo da arqueologia, pois era o autor da obra clássica sobre arquitetura doméstica medieval e possuía em sua residência, Twycross Hall, em Staffordshire, uma excelente biblioteca com os primeiros livros impressos, incluindo um exemplar esplêndido de *O espelho do mundo*, de Caxton, e *O livro da vida de Jasão*, comprado em Ashburnham por duas mil e cem libras, além de tesouros como *O livro chamado Corydale*, *O livro rentável para a alma do homem*, de 1490, e a cópia de Perkins do primeiro livro impresso na Inglaterra; era de fato uma coleção magnífica e única, como todo bibliófilo sabe.

Escutei a descrição do meu amigo sobre como, escondido atrás das ruínas decrépitas, ele havia observado atentamente cada movimento dado por aqueles dois homens de posições sociais e até mesmo nacionalidades tão diferentes. Ele era da mesma opinião que eu, de que os dois haviam voltado para a pousada para esperar a noite cair antes de dar início à escavação; então, veio à tona a questão de saber se deveríamos avisar o pároco sobre as intenções deles ou permitir que continuassem enquanto vigiávamos.

Para mim, parecia provável que o conde, patrono de vinte e poucos benefícios como era, não se rebaixaria a pedir permissão para empreender a busca, mas apenas a faria em segredo quando quisesse. Certamente, nenhum dos dois fazia ideia de que eu estava ali, ou eles não teriam feito aquelas medições de forma tão descarada. Da forma como as coisas estavam naquele momento, havíamos marcado o local, ao passo que suas buscas haviam sido transferidas para alguns metros além. Mesmo que o tesouro estivesse escondido naquele campo mais afastado, eles certamente não o achariam.

– Bem, será que vale a pena encontrar o Sr. Mason e explicar a questão para ele? – perguntei. – Sou da opinião de que não deveríamos fazer isso. Só precisamos ficar parados observando enquanto eles fracassam.

– E se eles estiverem em posse da folha faltante, podem ir até a Escócia e nos frustrar por lá – comentou meu companheiro em um tom incerto. – A busca que será empreendida aqui, sem dúvida, é fruto da curiosa conspiração que está nos deixando intrigados.

– Mas por que o prior e seus cúmplices me venderam o Arnoldus se desejavam mantê-lo para si mesmos? – perguntei. – Por que Graniani me seguiu até Florença e me espiou pela janela da igreja? Por que meu criado Nello me advertiu em relação ao exemplar proibido, e por que aquela mulher de olhos escuros, que se confessou com o prior, roubou o livro e atravessou a Europa às pressas em posse dele, entregando-o em Paris para uma outra mulher, que o levou até Londres? Essa história toda é um enigma para mim.

– E para mim também – admitiu Wyman. – Este certamente não é um caso qualquer. Ainda assim, por ora precisamos ter paciência e observar em segredo o desenrolar das coisas, algo que tenho certeza de que trará algumas revelações inéditas.

Frustrados

Walter saiu novamente e retornou depois de passar cerca de quarenta e cinco minutos fora. Os dois homens haviam telegrafado para Peterborough, contou-me, mas do conteúdo da mensagem ele nada sabia. Ao sair, parece ter observado a dupla cruzar a velha e curiosa ponte triangular que ficava no meio do vilarejo, na junção de uma encruzilhada, onde em tempos remotos sem dúvida existiram dois rios estreitos, secos havia muito. Depois de subirem três lances de degraus muito desgastados, o conde de Glenelg e o corcunda pararam no topo da velha ponte saxã e ficaram observando os arredores. Então, mais uma vez Graniani tirou uma planta do bolso, localizou-se a partir do ângulo norte da única torre remanescente da abadia e, com a bússola na mão, apontou para uma velha casinha de pedra aconchegante na East Street, entre a abadia e a ponte, na qual havia uma placa de latão indicando que ali residia um tal de Sr. Wyche, que era advogado.

Às claras e observados pelos transeuntes da ponte, que era o local de descanso dos aldeões, os dois fizeram uma medição até a esquina da casa em questão, indo e voltando duas vezes para não errar nos cálculos. Enquanto o faziam, Walter os vigiava da janela de uma pequena cervejaria. Os aldeões evidentemente imaginaram que se tratava de dois topógrafos e mal deram atenção a eles; Wyman, por outro lado, vigiou atentamente cada um de seus movimentos.

– Não faço a menor ideia do que eles pretendem fazer na esquina daquela casa na East Street. Eles deixaram uma pequena marca em carvão na parede a cerca de meio metro do chão. Em seguida, voltaram ao topo da ponte e, consultando a planta, localizaram-se pela segunda vez e marcaram um ponto bem nos limites do vilarejo, a nordeste da abadia, no meio do campo e cerca de nove metros atrás do velho moinho de vento.

– E o que aconteceu depois? – perguntei, muito interessado.

– Depois, feito isso, eles foram até o posto telegráfico e enviaram um telegrama para alguém em Peterborough, e então voltaram para o White Hart e avisaram que pretendiam se hospedar por mais uma noite, já que tinham decidido que só iriam embora no dia seguinte.

– Ora, eles certamente pretendem procurar pelo tesouro, não? – arfei.

– Sem dúvidas – foi a resposta dele. – Minha teoria é que eles telegrafaram para alguns amigos que os aguardam em Peterborough, e pretendem empreender uma busca secreta esta noite, quando todos os aldeões estiverem dormindo e tudo estiver tranquilo.

Quando a noite caiu, fomos visitar o pároco novamente e explicamos que havíamos descoberto que nossos rivais estavam ali e quais eram as suas intenções, e combinamos de voltar até a casa dele às dez horas. O ponto da história que mais causou indignação ao pároco, e com razão, foi o fato de aqueles homens terem a intenção de empreender uma busca sem pedir permissão. A meu ver, a forma ousada como agiam indicava que eles estavam em posse de informações certeiras e pretendiam encontrar o tesouro e escapar antes que alguém descobrisse quais eram suas intenções.

Quando Walter se propunha a fazer algo, ou partia em uma jornada, ele não descansava até que seu objetivo fosse alcançado. Ele era um daqueles homens que parecem estar sempre em movimento e são incapazes de descansar preguiçosamente por dez minutos consecutivos. E, sendo o feliz detentor de um físico tão em forma, nunca ficava cansado. Assistimos aos dois homens se afastarem da White Hart novamente, pois ambos estavam fumando e perambulando, parecendo aproveitar a tranquilidade do campo, mas na verdade só estavam esperando o cair da noite.

Então, quando eles haviam ido embora, na direção do velho South Eau, nós dois fomos até a pousada em que estavam hospedados, pedimos uma cerveja e conversamos com a funcionária de bochechas rosadas que a trouxe. Uma quantia judiciosa de seis pence soltou a língua dela e, por meio de perguntas criteriosas, logo descobrimos tudo o que desejávamos sobre os dois hóspedes. Eles pretendiam ficar ali até o dia seguinte, mas não esperavam visitas. Um deles, o cavalheiro alto, era médico e poderia ser chamado a qualquer momento; portanto, seu cocheiro de Peterborough, que também estava hospedado lá, poderia ser chamado durante a noite, e ambos seriam obrigados a partir. Então o conde havia inventando uma narrativa sagaz. Alegara ser um médico que poderia ser requisitado no meio da noite! Imagino que não tenha ocorrido àquela mente campesina que, se fosse um médico, seu consultório não ficaria em Crowland e, portanto, dificilmente seria chamado para uma emergência.

O outro homem, contou-nos ela, era estrangeiro. Eles haviam trazido uma mala cheia de papéis e plantas, mas a mantinham fechada. Ambos tinham demonstrado muito interesse pelas ruínas antigas, por isso fizeram algumas medições.

Então, antes de sair, ela compartilhou um último fato: o cavalheiro alto dissera que uma jovem poderia chegar durante a noite e perguntar por ele. Se isso acontecesse, deveriam pedir para a jovem aguardar.

Uma jovem! Seria possível que Judith estivesse prestes a seguir o pai até ali?

Quando os sinos da abadia soaram dez horas, pegamos nossas velas e, desejando um boa-noite ao respeitável proprietário, fomos para os nossos quartos e esperamos até que tudo estivesse quieto.

Os moradores de Crowland dormiam cedo, e presumivelmente o policial, assim como todos os outros, tinha que encontrar outro guarda no fim daquela longa e velha estrada chamada Kennulph's Drove, que segue em direção a Peterborough, pois não o vimos quando descemos cautelosamente, destrancamos os ferrolhos, abrimos a porta e, fechando-a silenciosamente atrás de nós, seguimos até a casa do pároco.

O Sr. Mason, já vestido com seu chapéu e sobretudo, abriu a porta sem fazer barulho mesmo antes de termos a alcançado, e entramos em seu escritório para lhe contar tudo o que havíamos testemunhado. Então, sentindo que deveríamos partir de imediato e assumir nossos postos de vigia, saímos os três, contornando o adro e passando por trás da sebe alta de espinheiro que delimitava o campo onde havia resquícios dos lagos de peixes.

A noite estava escura e não havia estrelas no céu, exibindo aquela quietude opressiva que prenuncia a tempestade. Atrás de nós estavam as ruínas negras da abadia, assomando sombrias e altivas; e, ao passarmos, guiados pelo pároco, que conhecia cada canto do lugar, o silêncio caiu sobre nós.

A intenção do pároco era chegar o mais próximo possível do local marcado com o jornal e a pedra, mas em um lugar que fornecesse abrigo para nos esconder. Nisso ele foi extremamente bem-sucedido, pois, tendo atravessado o campo pelos dois lados, de súbito sugeriu que deveríamos nos agachar ao lado de uma sebe baixa a cerca de trinta metros do local das escavações.

Trocamos sussurros ansiosos por quase uma hora, até que, em determinado momento, o pároco começou a temer que nossa vigilância fosse em vão. Porém, de repente ouvimos, vindo da estrada tortuosa ao longe, o som de rodas se aproximando pela trilha que, de acordo com o Sr. Mason, contornava o vilarejo pelo lado de Welland.

Eles continuaram se aproximando até chegarem ao ponto em que nós mesmos havíamos saído da estrada e então pararam. Não havia luzes no veículo, mas de onde estávamos escondidos, conseguíamos ouvir as vozes de homens se cumprimentando, como se o conde e o corcunda tivessem combinado de encontrá-los ali, e depois escutamos o tilintar de pás e o ressoar de ferro à medida que algumas ferramentas pareciam ser retiradas do veículo.

O grupo não perdeu tempo e logo se aproximou de nós. Então, um deles acendeu uma lamparina e teve início a busca pelo pedaço de jornal sob a pedra. Encontraram o que procuravam rapidamente e mais luzes foram acesas no local, tornando possível que víssemos que havia quatro caçadores de tesouro. Dois deles nos eram desconhecidos e aparentavam estar bem equipados para a empreitada.

Estávamos tão perto que conseguíamos ouvir quase toda a conversa, pois, naquela noite silenciosa, o som se propagava a uma grande distância. Porém, eles pouco disseram. O conde de Glenelg assumiu a liderança do trabalho e, pouco tempo depois, todos os quatro, incluindo o conde, estavam ocupados com picaretas e pás, escavando uma grande área quadrada. As lâmpadas iluminavam muito bem o trabalho que executavam e eram muito úteis para nós, pois estávamos escondidos na sombra escura, onde era impossível sermos descobertos.

De repente, quando um dos homens se abaixou para analisar o solo, um facho de luz iluminou seu rosto grande e bem barbeado. Então, Walter agarrou meu braço e sussurrou:

– Olhe aquilo! É aquele tal de Selby! Você consegue enxergar o rosto dele? É o homem que deve estar com a página faltante do Livro Fechado.

Ergui o olhar e tive uma visão clara de seu semblante escuro e de aparência sinistra, um rosto duro e franzido, com barba bem feita, no qual a canalhice era visível. Ele parecia estar vestindo um terno escuro e grosseiro de sarja, com um chapéu de feltro macio, que estava pendendo em direção à nuca. Visto sob esses auspícios e na luz bruxuleante da lamparina, não parecia o tipo de homem com quem alguém gostaria de se relacionar: desengonçado, com modos grosseiros e voz grave.

Fitei-o fixamente por alguns instantes, mas ele logo voltou a cavar com os outros e, quando tornou a se empertigar, o rosto não estava mais no campo do facho de luz. Todos trabalhavam arduamente, cientes, é claro, de que o empreendimento deveria ser concluído antes do amanhecer, e o suor logo brotou em todos os quatro, e o som de suas respirações aceleradas e ofegantes chegava até onde estávamos agachados, felizes por saber que o trabalho deles seria em vão.

Durante quase duas horas eles continuaram trabalhando, removendo a terra ao redor de uma fileira de pedras enormes que pareciam ter pertencido a algum dos edifícios monásticos destruídos muitos anos antes. De tempos em tempos, os sinos da abadia ressoavam seu badalar solene pelos vastos charcos brumosos; porém, com picaretas, pás e pés-de-cabra, aqueles homens trabalharam arduamente em sua tentativa de encontrar o ouro e as joias, o tesouro grandioso daquela que havia sido uma das abadias mais ricas da Inglaterra.

Eles haviam aberto um buraco tão fundo que dois dos conspiradores estavam cavando fora de nosso campo de visão. Os outros dois eram Selby e o corcunda.

De repente, elevando-se sobre o tilintar agudo das picaretas, ouvimos um baque pesado seguido de outro.

– Vejam só! – exclamou Selby com entusiasmo. – Até que enfim! Aqui está o primeiro dos baús reforçado com ferro. Ouçam!

E mais uma vez ele desferiu um golpe forte com a sua picareta, enquanto os companheiros se aproximaram de imediato, ficando de joelhos para examinar o achado.

– Sem dúvida é um dos baús! – exclamou o conde de Glenelg, tão animado quanto os outros. – Venham! Vamos removê-lo. Que sorte termos encontrado o local exato!

O coração de nós três afundou no peito. Quanto azar tivemos pelo fato de Walter, no fim das contas, ter alterado a posição original que eles haviam marcado!

O que havia dentro do baú enterrado

Do nosso esconderijo nos arbustos, nós três continuamos a observar atentamente, imaginando qual seria a natureza daquela descoberta.

Que eles haviam descoberto algo interessante não havia dúvida, mas, de onde estávamos, não conseguíamos ver o que era. Os quatro homens estavam no interior do buraco, trabalhando arduamente e cavando os entornos do que parecia ser um baú maciço enterrado ali.

Os minutos pareceram horas, até que, finalmente, arfando alto, eles arrastaram o objeto até a superfície e suas lamparinas revelaram se tratar de um velho baú estreito com cerca de um metro e meio de comprimento, que, àquela luz bruxuleante, parecia muito com um caixão. Mas ele estava, como pudemos ver, fortemente protegido por grandes faixas de ferro aparafusadas a ele, e trancado por três cadeados antigos em um dos lados.

– Por Deus! – ouvimos Selby gritar com entusiasmo. – É pesado, não é? Vamos remover esses cadeados. – E, depois de mirar, golpeou com seu pé-de-cabra, usando toda a sua força. Porém, o ferro robusto resistiu a todos os seus esforços, embora ele continuasse os repetindo de tempos em tempos.

Então, os quatro voltaram sua atenção para os fechos, examinando-os atentamente com o auxílio das lamparinas.

– Eles ainda estão bem presos – ouvimos o conde dizer. – O único jeito é enfiar uma lima nos ferrolhos e depois forçá-los.

No momento seguinte, pegaram duas limas na bolsa de ferramentas e Graniani e Selby começaram a mexer nos ferrolhos, enquanto os outros dois aguardavam com impaciência.

Foi um trabalho mais árduo do que eles haviam previsto; mas, por fim, todos os três fechos foram arrancados e, com uma exclamação ansiosa, o conde de Glenelg levantou a tampa e, segurando a lamparina acima da cabeça, espiou o que havia lá dentro.

Seus companheiros, ansiosos para analisar o conteúdo do baú, curvaram-se e começaram a cavar com as mãos; porém, suas exclamações estavam carregadas de decepção amargurada, pois em vez de cálices de ouro e taças de prata, eles haviam encontrado apenas alguns livros encadernados em couro, úmidos e volumosos, evidentemente manuscritos religiosos antigos que integravam o tesouro da velha abadia à época de sua dissolução. Talvez, na verdade, eles tivessem sido escondidos por algum outro motivo muito antes daqueles dias funestos da visita de Southwell, pois o monge Godfrey não os mencionava em sua lista detalhada de tesouros escondidos.

Os quatro homens pareciam estar gravemente decepcionados. Acima do burburinho baixo, conseguíamos ouvir o velho corcunda resmungando consigo mesmo em italiano, enquanto Selby externava sua insatisfação de forma bastante veemente em inglês, declarando que eles não estavam à procura de livros antigos, e sim de algo mais intrinsecamente valioso.

– Isso com certeza é um achado raro – observou o conde, abrindo vários dos grandes volumes bolorentos e os analisando. – Infelizmente, porém, parece que a umidade estragou a maioria das iluminuras.

– O fato de terem encontrado este baú deixa uma coisa muito clara – sussurrou Walter para mim. – O abade nunca teria enterrado um baú com manuscritos no meio da água, então, esta descoberta mostra que o próprio tesouro não está escondido no mesmo lugar. Deixe-os seguir em frente, pois vão fracassar. Daqui a algumas horas, serão cinco da manhã e as pessoas do vilarejo estarão de pé. Os homens não vão se atrever a continuar trabalhando por muito tempo e com certeza não vão mais voltar.

– Mas aqueles livros… – comentei com a inveja de um colecionador entusiasmado. – Será que vão ficar com eles? Talvez aqueles volumes possam ter algo interessante para nós.

– Creio que não – respondeu meu amigo. – Deixe-os levar todos. Para nós, há mais coisas em jogo.

– Você está certo, capitão Wyman – declarou o pároco. – Eles não podem descobrir que estamos aqui a essa altura.

Depois de dar uma rápida olhada nos grandes volumes, alguns deles dotados de pesados fechos de bronze, como o próprio Livro Fechado o era, eles viram que não havia mais nada no baú, e então três deles voltaram a escavar, enquanto o conde se pôs a carregar os livros, uma pequena pilha por vez, através do campo até a estrada principal onde o cavalo estava amarrado.

Confesso que eu teria gostado de sair do esconderijo para apanhar alguns daqueles tomos velhos esplêndidos. Fui impedido por meus amigos, que estavam determinados, por uma questão prática, a deixar o conde carregá-los para longe, e o Sr. Mason declarou que, no devido tempo, ele os reivindicaria, pois um furto revoltante havia sido cometido ali.

O conde de Glenelg havia feito diversas viagens, de um lado para o outro pelos campos, quando, assim que retornou, uma agitação entre os caçadores de tesouros nos mostrou que eles haviam feito mais uma descoberta. E, poucos minutos depois, vimos uma bela estátua da Virgem, com cerca de um metro de altura, escura e coberta com o barro em que havia sido enterrada.

Enquanto ela estava estirada sobre a grama, os homens colocaram as lamparinas ao lado dela e, com seus canivetes, rasparam o barro até que algo reluzisse por baixo.

– Havia uma estátua de prata notória de Nossa Senhora aqui – comentou Selby enquanto raspava diligentemente. – Talvez seja esta.

Alguns segundos depois, o homem atarracado que o estava ajudando, e que eu não conhecia, gritou:

– Com certeza não é prata. Vejam! É apenas uma daquelas coisas com douradura em madeira.

E novamente se ouviu um coro de insatisfação e decepção.

A estátua era evidentemente muito antiga, mas havia sido tão bem preservada no barro que a douradura ainda reluzia nos pontos onde eles haviam raspado a terra. E, na cinzenta aurora que começava a se espalhar naquele momento, conseguimos distinguir as estrelas prateadas cintilando nos mantos azuis.

Mais uma vez, todos eles voltaram ao trabalho com picaretas, pás e enxadas, cavando o buraco que haviam feito, apenas suas cabeças visíveis acima da superfície. Então, os sinos da abadia soaram e as badalas solenes indicaram que já eram cinco horas.

O dia havia raiado e as notas de advertência do sino impeliram o conde a ordenar que interrompessem o trabalho. Os quatro fitaram a superfície e lançaram um olhar pesaroso para seus esforços um tanto quanto infrutíferos, muito cientes de que o buraco que tinham feito seria descoberto dali a uma hora, e que continuar sua busca secreta no local seria impossível.

– Não podemos voltar, isso é certo – declarou Selby. – O policial do vilarejo receberá ordens para vigiar o local, imagino. Portanto, teremos que esperar um mês ou mais antes de voltarmos.

– Não poderíamos, quem sabe, subornar o policial? – sugeriu o quarto homem.

– Duvido muito. Esses policiais do interior são muito mais honestos do que os homens da cidade. É mais provável que eles dedurem você a fim de conseguir uma promoção. Veja bem, o que fizemos esta noite é um pouco pesado, pois um juiz provavelmente chamaria de roubo.

– Besteira! – vociferou o conde. – Não fiquem parados aí tagarelando. Vamos arrumar as coisas e ir embora. Muitos dos aldeões já se puseram a trabalhar. Não estão vendo a fumaça nas chaminés dos chalés ali à frente? Se não formos embora logo, daqui a pouco aparecerá alguém percorrendo esta trilha em direção ao campo.

Ele mal havia acabado de dizer isso quando apareceu, na elevação do canto oposto do campo, a silhueta escura de um homem com uma forquilha sobre o ombro, assobiando para si mesmo a caminho do trabalho antes de tomar a trilha na direção dos quatro.

Eles o avistaram e, recolhendo às pressas as picaretas, pás e outras ferramentas, os quatro partiram na direção onde estava a carroça e, subindo nela, seguiram rapidamente pela longa estrada que atravessava o charco, cujas névoas logo os fizeram sumir de vista.

Assim que eles partiram, saímos do local onde havíamos ficado agachados por tanto tempo e corremos até o grande buraco que eles haviam cavado.

A primeira coisa que fiz foi inspecionar o baú velho, e ali avistei vários dos manuscritos que o conde, não tendo terminado de levá-los até a carroça, havia sido obrigado a deixar para trás. Nós nos apossamos deles, e o trabalhador, ao passar, espiou o buraco com considerável surpresa, especialmente quando reconheceu o Sr. Mason.

Em resposta à pergunta do homem, contamos a ele que ladrões haviam tentado encontrar algo escondido e tinham desenterrado alguns livros antigos, pois era nosso desejo que todo o vilarejo ficasse sabendo da empreitada secreta que fora realizada, a fim de que as pessoas ficassem de olho nos arredores da abadia à procura de novos depredadores.

Então, depois que o homem seguiu em direção ao seu trabalho, e que o dia ficou mais claro, pudemos ver a extensão das buscas deles, que certamente haviam sido muito mais vastas do que imaginávamos. Walter, depois de fazer algumas medições, nos mostrou o local onde eles haviam sinalizado originalmente, e de onde ele havia removido a marcação.

O baú e os livros eram, naturalmente, propriedade da abadia, por isso os carregamos para o pequeno cômodo na parte restaurada da construção que o pároco mantinha como uma espécie de museu, e lá os analisamos.

Não eram muito interessantes, sendo todos obras de autores teológicos, copiados nos séculos XIII e XIV, com exceção de um (Manuscritos da Biblioteca da Universidade de Cambridge, Dd. XI. 78, ff. 61, 92.), um pequeno manuscrito *in-quarto*, com lindas ilustrações, escrito por William, um monge da abadia de Ramsey, em Huntingdonshire, em 1191. O livro iniciava com "Incipit Vita beati Guthlaci metrice composita", um poema sobre a vida de São Gustavo, dedicado a Henry de Longo Campo, que à época era o abade de Crowland.

O Sr. Mason acreditava, assim como eu, que o baú havia sido enterrado ali um século antes da dissolução, em algum período em que a abadia temia ser atacada, e o respeitável pároco já estava ávido para exigir que o conde de Glenelg devolvesse todos os outros volumes que haviam sido afanados sorrateiramente.

Naquele momento, porém, chegamos ao acordo de não agir dessa forma. Sem dúvida os manuscritos seriam bem preservados na coleção do conde, e não havia medo de que se perdessem.

Após concluirmos nossa investigação, voltamos à casa paroquial, onde tomamos café quente para nos aquecer depois da vigília noturna. O Sr. Mason prometeu que mandaria alguém vigiar o campo durante a noite até que julgássemos adequado empreender nossa própria busca; pois eu havia dito a ele que uma viagem à Escócia seria imprescindível, já que precisávamos frustrar aqueles homens caso eles tentassem procurar algo por lá, e que não seríamos capazes de escavar a área do lago de peixes do mosteiro até que voltássemos de Galloway.

A bem da verdade, todos ficamos com a impressão, por conta da conversa que tínhamos entreouvido, que não era a intenção deles retornar por ora, pois não queriam ser apanhados pela polícia.

– Bem – comentou o Sr. Mason enquanto nos sentávamos para tomar café no escritório dele. – Toda essa história é cheia de mistérios e surpresas. É evidente que o conde de Glenelg está em posse de certas informações que está usando como base para seu trabalho.

– Esperamos que as nossas sejam igualmente precisas – respondi aos risos. – É por isso que pretendemos ir para o norte e observar antes de qualquer coisa. Só podemos iniciar nossa investigação em uma hora específica de um dia específico, em 6 de setembro.

Não fui mais explícito pois, àquela altura, não pretendia revelar o segredo. Em uma caça ao tesouro, o sucesso depende em grande parte do sigilo absoluto. Sempre se deve evitar despertar o interesse desnecessário. O tesouro de Crowland era do interesse do pároco em grande medida, porém, se encontrássemos as joias dos Bórgias, elas certamente pertenceriam a nós.

Às sete e meia, voltamos ao The George, que já estava aberto havia cerca de uma hora, e o adentramos como se estivéssemos voltando de uma caminhada matinal. Nem os funcionários nem o proprietário suspeitaram de nada, mas então os aldeões avistaram o grande buraco perto da abadia e, depois disso, creio eu, passamos a ser vistos com considerável suspeita. Na verdade, fiquei muito aliviado quando, às onze horas, seguimos por Kennulph's Way e através do vilarejo de Eye até chegarmos ao The Angel, em Peterborough.

Uma descoberta em Harpur Street

Às duas horas daquela mesma tarde, chegamos na Dover Street, totalmente exaustos por conta de nossa longa vigília noturna em meio a vegetações abundantes e urtigas do charco úmido.

Parecia certo que o quarteto tivesse retornado a Londres no primeiro trem de Thorney ou de Peterborough, e eles haviam levado consigo os manuscritos que tinham encontrado. Sendo assim, a curiosidade incitou Wyman a sair por volta das quatro horas, a fim de tentar descobrir alguma coisa a respeito dos movimentos do conde de Glenelg.

Em Piccadilly, cada um de nós seguiu para um lado, e eu fui até o Museu Britânico, pois queria saber se conseguiria encontrar ali uma planta precisa da Abadia de Crowland antes de sua dissolução. Se eu encontrasse algo assim, conseguiria determinar a localização exata em que outrora houvera os lagos de carpas.

O professor Dawson Fairbairn, assistente detentor dos manuscritos, havia sido meu amigo nos dias anteriores ao meu autoexílio de Londres. Ele talvez tenha sido a primeira sumidade em paleografia da Europa, um dos fundadores da nova Sociedade Paleográfica, e especialista em latim e em manuscritos em inglês antigo. Era um homem de meia-idade e de forma alguma o professor enfadonho que alguém poderia associar a um campo de estudo tão pouco atraente quanto a decifração de rolos de velino bolorentos. Muito pelo contrário: ele era um homem baixo, robusto, com rosto redondo e comportamento jovial, cujos olhos costumavam lançar piscadelas bem-humoradas através dos óculos redondos de aro dourado.

Encontrei-o em seu escritório, ocupado decifrando uma página parcialmente apagada de um manuscrito com iluminuras, mas ele deixou o trabalho de lado para me cumprimentar. Enquanto morava na Itália, eu tinha trocado várias correspondências com ele a respeito de vários documentos raros que eu tinha encontrado, e enviara mais de um deles para que ele inspecionasse e avaliasse. E foi sobre tais documentos que começamos a conversar.

Optei por não mostrar o Livro Fechado a ele por diversas razões. O segredo contido ali me pertencia, e desejei preservá-lo para mim, pois me lembrei de que ele próprio era um especialista e conseguiria ler aquele difícil relato no fim do volume com a mesma facilidade com que eu leria uma página impressa.

– Comecei a me interessar pela história da Abadia de Crowland recentemente – comentei. – Você sabe se tem alguma coisa no acervo daqui que poderia me fornecer uma descrição adequada de como era o mosteiro no início do século XVI?

– A Abadia de Crowland! Que estranho! – exclamou ele. – Este códice que eu estava analisando certamente veio de lá. Foi enviado a mim para que eu desse a minha opinião a respeito, junto com vários outros, pelo conde de Glenelg, apenas algumas horas atrás. Todos os manuscritos sem dúvida pertenceram a essa abadia.

– O conde de Glenelg esteve aqui? – perguntei.

– Não, não em pessoa. Ele enviou os manuscritos por meio de um italiano esquisito e corcunda. Já vi o velho em algum lugar, só não consigo me lembrar onde. No exterior, provavelmente, quando fui fazer aquisições para o museu. Ele é um especialista, ao que parece.

– O nome dele é Graniani – informei. – Mas você associa o rosto dele a algum incidente em particular?

– Não, apenas tive a impressão de que eu não gostava dele.

– Eu pensei que o conde de Glenelg estivesse no exterior.

– Eu também – foi a resposta do grande especialista. – Fiquei muito surpreso ao receber isso dele – comentou e apontou para uma pilha de volumes robustamente encadernados que estava sobre a mesa, aqueles mesmos manuscritos que havíamos visto sendo desenterrados algumas horas antes. – Eles certamente foram guardados em um lugar muito úmido, pois estão em parte arruinados e apagados.

– Você não recebeu nenhuma explicação a respeito deles?

– Não. Mas parece uma grande coincidência o fato de você ter vindo aqui pedir informações de Crowland justamente quando recebi esta importante descoberta litúrgica da abadia, além de outros livros.

– Eu encontrei uma referência a ela em um manuscrito que adquiri na Itália recentemente, escrito por um monge chamado Godfrey, e isso despertou meu interesse – expliquei.

– Uma referência escrita por Godfrey? – repetiu ele, lançando-me um olhar rápido através de seus óculos. – Você realmente encontrou o Arnoldus desaparecido?

– É um Arnoldus – respondi. – Mas por que a pergunta? O que você sabe sobre isso?

– Eu sei, meu caro Sr. Kennedy, que se você realmente encontrou o livro ao qual me refiro, o segredo do tesouro escondido em Crowland está em suas mãos – foi a resposta dele.

– Mas o que se sabe sobre o tesouro? – questionei com avidez.

– Tudo o que se sabe está contido em um antigo livreto pertencente ao monge Godfrey, que agora está guardado na coleção harleiana. Mandarei alguém ir buscá-lo. – E, abrindo um dos enormes catálogos encadernados, anotou um número em um pedaço de papel e mandou um de seus assistentes ir atrás do livro.

O jovem retornou com um pequeno volume grosso, muito gasto, encapado em um recorte de um antifonário antigo e atado por um pequeno fecho de bronze.

– Você verá que o livro está repleto de receitas úteis, contas domésticas, um calendário dos dias dos santos e anotações de todos os tipos. Entre essas notas está o trecho ao qual me refiro. – E então ele o abriu em uma página que estava marcada com um pedaço de papel.

E ali sem dúvida estava um trecho em latim, com a mesma caligrafia que reconheci das páginas envenenadas do Livro Fechado. Em tradução livre, a anotação dizia o seguinte:

Eu, Godfrey Lovel, agora monge da Certosa de Florença, e antigamente irmão da Ordem de São Bento, em Crowland, na Inglaterra, estou prestes a morrer e, portanto, escrevi um relato completo de minha vida e minhas aventuras, e também forneci instruções completas para que os tesouros da abadia sejam encontrados, de modo que o segredo não se perca para sempre. Também narrei com clareza onde as esmeraldas de minha senhora Lucrécia estão escondidas. Tudo isso será encontrado escrito em meu Arnoldus, que agora escondi em um lugar seguro. Que aquele que busca conhecer os segredos tome cuidado! Ele agarrará a mão da Morte no meio do caminho.

Não havia mais nada, então o professor me contou que aquele era o único trecho, com suas linhas ásperas e mal escritas, que revelava que os tesouros da abadia estavam de fato escondidos, e que o segredo de seu paradeiro estava contido no Arnoldus que tão curiosamente viera parar em minhas mãos.

Não era de se admirar que sua curiosidade tivesse imediatamente se aguçado, nem que ele quisesse saber onde eu o havia encontrado.

– É verdade que estou em posse do manuscrito perdido – declarei. – Porém, infelizmente, tem um fólio faltando, justamente aquele que fornece as instruções definitivas para encontrar o tesouro escondido. No momento, não posso fazer nenhuma investigação porque não consigo encontrar plantas da abadia, do pátio do mosteiro e dos edifícios adjacentes. Foi para pedir a sua ajuda nisso que vim até aqui hoje, embora eu também tenha de lhe pedir, como um favor, para que trate esse assunto com total confidencialidade, pois não quero que ninguém saiba que estou envolvido em uma caça ao tesouro.

– É claro que respeitarei seu pedido de sigilo, Sr. Kennedy – respondeu o professor. – E se eu puder ser de alguma ajuda, ficarei muito satisfeito. Recuperar os tesouros de Crowland seria um grande feito. Deve haver muitas coisas valiosas entre eles, pois aquele lugar era uma das construções beneditinas mais ricas.

– Bem – disse eu –, você sabe se existe alguma planta ou descrição dos edifícios monásticos?

Ele se pôs a refletir profundamente, tirando os óculos e os limpando com cuidado.

– Eu realmente não consigo pensar em nada agora – foi a resposta dele. – Ao menos, nada além do que já foi publicado nas várias histórias. Você as viu, imagino?

Respondi que sim, ao que ele prometeu que empreenderia algumas buscas e vasculharia vários catálogos, um trabalho que eu sabia que significaria uma quantidade considerável de estudo e pesquisa.

Além disso, descobri que o professor Fairbairn não sabia nada sobre aquele tal de Selby, embora ele, é claro, tivesse relações amigáveis com o conde de Glenelg, que, bibliófilo que era, costumava visitar o museu quando estava em Londres.

– Por esses manuscritos fica evidente – disse eu, apontando para eles – que o conde está empreendendo algumas investigações minuciosas. Portanto, quero que minhas indagações sejam mantidas em absoluto sigilo para ele. Você compreende?

– Perfeitamente – respondeu-me ele. – Estou tão interessado no tesouro de Crowland quanto você deve estar. Então, amanhã começarei a buscar as informações que você deseja e lhe escreverei. Você está em Londres apenas temporariamente ou voltou de vez?

– Estou hospedado com meu amigo capitão Wyman, o viajante, na Dover Street, número 14A. Se enviar uma carta para lá, eu a receberei.

– Aquela outra parte do trecho não lhe pareceu curiosa? – perguntou ele, apontando novamente para a página aberta do livreto do velho monge. – Esta menção às "esmeraldas de minha senhora Lucrécia". Será que "Lucrécia" poderia ser Lucrécia Bórgia, e as esmeraldas seriam aquelas joias históricas que, sabemos, estavam em sua posse por volta de 1506?

Fingi que não sabia de nada. O que eu poderia fazer nessas circunstâncias? Eu pedira a ajuda do professor em relação às ruínas de Crowland, mas pretendia manter segredo total sobre o outro assunto. Dentro de alguns dias, eu partiria para o norte para visitar Fred Fenwicke, em Galloway, e empreender minhas próprias investigações. Portanto, respondi:

– Não sei nada sobre as joias. Porém, de fato parece provável que Godfrey, se ele tivesse morado em Florença, pudesse ter conhecido a notória Lucrécia Bórgia, aquela envenenadora afamada.

– E aquele aviso sobre agarrar a mão da morte? Qual poderia ser o significado disso?

– Ah! É o jeito do velho camarada de tentar assustar os bisbilhoteiros, creio eu – foi a minha resposta.

Então, depois que o agradeci pela promessa que havia me feito, adentramos a longa galeria onde os manuscritos ingleses estavam expostos ao público em mostruários de vidro, e na porta o professor se despediu de mim, repetindo sua intenção de me auxiliar como pudesse e expressando sua esperança de que, como recompensa, ele pudesse ver o Arnoldus há muito perdido.

Até que o professor Fairbairn pudesse terminar a sua pesquisa, só nos restava esperar, e o bondoso pároco estava tomando providências para que nenhum outro roubo fosse cometido.

Empreender alguma busca em Crowland antes de estar em posse de uma planta das construções originais, e dos edifícios ao redor, parecia inútil. Ainda que Wyman e eu estivéssemos convencidos de que havia um tesouro escondido lá, não estávamos tão certos quanto às medições que havíamos feito a partir do grande altar, nem quanto à localização exata dos lagos de peixes. Portanto, se pudéssemos pôr as mãos em uma planta que mostrasse a posição e extensão do pátio do mosteiro, do locutório dos monges, do refeitório e da sala capitular, sendo que todos esses cômodos devem ter existido em algum momento, a localização dos lagos de peixes certamente também seria mostrada, o que nos ajudaria consideravelmente.

Novamente, suponha que, no dia e hora designados para fazermos as medições no Castelo de Threave, o sol estivesse encoberto pelas nuvens? Nesse caso, seríamos obrigados a aguardar mais um ano antes que as medições pudessem ser tiradas com a precisão necessária?

Eu era assombrado por este medo enquanto vagava por Bloomsbury em direção à Harpur Street, tendo sido dominado por um desejo repentino de observar a fachada daquela casa misteriosa mais uma vez. Ocorreu-me que deveríamos manter alguém vigiando aquele sujeito de rosto imberbe, Selby, e com isso impedir qualquer tentativa de afanar o tesouro de nós.

Quando finalmente parei na esquina da Theobald's Road e olhei para a rua curta e melancólica, vi que estava deserta. Então, caminhei ao longo dela na calçada oposta à da casa misteriosa, da mesma forma que havia feito naquela noite fatídica, após minha longa perseguição através da Europa.

Ao passar vagarosamente, fingindo estar totalmente desinteressado, olhei para as duas janelas sombrias do primeiro andar, e o que avistei ali me deixou perplexo e sem fala.

Se você soubesse a verdade

A princípio, mal pude acreditar em meus próprios olhos. Na janela, assim como eu tinha visto naquela noite fatídica, estava o filhote de urso empalhado, e atrás das vidraças esfumaçadas havia um rosto pálido e abatido, fitando o além de forma melancólica, mas cautelosa, como se esperasse a passagem de alguém para quem o sinal transmitiria algum recado. Era um rosto em que a ansiedade e o assombro se faziam presentes: o semblante da mulher que tão repentinamente eu havia passado a amar.

Em um instante, ao me ver, ela recuou e sumiu de vista, restando apenas aquele sinal curioso, embora fatal, que tanto significado transmitia à pessoa ou às pessoas para quem era exibido.

A casa conservava a mesma aparência sombria e abandonada de antes, os degraus sujos e cobertos com pedaços de papel e fiapos de palha, os detritos trazidos pela rua. As cortinas do portão ainda estavam fechadas, e o portão de entrada estava trancado por uma corrente robusta e um cadeado pesado. Era um lugar espaçoso, embora deprimente, mais deprimente do que qualquer outro em todo o distrito de Bloomsbury, e um estranho ar de mistério era emanado desde o porão até o sótão.

Meu primeiro impulso foi galgar aqueles degraus abandonados e perguntar por Lady Judith; porém, após refletir por um instante, percebi que o fato de ela ter se retirado tão rapidamente da janela deixava claro que não queria ser descoberta ali, e que, na verdade, estava na casa de Selby em segredo.

Era evidente que ela havia passado muito tempo observando atentamente em busca de alguma pessoa que passasse e compreendesse o sinal. O olhar atento e ansioso em seu semblante havia deixado isso claro. Porém, em vez da pessoa por quem ela estava aguardando, surgiu eu, quem ela menos esperava, eu entrei em cena e a avistei. Quando nossos olhares se cruzaram, ela entreabriu a boca, e eu sabia que um grito havia escapado dela assim que se escondeu atrás das cortinas empoeiradas.

Era muito provável que ela ainda estivesse me observando, então, não tornei a erguer o olhar, e apenas continuei andando tão lentamente quanto antes e dobrei a esquina da Harpur Street.

Passei alguns minutos ponderando se seria adequado ir até a casa e perguntar por ela. O que eu teria a perder se fizesse isso? Pouco, muito pouco. E o que eu poderia ganhar com isso? Alguns minutos de conversa, talvez, com a mulher que, embora se mantivesse tão distante de mim, não saía dos meus pensamentos.

Eu estava determinado a desvendar o mistério daquele sinal secreto. Portanto, sem hesitar, respirei fundo, dei meia-volta em direção à Harpur Street e, subindo os degraus, bati na porta com força.

O lugar parecia oco, como sempre acontece com uma casa parcialmente vazia. Não houve resposta à minha batida.

Escutei atentamente à porta, mas o ruído do tráfego na Theobald's Road não me deixou ouvir nada muito distinto. No entanto, rapidamente captei sussurros vindos do interior da casa. Uma porta em algum lugar do corredor foi fechada e trancada, e então ouvi a voz baixa e rouca de um homem exclamar:

– Ainda não, seu tolo! Ainda não!

Tudo tornou a ficar em silêncio, e aguardei pacientemente por mais alguns minutos. Então, dei outra batida na porta e ela ressoou pela casa oca.

Novamente ouvi uma movimentação no corredor e passos leves cruzaram o linóleo, que devia ser relativamente novo comparado ao restante da casa, imaginei, por conta do ruído viscoso que emitia. Alguém estava sussurrando; então, alguns segundos depois, a corrente foi retirada e a porta foi entreaberta pela Sra. Pickard, a velhinha enrugada de touca e vestido pretos, a mesma que havia atravessado o Canal da Mancha trazendo o Livro Fechado para a Inglaterra.

Por sorte ela não me reconheceu, então perguntei:

– Tem alguma senhorita chamada Gordon aqui? Ela acabou de me ver pela janela. Você faria o favor de ir lhe perguntar se ela poderia vir me encontrar por alguns instantes, pois eu gostaria de falar com ela sobre um assunto de extrema importância?

– Ela notou a sua presença – foi a resposta da velha senhora – e está apenas colocando um chapéu. Ela descerá para falar com você em alguns instantes, se você puder esperar. – E então me deixou entrar no corredor, que estava revestido por um linóleo preto e branco barato, e me conduziu até a sala de jantar, que dava para a rua. Era um cômodo antiquado, muito sombrio, com teto e paredes manchados de fumaça, e mobiliado em um estilo barato e deselegante que tinha "compra a prestações" estampado nele com tanta clareza como se as cadeiras e mesas estivessem com etiquetas com os dizeres "pagamento facilitado". O carpete era um daqueles Kidderminster quadriculados que sempre estão presentes nas mobílias do sistema de compras a prestações, e os móveis eram de folheado de nogueira, forrados com tecido verde-escuro. Não havia cornija, aparador, nem nada, na verdade, para conferir ao cômodo um ar de conforto. Por alguma razão, parecia que o local havia acabado de ser mobiliado, e devia haver alguma razão para isso, pois era evidente que não se tratava da sala de jantar que usavam.

Depois de percorrer o cômodo para uma inspeção, parei diante da lareira vazia e antiquada e fiquei ouvindo atentamente. Ouvi passos vindo do andar de cima, a sala de estar, mas nenhum outro som além deste. A aparência lúgubre e o ar sombrio do cômodo, bem como as cortinas fuliginosas balançando lentamente na janela entreaberta, deixavam ainda mais sombria a atmosfera melancólica que emanava do interior da casa, ainda mais do que o fazia do lado de fora. Certamente, era uma casa repleta de mistérios.

Em determinado momento, pensei ter ouvido novos sussurros no corredor, mas durou apenas um momento e então tudo voltou a ficar silencioso.

Por fim, a porta se abriu e lá estava a minha amada de rosto pálido, elegantemente vestida de preto, com um chapeuzinho que lhe caía muito bem e um corpete que exibia sua silhueta com perfeição. As vestes sombrias aumentavam a palidez de seu semblante, porém, quando ela se aproximou de mim com um sorriso doce e a mão estendida, vi que era dotada de um autocontrole impressionante.

– Ah, que bom que você está aqui, Sr. Kennedy! – exclamou ela. – Eu estou tão feliz. Você partiu de Sheringham repentinamente, e ninguém sabia para onde você tinha ido.

– Eu também queria encontrá-la novamente – declarei –, e pensei que você ainda estivesse em Saxlingham.

– Retornei para a cidade ontem – respondeu ela. – Mas se formos conversar, não seria melhor se saíssemos para um passeio? – sugeriu. Em seguida, acrescentou, em um tom baixo e confidencial: – Há muitos ouvidos atentos por aqui.

Nem um pouco relutante em escapar daquela casa misteriosa, concordei com sua proposta e ela me guiou até a rua, depois de certa dificuldade com a fechadura extremamente complicada, que notei que só poderia ser aberta por alguém que conhecesse o segredo, outra circunstância muito suspeita.

Do lado de fora, seguimos em direção à Theobald's Road e eu caminhei ao lado dela no resplendor enevoado do pôr do sol londrino enquanto admirava a beleza, a graça e a expressão doce daquela mulher.

Enquanto caminhávamos em direção à Oxford Street, contei-lhe sobre meu desejo de ser, se não fosse em público, ao menos em segredo, amigo dela.

– Mas por quê? – quis saber ela, arregalando aqueles olhos esplêndidos.

– Porque... bem, porque acredito que algum dia seremos bons amigos – declarei sem muita convicção, pois estava prestes a me declarar abertamente no meio daquela rua movimentada.

– Nós já somos bons amigos, caso contrário, eu não estaria aqui caminhando ao seu lado – comentou ela.

– Claro, claro. Mas existe uma razão ainda mais forte – disse eu. – Você deve se lembrar de que quando nos encontramos naquela trilha em meio às falésias, confessou-me que estava infeliz... que em seu coração está escondido um segredo terrível que a levou ao desespero, e que...

– Meu segredo? – arfou ela, olhando para mim com a mesma expressão aterrorizada que eu tinha visto em seu rosto naquela noite chuvosa na Harpur Street. – Quem lhe contou sobre o meu segredo?

– Ninguém – respondi com calma. – Mas para mim isso é muito evidente, e é por essa razão que desejo me tornar seu amigo. Você se lembra de que mencionou seus inimigos, e disse que eram tão fortes que a tinham arruinado? Você não vai me deixar ajudá-la a enfrentá-los? Não posso agir em seu favor? Você certamente pode confiar em mim, não?

Perguntei-lhe o motivo de sua visita àquela casa misteriosa e o significado do sinal do urso, mas ela hesitou, da mesma forma que havia feito antes. Ah! Como é cego o homem diante do início de qualquer série de consequências grandiosas!

A nossa última conversa inteira passou por minha mente em um instante, e eu vi o quanto eu havia falhado em convencê-la de que as minhas intenções a seu respeito eram as melhores possíveis.

A separação curiosa entre pai e filha era inexplicável, tanto quanto a sua presença escondida em Londres ou a sua ligação com aquela casa sombria na Harpur Street.

– Eu sei que, em circunstâncias normais, o pouco que você sabe a meu respeito a faria hesitar em me deixar ser seu amigo e confidente – continuei com profunda sinceridade. – Mas essas certamente não são circunstâncias normais. Você está angustiada, ameaçada por inimigos que a aterrorizam e a deixam desesperada. E acredito que também estou certo ao sugerir que você não tem amigos, não é?

Ela havia empalidecido ainda mais, e eu soube que minhas palavras a tinham impressionado. Estávamos caminhando no meio da multidão da Oxford Street e fui obrigado a me curvar e falar baixinho com ela, temendo que outras pessoas pudessem ouvir. Certamente aquela grande rua movimentada era um lugar estranho para declarar o seu amor para uma mulher! Mas o amor sempre foi uma das ironias da vida. Há muitas maravilhas no mundo, mas, sem dúvida, honra, consciência e amor são as três maiores. Não há como explicá-las e elas sempre nos deixarão desnorteados. Destas virtudes vêm a origem e o fim de tudo que é maravilhoso em nossa vida: o mar e a chuva, o conjunto presente em Deus e o átomo no homem.

Vi em seu semblante, e soube pelo tremor em sua mão, que ela confiaria em mim caso se permitisse. Todo aquele mistério era enlouquecedor. Minha intuição me dizia que ela não era avessa à minha companhia, mas o fato de ter mencionado o seu segredo, seja lá qual fosse, fizera com que a verdade hedionda assomasse sobre ela com toda a força, deixando-a paralisada diante da crise que ela sabia que aconteceria inevitavelmente.

– Você está certo – confessou ela por fim. – Eu preciso desesperadamente de um amigo, mas temo que seja impossível que você me ajude. Na verdade, se certas pessoas ficassem sabendo sobre a nossa amizade, isso me colocaria em uma posição de perigo ainda maior.

– Então seus inimigos seriam meus – declarei calmamente. – É assim que deve ser. Mas por que estar associada a mim a colocaria em perigo? Eu não compreendo.

– Ah! – exclamou ela. – Eu não posso explicar. Eu contaria tudo a você se pudesse, tudo mesmo. Mas não posso, pelo seu próprio bem, e pelo meu também.

– Pelo meu bem? – repeti. – Saber do que se trata me afetaria tão seriamente?

– Temo que sim – foi a resposta dela. – É melhor que você continue sem saber.

– Mas acredite em mim, eu não aguento pensar que você está tão desprovida de amigos como parece estar – continuei com seriedade. – Por que você não me deixa ser seu amigo em segredo?

– Porque se você fosse meu amigo, teria de saber toda a verdade antes de poder me ajudar. No entanto, na minha atual posição, não posso explicar nada. Se fizesse isso, seria fatal para mim... e talvez para você também.

– Você é muito misteriosa, Lady Judith! – exclamei. – Você não poderia ser mais explícita? Tudo o que você diz só serve para aguçar a minha curiosidade e o meu interesse.

– Não posso dizer mais nada, absolutamente nada – declarou ela, bastante calma novamente. – Infelizmente, sou vítima de algumas circunstâncias estranhas e inacreditáveis. Isso é tudo.

– Mas por que você se opõe tanto à minha amizade? – quis saber. – Garanto-lhe que farei o meu melhor para ajudá-la se você me aceitar como amigo.

– Eu não duvido disso. Só me resta lamentar o fato de que nossa amizade é impossível – respondeu ela.

– Por que impossível?

– Por conta de circunstâncias que, como eu já disse, não posso explicar. Além disso, muito tempo atrás eu li nos jornais que você mora no exterior. Não permitirei que permaneça na Inglaterra por minha causa.

– Eu pretendo continuar morando na Inglaterra – apressei-me em garantir a ela. – Na verdade, estou procurando uma casa a uma distância tranquila de Londres e, nesse meio-tempo, estou hospedado na casa de meu antigo colega de escola e amigo, o capitão Wyman, de cujas recentes explorações pela África Central você deve ter ouvido falar.

Ela meneou a cabeça devagar e, em uma voz baixa e mecânica, quase como se falasse consigo mesma, disse:

– Eu não entendo por que você estaria disposto a arriscar tudo por minha causa. É melhor que nós nos separemos agora e nunca mais nos encontremos. Será melhor para nós dois, Sr. Kennedy, garanto a você. Lembre-se, de uma vez por todas, de que nossa amizade é proibida.

A estranha de preto

– Proibida! – exclamei, pegando a mão que ela havia estendido e a segurando. – Por que a nossa amizade é proibida? Pensei que você tivesse aceitado ser minha amiga! Eu não sei a verdade sobre você, nem desejo saber. Só sei que quero servi-la de todas as formas que um homem é capaz. Só peço que me permita amá-la, que me deixe pensar em você como minha.

– Ah, não! – disse ela, recolhendo a mão. – Não seria justo se eu permitisse que você caia em desgraça. Meu dever é avisá-lo das terríveis consequências dessa devoção imprudente que você nutre por mim – acrescentou ela com aquela doçura de sua natureza feminina que havia me encantado desde o início. – Escute-me, Sr. Kennedy, eu imploro a você. Pare um pouco e reflita sobre as consequências. Você diz ser meu amigo. Pode ser que seja, mas quando eu lhe afirmo que nenhuma amizade entre nós pode ser permitida, e que será melhor se nos separarmos imediatamente…

....[2]

– … do meu retorno a Londres, não por mero acaso, é claro, e sim porque estou destinado a servi-la.

---

[2] Cinco linhas de textos que foram perdidas na história do original. (N.E.)

Os argumentos de um homem em tais circunstâncias nunca são muito cheios de lógica. Quais outras palavras eu disse, não me recordo. Só sei que a determinação daquela mulher de não me revelar nada sobre si mesma só a tornava ainda mais atraente.

Porém, apesar de todas as minhas persuasões, súplicas e declarações, ela continuava a mesma mulher honrada, com medo de que eu pudesse sofrer algum mal por ser associado a ela, com medo de que o destino desconhecido que ela temia pudesse recair sobre nós dois no momento de nossa felicidade suprema.

Em alguns momentos, sentia-me tolo por tentar persuadi-la a aceitar minha amizade e, em outros, o fato de eu ser de uma classe social muito inferior à dela, que era filha de uma família nobre e conhecida de Londres, assomava sobre mim.

Caminhamos por meia hora, sem nos importarmos com a direção para onde nossos passos estavam nos levando. Ela me contou sobre suas recentes viagens ao Oriente com o pai, sobre os momentos agradáveis que passaram durante o clima frio na Índia e depois em Sydney e Melbourne.

– Meu pai é um viajante do mundo desde que a minha mãe morreu – contou-me ela, com um tom ligeiramente triste. – Ele nunca consegue passar muito tempo na Inglaterra, porque a vida aqui sempre o faz se lembrar muito de minha mãe. Eles eram um casal muito afeiçoado – acrescentou ela.

– E então você o acompanha?

– Sim, desde que saí da escola de freiras na França. Minhas andanças já incluíram duas viagens ao redor do mundo e uma viagem de navio para Spitsbergen.

– Bem – comentei e ri –, pensei que poderia me considerar um viajante, mas você me ofuscou completamente.

– Ah, mas eu estou cansada disso tudo. Extremamente cansada, eu lhe garanto.

Eu contei a ela sobre como eu também tinha sofrido daquela nostalgia que, mais cedo ou mais tarde, é sentida pela maioria das pessoas que moram no exterior, aquela curiosa e indefinida enfermidade do coração que faz com que alguém anseie pelo lar e pelos amigos, e que se corroa por dentro se o desejo não é satisfeito. Todos aqueles que moraram no exterior já passaram por isso.

Também contei a ela sobre como eu vivera anos ao lado daquele mar cintilante e calmo, até que fiquei farto do sol e enjoado dos céus azuis, ao que ela suspirou e disse:

– Itália! Ah, sim! Eu conheço a Itália. Infelizmente tenho motivos para me lembrar da viagem que fiz para lá.

– É uma lembrança tão amarga assim? – perguntei, logo ficando em alerta.

– É, sim – respondeu com um tom duro na voz. – Já faz anos, mas lembro-me de cada um dos incidentes tão claramente como se tivesse acontecido ontem. Milão, Florença, Perugia, Roma… todas as cidades cujos próprios nomes agora me despertam ódio. Porém, suponho que o passado deve ficar no passado. – E então suspirou de novo, os olhos fixos na calçada.

O que eu poderia dizer? Que pergunta eu poderia fazer a ela?

Seria possível que a viagem que ela fizera à Itália tivesse algo a ver com a estranha conspiração que parecia estar em andamento? Ou será que suas viagens ao Sul tinham sido repletas de algum caso de amor juvenil de natureza trágica?

Seu jeito doce e modesto era tão complexo que eu não conseguia compreendê-lo. Eu estava, portanto, incerto quanto à segurança de minha própria situação, e temia explicar a ela que o Livro Fechado, que havia sido roubado da Harpur Street, tinha voltado para as minhas mãos, com medo de que comprometesse as investigações nas quais eu estava envolvido.

Ela não fez nenhuma menção ao velho corcunda de Livorno, que sem dúvida tinha visitado a Harpur Street, e talvez até usasse a casa como seu quartel-general. Ainda assim, tinha certeza de que ela conhecia Graniani do mesmo modo que conhecia Selby.

Vez após vez, reiterei a minha afeição por ela, implorando e suplicando para que considerasse o meu pedido, ou, se não fosse o caso, que pelo menos me permitisse ser seu amigo. Mas ela permaneceu obstinada, embora minhas palavras tenham causado nela uma emoção genuína.

Percebi que, embora estivesse desesperada por conta de algum segredo não revelado, ela era, não obstante, uma mulher honrada. Se eu tentasse ajudá-la, estaria colocando a minha vida em risco, conforme ela havia declarado, e garantiu que não me deixaria fazer tal coisa. Por quê? Seria porque no fundo ela era, de fato, minha amiga?

Eu me pergunto se existem outras pessoas que vivenciaram um sentimento parecido, um desejo de começar uma vida nova, guiado por uma boa mulher? Se o fizeram, saberão quais eram os meus sentimentos naquele momento. Eu não era um rapazote piegas, ainda imaturo em seu primeiro amor e sem medo de demonstrar tudo o que sente. Pelo contrário, eu conhecia o amor, tinha aproveitado a parcela dele que me fora reservada, e assim como a prosperidade havia me alcançado, a profunda tristeza fizera o mesmo, e eu tinha partido para o exterior para me esconder em um vilarejo italiano.

O crepúsculo deu lugar à noite, e as lâmpadas das ruas começaram a se acender enquanto caminhávamos rumo ao oeste, através daquele labirinto de ruas e praças muito respeitáveis que integram o bairro de Bayswater, até que de repente percebemos que estávamos na região do pensionato de Powis Square. Então, por sugestão de Judith, demos meia-volta e refizemos nossos passos até a Edgware Road, seguindo rumo ao parque. As nuvens que antes pareciam ter caído sobre Judith haviam se dissipado, e ela estava mais radiante.

Seu pai, ela me contou, havia retornado a Londres e estava em casa, mas ela achava que os dois partiriam novamente no dia seguinte rumo ao Norte.

– Para a Escócia? – sugeri com certa ansiedade.

– Ah, eu realmente não sei – foi a resposta dela. – Meu pai é muito imprevisível quanto a isso. Eu só sei que ele vai para o Norte e que eu vou com ele.

– Mas conte-me – pedi com muita sinceridade –, seu pai alguma vez mencionou que pretendia ir para Galloway?

Ela me encarou, um pouco surpresa.

– Sim, ele falou algo assim um dia desses, enquanto estávamos em Saxlingham – respondeu ela. – Mas por que você quer saber?

– Eu tenho um motivo para isso. Um motivo bem forte – declarei. – Ele vai acompanhado de amigos, não é?

– Ele vai comigo. Não sei nada sobre outras pessoas indo conosco. Talvez estejamos indo para Castle-Douglas, mas é claro que eu não sei de absolutamente nada. Muitas vezes embarquei em Charing Cross com ele e só descobri qual era o nosso destino quando chegávamos a Paris ou Bruxelas. Porém, em várias ocasiões, estávamos tranquilamente na casa da Grosvenor Street enquanto todos os nossos amigos achavam que estávamos do outro lado do mundo. É muito estranho, garanto a você, viver escondida na própria casa, sem ver ninguém e só sair à noite, e sempre com medo de ser reconhecida – acrescentou.

– Mas por que seu pai faz esse tipo de coisa? Ele certamente deve ter algum motivo, não?

Lembrei-me de que a cidade de Castle-Douglas ficava perto do Castelo de Threave.

Ela encolheu os belos ombros e seu semblante foi invadido por um olhar vazio de ignorância que sou obrigado a admitir que parecia falso.

Mistério envolto em mais mistério. Eu não conseguia entender nada. Coloque-se no meu lugar por um instante e pergunte-se se você conseguiria resolver o problema extraordinário a respeito deste renomado nobre e a filha dele, que, embora frequentemente comparecessem aos eventos mais exclusivos de Londres, às vezes viviam em absoluto segredo em sua própria casa, ou então vagando ao redor do mundo sem motivo aparente, ainda que evidentemente com algum objetivo fixo, porém secreto.

Quanto mais eu pensava nisso, mais intrigado ficava.

– É impossível… quase impossível? – disse ela quando, na esquina da Park Lane com a Grosvenor Street, parei para me despedir dela. – Não podemos nos encontrar de novo. Espero, Sr. Kennedy, que você não pense mais em mim – acrescentou ela. – Porque dói tanto em mim quanto em você. Como eu já lhe disse, eu contaria a verdade se tivesse permissão para isso, mas eu não tenho.

Vi que suas pálpebras tremelicavam ligeiramente e eu, segurando a sua mão em um gesto de despedida, apertei-a com um significado profundo que ela conseguiu entender e ao qual ela correspondeu.

– Mas nós somos amigos, Lady Judith. Somos amigos, não somos?

Ela soltou um longo suspiro em resposta e meneou a cabeça, dizendo:

– Sr. Kennedy, eu sei que você é meu amigo, e talvez um dia eu precise colocar a sua amizade à prova. Até então, permaneceremos separados, porque será melhor assim. Você conhece os medos que sinto, o medo de que o mal recaia sobre você.

– Estou pronto para ajudar você a qualquer momento – declarei.

Ela recolheu a mão, soltou outro suspiro e, emocionada com minha última declaração, afastou-se às pressas pela noite cálida e opressiva.

Por um momento, inundado de um vago pesar, fiquei observando enquanto ela se afastava. Então, dei meia-volta e caminhei pela Park Lane até Piccadilly em meu trajeto de volta à Dover Street, com a mente permeada pela imagem daquela mulher de rosto doce.

Aquelas palavras estranhas que ela proferira ecoaram em meus ouvidos. O que ela havia insinuado? Tragédia, uma tragédia profunda e misteriosa, estava por trás de tudo, disso eu tinha certeza. Porém, sempre disposto a agir, me senti atraído pelo outro lugar mencionado no Livro Fechado: o sombrio Castelo de Threave, aquele local de atos infames que, durante a Idade Média, havia sido o lar de Sir James Douglas. Estava claro que o pai de Judith pretendia ir para lá e, portanto, não poderíamos perder tempo; tínhamos que partir logo rumo ao Norte para começar nossas investigações.

A ideia de partir logo para o Norte permeou minha mente de tal modo que me tornei alheio a tudo ao meu redor, e estava andando bastante absorto e desatento ao tráfego ligeiro em Piccadilly até que senti um leve toque no braço e ouvi uma mulher dizer baixinho em italiano:

– Perdão, *signor* Kennedy, mas acredito que já nos conhecemos.

Sobressaltei-me e virei-me rapidamente para ver quem havia falado aquilo. Era a última pessoa que eu esperava encontrar naquela rua movimentada de Londres: a mulher bem-vestida e de olhos escuros que eu tinha encontrado no escritório do prior em Florença, a mulher de preto que havia se confessado ao padre Bernardo.

Algumas explicações

Meu primeiro pensamento, é claro, foi o de que a mulher era uma ladra, pois havia sido ela que tão sagazmente roubara o Livro Fechado do meu escritório em Antignano e o levara até Paris, transferindo-o para as mãos da velha Sra. Pickard da Harpur Street.

Meu primeiro impulso foi acusá-la de roubo, mas felizmente percebi a necessidade de agir com cuidado e, portanto, respondi em um tom agradável no mesmo idioma:

– Sim, *signorina*. Foi em uma tarde, não muito tempo atrás, em Florença, se não me falha a memória.

– Foi isso mesmo – respondeu ela rapidamente. – Preciso falar com você em particular. Para onde podemos ir para que não sejamos observados? Eu não conheço Londres muito bem.

Eu me pus a refletir por um momento. Se ela realmente quisesse me fornecer alguma informação, eu deveria protegê-la a todo custo. Ela agia como se temesse ser reconhecida naquela rua, e queria falar comigo em particular. Portanto, chamei um cabriolé que passava e, ao entrarmos, lembrei-me de que, como estava na hora do jantar, poderíamos conseguir uma mesa tranquila no salão superior do Scott's, na Haymarket. Então, dei instruções ao cocheiro para que seguisse para aquele restaurante famoso.

A mulher agia como se estivesse assombrada por uma séria suspeita de que estava sendo seguida, e, durante nosso trajeto ao longo de Piccadilly Circus, mal disse uma palavra sequer, exceto para expressar sua satisfação em me encontrar em uma cidade tão grande quanto Londres, e para confessar que estivera me seguindo havia uma hora; isso deixava claro que tinha me visto com Judith, e sem dúvida tinha notado o afeto que eu nutria por ela.

O cortejo que eu havia empreendido naquela noite nas ruas lotadas de Londres certamente fora estranho, mas realmente não tão descomunal se forem levadas em consideração todas as declarações de amor que são feitas por milhões de londrinos em meio ao barulho do tráfego e o vai e vem apressado da vida ao ar livre. Existem poucos lugares no coração da cidade que são propícios para passeios e conversas de namorados, e esses poucos lugares são tão apinhados que a maioria dos apaixonados os evita propositalmente. O romance acontece entre os tijolos e o cimento enegrecidos pela fumaça de Londres com a mesma frequência que acontece na estradinha rural com cheiro de relva ou na praia de cascalhos do hotel popular à beira-mar. As ruas tranquilas de Londres, onde ninguém conhece os próprios vizinhos, são sempre mais reservadas do que qualquer estrada rural, com seus camponeses furtivos e as fofocas locais sobre o vilarejo mais próximo.

Ainda assim, o mistério com que aquela bela mulher de olhos escuros tinha me abordado, e a rapidez com que havíamos partido, me fizeram refletir. Ela era minha inimiga ou minha amiga? Isso era algo que eu pretendia descobrir.

No salão superior do restaurante, encontramos uma mesa tranquila no canto, protegida da intromissão ou de olhares, e depois de ter pedido o jantar, solicitei a ela que se explicasse.

– Cheguei em Londres três dias atrás – explicou ela em italiano –, e tenho procurado você desde então. Eu vi quando você saiu daquela casa em Bloomsbury acompanhado da *signorina*, e tenho seguido você há tanto tempo que, oh, estou muito cansada. Porém, continuei a segui-lo, porque queria muito falar com você. Corri um risco muito grande ao fazer isso. – E então ela lançou um olhar apreensivo para a meia dúzia de clientes espalhados pelo salão. – Se eu for descoberta, pode ser que o pior aconteça.

– Por quê?

– Porque eles não sabem que estou em Londres, nem que estou determinada a alertar você.

– Sobre o quê? – perguntei ansiosamente.

– Da conspiração que foi tramada contra você.

– Por quem?

– Pelas pessoas que você acredita serem suas melhores amigas – respondeu-me ela, inclinando-se sobre a mesa na minha direção e falando em um tom tão baixo que parecia um sussurro.

– E por que você quer me dar este aviso? – perguntei com desconfiança, lembrando-me de que aquela bela e requintada mulher agira como uma ladra e certamente tinha feito parte da conspiração, seja lá qual fosse.

– Porque recebi ordens para fazer isso por alguém que é seu amigo de verdade.

– E quem é essa pessoa? Diga-me, por favor!

– O padre Bernardo de Florença. Foi por ordem dele que vim atrás de você esta noite.

A resposta dela me deixou surpreso. O prior gordo e bem-humorado de San Sisto com certeza havia sido muito amigável comigo, porém, depois de tudo o que acontecera, eu não acreditava que ele realmente fosse meu amigo. Não havia sido ele que, por meio de um ardil, tentara me convencer a devolver o precioso Arnoldus que eu tinha comprado? Não era ele uma pessoa extremamente inteligente e engenhosa, este Bernardo Landini? Suas ações haviam sido enigmáticas do começo ao fim, e ainda mais misteriosas quando encaradas sob a perspectiva do que eu havia descoberto no fim daquele volume raro e pelos acontecimentos recentes em Londres e em Crowland.

Era de fato muito curioso que ele tivesse enviado aquela mulher à minha procura, justo ela, entre todas as outras pessoas. No entanto, de alguma forma ela parecia ser de confiança do padre. Caso contrário, por que teriam conversado em seu escritório com as portas fechadas?

Ainda que suspeitasse de que aquela mulher tinha se aproximado de mim com um propósito maligno, permiti que ela se explicasse. Estava vestida do mesmo jeito que quando a encontrara pela primeira vez, ou seja, toda de preto, um vestido que aparentava ter confecção parisiense e um chapéu estiloso que combinava muito bem com sua beleza, ainda que não fosse muito chamativo.

Ela apoiou os cotovelos na mesa e se curvou para frente, com as mãos enluvadas unidas, e então explicou por que havia me procurado:

– Fui enviada para alertar você – disse ela com uma expressão estranha em seus olhos escuros, aqueles olhos que certa vez tinham me assombrado naquela cidade litorânea fustigada pelo sol.

– Mas você foi até a minha casa em Antignano e pegou o manuscrito que comprei do padre Bernardo – declarei. – Por quê?

– Porque se você continuasse em posse dele, correria um grande perigo – foi a resposta dela, ainda em italiano.

Então, me perguntei se ela sabia que as folhas de velino estavam impregnadas com um veneno mortal que ainda não havia perdido sua potência.

– Mas isso não era motivo para você roubar o manuscrito – retorqui, em italiano, de forma bastante direta.

Ela levou a taça de vinho aos lábios e sorveu vagarosamente enquanto refletia. Então, pousando a taça, respondeu:

– Ah! Eu fui forçada a fazer aquilo. Você deveria ter sido alertado pelo prior sobre o mal que possuir aquele livro poderia trazer.

– Bem, agora me diga, *signorina*, como se chama, já que não tive o prazer de saber seu nome verdadeiro...

– Anita Bardi – interrompeu-me ela.

– Bem – respondi –, gostaria de lhe perguntar uma coisa. O nosso amigo prior tem alguma ideia do que está contido no Arnoldus?

– Não. Ele não sabe nada sobre isso. Se soubesse, tenho certeza de que nunca teria participado dessa conspiração vil contra você.

– Mas qual é o intuito desta conspiração? – indaguei, muito intrigado.

– A sua morte – respondeu ela sem hesitação. – Seus inimigos querem que você morra.

– Muito gentil da parte deles – comentei e ri, fingindo não levar as palavras dela a sério. – Mas por que, me pergunto, eles estão tão ávidos para que eu morra?

– Porque você descobriu o segredo deles. Eles acreditam que você leu e compreendeu o que está escrito naquele manuscrito recém-descoberto.

– E mesmo que tivesse feito tal coisa, isso não muda o fato de que comprei o livro pelo preço que pediram por ele.

– Ah! Veja bem, o prior não tinha o direito de vendê-lo para você. Um erro foi cometido logo no início. Como você ficou sabendo da existência do livro?

– Por meio de um comerciante de antiguidades de Livorno, chamado Francesco Graniani, um velho corcunda.

– Foi o que imaginei! – exclamou ela. – Ouvi dizer que ele está em Londres. Tudo isso só prova que você precisa ser alertado.

– A respeito de Graniani?

– E de outros também. Eu vi você com a Lady Judith Gordon. E, se me permite dizer, você parecia bastante afeiçoado a ela.

Ela falou com franqueza e me encarou fixamente com aqueles grandes olhos escuros.

– E se eu estiver?

– Presumo que não faz muito tempo que você a conhece, certo?

– Não muito.

– Então, antes de se deixar ser enfeitiçado por ela, como você parece estar fazendo, descubra mais a respeito da moça. Não será difícil e pode ser que o salve de uma terrível desgraça. Talvez salve até mesmo a sua vida.

– Como assim? Eu não compreendo.

– Imagino que não. Apenas peço que você preste atenção ao meu aviso. Não estou aqui para explicar as motivações de outras pessoas.

– Mas você certamente pode me dizer por que eu deveria me manter afastado da Lady Judith, não é? – exigi saber.

– Não, não posso – respondeu ela, falando em um inglês ruim pela primeira vez, e aparentemente ficando com os ânimos agitados. – Se você não aceita o alerta, a culpa é sua.

– Você disse que a conhece – comentei. – Onde a conheceu?

– Na Itália, em circunstâncias estranhas.

– O pai dela estava junto?

– Estava – respondeu depois de um momento de hesitação, e em seu semblante surgiu uma estranha expressão de mistério. – Mas não precisamos mais falar sobre isso – acrescentou ela, voltando a usar o italiano, que falava com sotaque florentino. – Quero lhe pedir perdão por ter roubado o seu livro. Só me resta pedir clemência e dizer que só o fiz porque fui forçada e instigada por outras pessoas.

– Eu a perdoarei se você me contar quem a incitou a cometer o roubo – avisei.

– Não, não posso fazer isso. Peço-lhe que me perdoe, e para compensar o que fiz, vim até aqui avisá-lo do grande perigo que está correndo. Cuidado com a sua ligação com Judith Gordon!

– O quê? – gritei. – Você está insinuando que ela é a minha pior inimiga?

– Tome cuidado com ela, é tudo o que posso dizer.

– E como você acha que eu devo agir? – indaguei, muito surpreso diante das alegações que aquela mulher estranha fazia contra a minha amada.

– Você deveria reaver o Arnoldus. Talvez isso possa ajudá-lo – foi a sua recomendação curiosa.

Estava prestes a dizer que já o tinha recuperado, mas minha cautela se manifestou mais uma vez. Ela era o tipo de mulher com quem eu deveria lidar de forma diplomática, se quisesse descobrir quais eram as suas intenções.

– Talvez você possa me dizer onde ele está? – sugeri.

– Nas mãos de um inglês chamado Selby, que mora naquela casa na Harpur Street, da qual você saiu esta noite.

Então ela realmente não sabia que Selby não estava mais em posse do livro e, pelo que pude ver, parecia estar sendo honesta comigo. Esse fato me deixou ainda mais intrigado. De repente, me lembrei daquele sinal misterioso na janela e perguntei-lhe se ela sabia o significado do filhote de urso.

– Eu sei – respondeu ela com uma seriedade repentina que até então não havia demonstrado. – Eu o vi lá hoje – acrescentou lentamente. – Tem um significado, como você suspeita.

– Um significado maligno?

– Sim, maligno e mais estranho do que você jamais poderia imaginar.

– Você não vai me contar?

Mas novamente meneou a cabeça e declarou que era obrigada a manter sigilo sobre isso, assim como em relação a outros assuntos. Ela apenas tinha vindo atrás de mim para me alertar, um homem inocente e desavisado, sobre a armadilha habilmente preparada para mim.

Ela estava bastante calma, determinada e desprovida de emoções. Uma ou duas vezes, quando alguém entrava no salão de jantar, tinha demonstrado medo de ser reconhecida, mas, fora isso, parecia completamente calma e imperturbável.

Eu havia descoberto duas coisas com ela; a primeira era que, de alguma forma, Graniani estava por trás de toda aquela história estranha, como eu sempre havia suspeitado; e a segunda era que a mulher que eu passara a amar estava planejando cuidadosamente a minha desgraça. Recusei-me a acreditar nisso e confessei a ela com franqueza.

Ela permitiu que eu continuasse a falar sem me interromper com contradições. Ela, que julguei ter cerca de trinta anos, tinha os modos de uma mulher bem-educada, seus gestos e palavras externando seu refinamento. Tinha olhos grandes, expressivos e cintilantes e, sendo franco, era o tipo de mulher que poderia causar atração em qualquer homem, e atrevo-me a dizer que teria nutrido profunda admiração por ela se não estivesse apaixonado por Judith.

– Eu lhe contei a verdade, *signor* Kennedy – respondeu baixinho em italiano. – Porém, gostaria de lhe pedir que me prometa que não contará a ninguém sobre o nosso encontro. Lembre-se de que, se desejar algum conselho meu no futuro, basta me escrever e enviar *poste restante* para Charing Cross, e a sua carta chegará até mim.

A agência de correios da Charing Cross é o endereço costumeiro dos estrangeiros quando viajam para a Inglaterra, então eu não sabia se ela havia sugerido aquele lugar por sigilo ou conveniência. Ela não fez menção alguma ao conde de Glenelg ou à busca dele pelo tesouro. E, pensando que era melhor manter a discrição, não abordei o assunto, pois pretendia seguir o meu próprio julgamento, ainda que suas alegações e o fato de ela ter me abordado de forma tão corajosa por si só constituíam um mistério adicional.

Então, terminamos o nosso jantar e, depois de mais algumas conversas desconexas que deixaram claro que ela estava um pouco decepcionada com a forma como eu havia tratado as suas confidências, dei-lhe o endereço do meu clube, a acompanhei até um cabriolé e cada um seguiu seu rumo.

Humores de um grupo de hóspedes

No pôr do sol místico e calmo daquela tarde de agosto, depois de nove horas no trem que saía de Euston, Wyman e eu estávamos a bordo do cupê de Fred Fenwicke e seguíamos pela lateral do lago Ken, aquele regato longo e romântico cercado pelas altivas colinas cobertas de urze de Galloway. Estávamos percorrendo aqueles onze quilômetros de estrada sinuosa que se estende entre a estação de Nova Galloway e a cidadezinha de Nova Galloway.

O sul da Escócia certamente não possui distrito mais cheio de natureza, nem mais charmoso e pitoresco do que Glenkens, e ali, bem no meio dele, a jornada era revigorante, pois o ar estava fresco depois da sufocante Londres; e os muitos riachos e cascatas pelos quais passamos produziam uma melodia suave e ondulante sobre as estradas ladeadas por musgos e samambaias.

A paisagem magnífica, o resplendor do pôr do sol sobre a superfície calma do lago, o roxo-escuro das colinas ao longe e os tons maravilhosos da urze, no entanto, não nos atraíram, porque estávamos ambos muito ansiosos pela recepção calorosa que nos aguardava em Crailloch, além do vilarejo Balmaclellan. Enquanto anoitecia, atravessamos aos solavancos a longa e branca High Street de Nova Galloway, subindo a colina íngreme, passando pela ponte Ken e, em seguida, acompanhando o amplo leito do rio, enfim adentramos os portões da residência e paramos diante do grande pátio da mansão elisabetana, com sua fachada ornamentada e as chaminés altas e retorcidas.

Fred Fenwicke, ainda com os trajes de caça, apareceu antes que pudéssemos estacionar o cupê, e do átrio iluminado veio um coro de exclamações, expressando alegria com a nossa chegada.

– Ora, Allan, meu velho camarada! – exclamou Fred, dando-me um aperto de mão caloroso. – É um grande prazer tê-lo aqui na Escócia novamente! Connie está lá dentro em algum lugar, e também há toda aquela profusão de rapazes que você já conhece. – E então ele se virou para saudar Walter de forma igualmente cordial, e eu segui até o belo átrio, onde a maior parte do grupo de hóspedes, nas horas ociosas antes do jantar, havia se reunido para nos cumprimentar.

No instante em que adentrei o cômodo, uma voz alegre gritou:

– Ora, ora, vejam só! É Allan, o escritor!

Era Sammy Waldron, ou, para fornecer seu nome correto, capitão Samuel Waldron, da polícia de Bengala, passando dois anos de licença em casa e um dos meus melhores camaradas.

Então a Sra. Fenwicke, uma das mulheres mais inteligentes que conheço e a melhor das anfitriãs, a quem todos chamavam de Connie, deu-me um aperto de mãos caloroso, expressou sua alegria com a nossa visita, e no momento seguinte estávamos no meio de talvez um dos grupos de pessoas mais alegres de toda a Escócia. Muitas daquelas pessoas eu havia conhecido em outras ocasiões ali mesmo, naquele salão grandioso e bem decorado, com seus esplêndidos troféus de caça e das guerras na fronteira da Índia.

Fred Fenwicke e sua esposa, o casal mais alegre e descontraído que eu conhecia, costumavam ter sempre o mesmo grupo de hóspedes para as temporadas de caça, muitos deles anglo-indianos.

Além de Sammy Waldron, um policial louro de boa constituição física e duro na queda, que por mais de vinte anos havia lutado intermitentemente contra os grupos de indianos nas fronteiras, e que geralmente era a vida e a alma da festa, também estavam ali Jack Handsworth, ou major John Handsworth, Companheiro da Ordem do Império Indiano, dono de grandes propriedades no Himalaia, um homem que nunca era visto sem seu charuto, exceto durante as refeições; o filho dele, Godfrey, um sujeito elegantemente vestido sobre quem todos tinham opiniões favoráveis; a Srta. Handsworth, irmã de Jack; a Sra. Payling, uma viúva de meia-idade extremamente agradável e muito bonita, que passava o verão na Inglaterra e o inverno na Índia, e tinha um jeito de falar muito deliberado e possuía um senso de humor apurado, além de estar sempre usando vestidos refinados que lhe caíam muito bem. Ela era, de fato, uma daquelas poucas mulheres cujas roupas sempre parecem servir como uma luva. Ademais, havia dois irmãos chamados Sale, advogados renomados de Londres, uma dupla alegre e bem-humorada; e vários outros homens e mulheres que eu conhecia com maior ou menor grau de intimidade.

Fred Fenwicke com certeza nunca errou na forma como escolhia seus grupos de hóspedes. Ele nunca escolhia mal os convidados. Às vezes, recebia um grupo silencioso de visitantes, mas era algo raro. Na verdade, a diversão e a alegria em Crailloch eram sempre contínuas, pois todos faziam o que desejavam: atirar, pedalar, pescar salmão ou truta, sair em passeios ou vagar pelas colinas cobertas de urzes. Não havia restrições e todos iam até ali para ter o máximo de divertimento possível.

– Vejam só! – exclamou Fred enquanto estávamos parados ao lado dele na sala de jantar, tomando uma dose de bebida antes de ele trocar de roupa. – Mas que belo grupo de pessoas que reuni dessa vez, hein?

– Uma multidão muito entusiasmada para mim, temo eu! – Dei risada, pois sabia por experiência própria que, quando os caçadores que estavam ali como convidados se reuniam, a diversão surgia rápida e intensamente.

Como resposta, meu velho amigo apenas ergueu o copo em agradecimento e riu com alegria.

Com cerca de 38 anos, alto e bronzeado, com um porte distintamente militar e vestido com um tweed elegante e polainas, ele parecia estar em sua melhor forma. Aquela vida saudável e ao ar livre na propriedade escocesa havia bronzeado seu rosto e pescoço e elevara o seu físico a uma perfeição raramente vista em um homem. Ele tinha uma vitalidade esplêndida. Não parava nem por um minuto, desde o momento em que descia pela manhã para abrir as cartas até as primeiras horas da madrugada, quando os jogadores de bilhar remanescentes esvaziavam suas últimas doses de bebida. Amava o campo, amava a Escócia, amava caçar, algo que fazia com frequência, e, acima de tudo, amava a companhia dos poucos homens que eram seus amigos íntimos, os homens que constituíam aquele grupo de hóspedes.

Connie Fenwicke era igualmente feliz, também amava a vida no campo e era uma anfitriã tão generosa quanto o marido. Ambos entendiam perfeitamente um ao outro, e gozavam de tamanha independência que, quando estavam cansados da vida em Crailloch, partiam para a Austrália, onde Fred Fenwicke havia se interessado por certas companhias. Embora gostassem da Escócia e morassem lá mesmo durante a temporada urbana dos ciclos sociais, eram essencialmente cosmopolitas, muito conhecidos em Monte Carlo, Florença e Roma. Na verdade, não havia muito mais a dizer, exceto que eram um casal extremamente raro, cuja casa era o epítome da hospitalidade.

Walter não era um amigo tão íntimo quanto eu, mas antes que aquela noite tivesse chegado ao fim, Fred Fenwicke já o havia admitido naquele círculo encantador de conhecidos próximos, e ele declarou que se sentia totalmente em casa.

O jantar sempre foi um evento solene em Crailloch, como é na maioria das casas de campo, pois àquela altura os caçadores estavam limpos, as mulheres trajavam vestidos elegantes e se divertiam, e o cozinheiro de Fred era conhecido como um dos melhores da Escócia. Depois que as mulheres saíram da mesa e o café foi servido na grandiosa e antiga sala de jantar, com seus esplêndidos retratos de família, chamei Fred de lado, pois havia notado que ele estava ansioso para saber o motivo de eu ter aparecido tão repentinamente para visitá-lo. Ele sabia que não era para caçar, pois a miopia atrapalhava a minha mira, e eu o escutara comentando baixinho com Sammy Waldron à mesa que minha motivação devia ter alguma relação com um romance.

A fim de tranquilizar o meu velho amigo, levei-o até o seu escritório, o único santuário em que os convidados não entravam, e disse-lhe que o motivo da minha visita repentina era o meu interesse em estudar a história do Castelo de Threave.

– Ah! Então é isso! – exclamou ele, tirando o charuto dos lábios. – Bem, imagino que você tenha um ou outro livro em vista, hein?

– Hum… isso mesmo – respondi após um instante de hesitação. – Estou estudando a história do lugar e talvez eu acabe escrevendo um livro sobre o assunto. Eu gostaria da sua ajuda. Você tem algum livro sobre esse tema?

– Infelizmente não tenho – foi a resposta dele. – Threave fica a cerca de 23 quilômetros daqui, em uma ilha solitária e inacessível no rio Dee. Eu mesmo nunca estive lá, mas conheço um homem, o Sr. Batten, um arqueólogo que mora em Castle-Douglas, que tem uma coleção magnífica de obras sobre Galloway e arredores e escreveu um livro sobre esse assunto. Vou enviar uma carta para ele. Tenho certeza de que ele emprestará muitos livros a você, e talvez até o acompanhe até Threave. Ele é um excelente sujeito e um grande amigo meu. Porém – acrescentou ele –, Walter está ajudando você, imagino?

– Está. Nós dois estamos investigando algumas coisas – respondi com cautela. – Por enquanto, não podemos dizer nada muito definitivo, exceto que talvez o meu próximo livro se passe lá.

– Bem, eu ajudarei você, Allan, meu camarada, se você prometer não falar nada sobre Crailloch e todos os rapazes aqui – disse e riu alegremente. – Quando contei a eles que você viria, todos quiseram saber se você ia escrever um livro. Eles não se esqueceram daqueles artigos da temporada passada sobre Nice e Monte.

– Vou desapontá-los com suavidade, prometo – foi a minha resposta. – Porém, peço que mantenha sigilo sobre o que lhe contei. Não quero que todo o grupo fique sabendo.

– Com certeza, meu caro amigo – respondeu ele. – Vou ajudar você. Escreverei para Batten e organizaremos um pequeno piquenique em Threave. Você não precisa contar a ninguém o seu verdadeiro motivo para ir até lá.

E então deixei os preparativos nas mãos dele. Depois de três dias de alegria e noites regadas a músicas, bilhar e brincadeiras, Fred recebeu um bilhete do Sr. Batten em que ele dizia que conseguira a permissão do lorde para que visitássemos Threave, e que teria o maior prazer não apenas em nos acompanhar, mas também em me emprestar várias das obras raras de sua coleção que abordavam a história da famosa fortaleza.

Para nós, essa era uma excelente notícia, e duas manhãs depois, em um grupo de dez, incluindo vários outros em bicicletas, seguimos em uma carruagem *brake* de dois cavalos ao longo da margem do lago Ken, através dos grandes vilarejos caiados de Parton e Crossmichael, até um ponto ao lado do sinuoso rio Dee, onde, em uma casa de fazenda solitária, fomos recebidos pelo Sr. Batten, que se provou um guia muito afável e valioso.

O grupo era bastante animado e, tendo sido obrigados a deixar a carruagem a cerca de oitocentos metros do rio, cada um de nós carregou parte das provisões que íamos almoçar quando chegássemos à ilha.

O dia estava atipicamente esplêndido para um mês de agosto, uma daquelas manhãs brilhantes raramente vivenciadas na Escócia quando a estação já estava tão avançada, e muitas brincadeiras bem-humoradas foram feitas enquanto todo o grupo abria caminho pelos vastos milharais quase prontos para a colheita.

Então, ao subir a encosta do monte, de repente tivemos uma visão do rio largo e sinuoso cintilando ao sol lá embaixo; e além, em uma ilha solitária, entregue às gralhas e aves aquáticas, erguia-se a austera e lúgubre torre de menagem do que outrora havia sido a casa de Sir James Douglas, e que ainda hoje se destaca, cinzenta e ameaçadora, sob o sol outonal.

Wyman estava caminhando ao meu lado, carregando uma cesta cheia de garrafas de água com gás e, quando a paisagem entrou no meu campo de visão, virei-me para ele e disse:

– Será possível que a caixa mencionada pelo velho Godfrey esteja escondida naquela ilha?

– Talvez – foi a resposta dele. – Certamente parece o tipo de lugar propício para guardar um segredo. Mas não devemos dizer nada a ninguém. Vamos observar tudo em silêncio. Eles vão desfrutar de seu piquenique, enquanto nós vamos consultar aquelas anotações que você fez com base no relato do pergaminho.

Naquele momento, Sammy Waldron, vermelho e queimado de sol, em um traje simples de ciclista, aproximou-se e começou a brincar com Walter por conta da água gaseificada, estando ele mesmo carregando uma quantidade daquela bebida muito preciosa para os homens em ocasiões como aquela, enquanto contava com a ajuda da sempre bem-humorada Sra. Payling para carregá-las. A mulher estava alinhada como sempre, e transbordava bom humor. Viúva, com um filho servindo ao exército indiano, ela era essencialmente uma boa amiga de todos os homens, além de ser uma mulher refinada. Ela estava conversando com o Sr. Batten enquanto Fred Fenwicke caminhava com Connie e duas outras mulheres do grupo um pouco adiante.

Por fim, todos nós chegamos à beira da água e, pondo nossas cargas no chão, passamos a analisar o barco do lorde, o qual o Sr. Batten havia obtido permissão para usar. Estava parcialmente cheio de água e não continha remos.

Depois de procurar um pouco, encontramos um trabalhador que sabia onde os remos ficavam guardados, e ele apontou para um local sob uma sebe. Lá, descobrimos que eles estavam tão apodrecidos pelo clima que quase não restava mais pá e, além disso, não havia toletes de apoio para os remos.

Sammy, Godfrey Handsworth e os dois Sales começaram a remover a água do fundo do barco com a ajuda de copos, enquanto o resto do grupo, muito faminto e sedento, sentou-se impacientemente na margem, observando e tecendo comentários sarcásticos sobre o lento progresso dos companheiros.

Por fim, o trabalho foi concluído e algumas das provisões foram levadas até a embarcação. Sammy foi eleito timoneiro, e os dois Sales os remadores. E levaram um dos homens, que havia se voluntariado, para uma viagem de teste.

"O barco dos maridos rumo a Margate!", "Um ótimo dia para velejar!" e "Tripulem o barco salva-vidas!" estavam entre os gritos e vaias zombeteiros em meio aos quais o grupo aventureiro zarpou para as águas turbulentas e bastante perigosas do rio Dee. Com aqueles remos carcomidos e a ausência de toletes, o curso do barco era instável, e as palhaçadas absurdas dos remadores e de Sammy, o timoneiro, nos fizeram gargalhar na margem. No meio do rio, os remadores, alegando fadiga, começaram a se alimentar com as provisões que havíamos colocado no barco e almoçaram calmamente, deixando-nos famintos e sedentos.

Depois de uma viagem longa e tempestuosa, descarregaram seu primeiro lote de cargas, então voltaram e levaram um segundo e um terceiro carregamento. Na quarta vez, Wyman e eu fomos incluídos, e depois de topar com um banco de areia e tirar um divertimento absurdo e emocionante da situação, nós finalmente, rindo com alegria, saltamos em terra naquela ilha selvagem e isolada, onde, de acordo com o Livro Fechado, as esmeraldas de Lucrécia Bórgia permaneciam escondidas havia séculos.

O Sr. Batten nos garantiu de que havia pelo menos um ano ou mais desde que a última pessoa pisara ali; porém, no instante em que alcançamos a costa, a primeira coisa que fizemos foi procurar quaisquer vestígios daquelas pessoas que sabíamos que estavam a par, assim como nós, do segredo do velho monge.

Sob a forca

A ilha aplainada em que estávamos era um lugar deveras sombrio que parecia pertencer a outro mundo, coberta por vegetação abundante e urtigas e polvilhada de amarelo pelas ervas-de-são-joão. Paredes em ruínas estavam espalhadas ao redor do Castelo de Threave, uma torre quadrada e sem telhado, que, em sua desolação majestosa, terrível e lúgubre, se assemelhava a um esqueleto armado, em cujos orifícios faciais jaziam as trevas da morte e da decadência.

Aquele era o monumento do orgulho dos Douglas e o artefato de sua opressão durante sua ascensão tormentosa, quando Archibald tinha ido à luta com seu séquito de dois mil vassalos armados, muitos deles homens célebres e bravios, e devastado a fronteira. A enorme fortaleza do século XIV, que outrora havia sido motivo de orgulho dos reis, ainda era uma construção enorme, com paredes com mais de vinte metros de altura, construída com pedras cinzentas da charneca.

Enquanto perambulávamos por ali, com o vento sibilando por entre as frestas estreitas por onde os arqueiros um dia haviam disparado suas flechas, nosso amigo, o Sr. Batten, comentou que no andar mais baixo ficavam as masmorras, o arsenal e a despensa; e acima, os cômodos mais suntuosos, onde o Sir James Douglas hospedava seus amigos ou festejava com seus vassalos, cercados por paredes maciças que agora estavam esfaceladas e decrépitas.

Ao redor do castelo estavam os destroços de uma barbacã robusta, flanqueada em cada lado por uma torre circular, que tinha sido protegida na frente por uma fossa profunda e um valo, e tanto a água quanto as paredes dessa construção já tinham desaparecido havia muito tempo.

Então, enquanto o restante do grupo estava sentado na grama almoçando, rindo com alegria e curtindo ao máximo o ineditismo de estar naquele lugar, o Sr. Batten, parado do lado de fora, apontou para uma grande viga de granito projetando-se da fachada do castelo, bem no alto, perto do telhado. Tratava-se da famosa "viga da forca" ou "pedra de enforcamento", sobre a qual James Douglas costumava se gabar por nunca ficar sem um "penduricalho", fosse na forma de um malfeitor, ou, se não houvesse nenhum sob custódia, até mesmo um vassalo inofensivo!

Durante o período em que os Douglas mantiveram seu poderio em Galloway, os atos cometidos naquela fortaleza sombria e cinzenta foram tais que a tinham cercado de um ar de terrível interesse. Lembro-me de ter lido sobre seus relatos sinistros, e o Sr. Batten refrescou a minha mente quanto a alguns deles naquele momento, já que ele havia estudado o assunto a fundo. Então, enquanto eu estava parado ali com Walter Wyman, afastado do grupo alegre de Crailloch, fitando as paredes altas e cinzentas que outrora haviam abrigado o velho monge, soldado e cronista Godfrey Lovel, lembrei-me de como aquela aura estranha que até hoje envolve o lugar fora bem descrita naquelas linhas melancólicas do desafortunado Inglis de Torsonce:

> *O Castelo de Threave assoma sombrio durante o dia,*
> *Com suas paredes em pedra cinza e fria,*
> *E o riacho taciturno e tristonho*
> *Que, como algum sonho úmido e medonho,*
> *Faz de seu curso uma estagnada via,*
> *Uma poça musgosa e um lamaçal,*
> *Em torno da ameia principal.*

Lúgubre é o granito amontoado,
Com barbacã e baluarte,
Que exibe o franzir crispado
Do qual o meio-dia risonho faz parte.

Lúgubre é a ilha quando,
Com relva abundante e espinhos atrofiados
Que revestem o charco, com sangue escoando,
De folhas e ramos abandonados
Ainda tem algum espírito assombrado.
Os desoladores relatos de eras passadas
Através do prado macilento e orvalhado
Têm suas sombras espectrais projetadas;

Nenhum menestrel emplumado ali a cantar
Em pequeninos arbustos ou ramalhetes elevados;
Nenhuma cotovia emitindo seu doce chilrear
Nos raios de sol amarelados.

E os bois presos soltam um mugido parco
Querendo alcançar a margem do outro lado
Como os prisioneiros da lança e do arco
Nos ataques de Douglas do passado.

Nenhum amante rural vem esconder
O encontro roubado ao entardecer;
E a lontra procura a sua presa,
E o pato selvagem guia sua ninhada avante
E o declínio e a tristeza
Repousam na solidão horripilante.

Connie Fenwicke, ao convidar o Sr. Batten para se juntar ao almoço, disse:

– Ora, Sr. Batten, deixe o escritor meditando e venha comer algo. E você também, capitão Wyman. Allan virá quando estiver com fome. Ele está se banqueteando com as ruínas neste momento.

Wyman disse que iria dentro em breve, mas o Sr. Batten não resistiu à tentação da perdiz e do vinho tinto.

Acompanhado de Walter, caminhei até uma das torres redondas nos flancos, abrindo caminho em meio a alvenarias caídas e, quando estávamos fora do campo de visão do grupo, começamos a procurar atentamente por quaisquer vestígios de visitantes prévios. A vegetação abundante e as ervas daninhas haviam sido esmagadas aqui e ali por passos recentes, mas concluímos que devia ser obra de alguns membros do nosso grupo que haviam perambulado pelo local antes que nós dois tivéssemos desembarcado. Ficamos nos perguntando se o conde de Glenelg ou seus companheiros já haviam estado ali; porém, como não havia qualquer evidência de que o barco do lorde houvesse sido usado nos últimos meses, nos convencemos de que não era o caso.

– Nossa primeira instrução é seguir a sombra da torre de menagem até seu canto leste quando o sol brilhar às três e meia do dia 6 de setembro – comecei a dizer, mas Walter me interrompeu.

– Já ocorreu a você que, desde que esse relato foi escrito, o calendário mudou? O que era considerado o sexto dia de setembro no século XVI não é o 6 de setembro dos dias de hoje.

– Por Deus! – arfei. – Eu não tinha pensado nisso. Mas qual é a diferença exata?

– Calhou de eu estar pesquisando sobre este assunto não muito tempo atrás – disse Walter – e foi por essa razão que isso me voltou à mente agora. Por volta de 1582, o papa Gregório XIII decretou que dez dias deveriam ser omitidos do calendário, e o dia 5 de outubro passou a ser o décimo quinto. Mas isso só se tornou oficial em 1751, quando um projeto de lei foi aprovado para padronizar o início do ano e corrigir o calendário. Mediante essa lei, onze dias foram omitidos após o segundo dia de setembro, de modo que o dia seguinte se tornou o décimo quarto.

– Sendo assim, então o 6 de setembro a que Godfrey Lovel se refere é na verdade o nosso 17 de setembro. Isso nos dá quase duas semanas a mais do que esperávamos – comentei. – Ainda assim, já terá passado das três e meia quando formos embora hoje. Então, de todo modo, conseguiremos ver as cercanias do local, ainda que não sejamos capazes de determinar sua localização exata até o dia e horário indicados.

– Eu me pergunto se realmente vamos conseguir encontrar o baú – declarou Walter com apreensão. – A meu ver, este é exatamente o tipo de lugar onde existiria um tesouro enterrado. Um dia antes de partirmos da cidade, fui ao Museu Britânico e pesquisei a história do lugar. O relato feito no Livro Fechado é corroborado pelos documentos históricos. Maxwell de Terregles era o guardião do Threave na época de Godfrey, nos primeiros dias da Reforma, e parece ter passado por um período bastante turbulento, do mesmo modo que o velho monge descreveu. John Gordon de Lochinvar, Dean Vaus de Soulseat, os Macdowalls de Freuch e de Mindork, que incendiaram o castelo de Brodick e invadiram Arran, e James, conde de Bothwell, de Earlston, como mencionado por Godfrey Lovel, foram todos seus notáveis contemporâneos. Portanto, é bastante provável que o antigo favorito de Lucrécia Bórgia tenha de fato escondido o baú que lhe foi confiado em algum lugar desta ilha, que, àquela época, era inexpugnável.

– Eu concordo plenamente – respondi, espiando os arredores com admiração. – As instruções são complicadas, é claro, e sem dúvida de forma proposital. E hoje parece totalmente inútil tentar segui-las. Não podemos levantar suspeitas quanto a nossas intenções.

– Vamos precisar de ajuda quando de fato começarmos a investigar – comentou meu companheiro.

– Então vamos depositar nossa confiança em Fred. Ele entraria totalmente no espírito da coisa, disso eu tenho certeza.

Voltamos para onde os outros ainda estavam sentados na grama, à sombra do muro alto e cinzento, com a sombria viga de enforcamento acima, e ali fui saudado por um coro de zombarias sobre a minha índole estudiosa.

– Imagino que vá escrever um livro, hein, Allan? – gritou Sammy Waldron, com a boca cheia de sanduíche. – Trate de me colocar na história, camarada. Eu sou bonitão o bastante para ser o herói, não sou?

Bertie Sale abriu uma garrafa de água gaseificada de forma desajeitada e o líquido acabou esguichando no rosto de uma das mulheres. E a Sra. Payling, a quem Walter voltara a sua atenção, estava conversando sobre vestidos com Connie, mas teve permissão para continuar o assunto, pois tanto os homens quanto as mulheres a admiravam por estar sempre tão elegante em todas as ocasiões. Tinham escutado Godfrey Handsworth comentar que era uma pena o fato de ela não ser vinte anos mais jovem; não obstante, ela ainda era muito bonita, com uma silhueta de causar inveja até em mulheres mais jovens.

Fred Fenwicke e Connie se preocuparam em deixar todos confortáveis. Nessas ocasiões, eles nunca levavam empregados para ajudar. Cada um dos convidados devia se servir e ajudar uma das moças, e, como os almoços ao ar livre eram semanais na temporada de caça, esse tipo de entretenimento fora aperfeiçoado ao máximo.

Os homens estavam fumando e descansando, alguns deles deitados na grama, enquanto outros acompanhavam as mulheres ao redor das ruínas, e a parte mais agitada do dia havia sido o sumiço do terrier escocês de Connie, chamado Jack, um cão caolho e de expressão satânica e astuta, e o terror de Campbell, o guarda-caça robusto e bem-humorado de Crailloch.

Sentei-me na grama, fumando, conversando e tomando uísque e água com gás com Fred, Walter, Sammy e o Sr. Batten, enquanto o restante perambulava pela ilha. A tarde estava absolutamente perfeita, com o céu tão azul quanto os vistos na Itália, e do outro lado daquele vasto rio, em direção a Greenlaw, erguiam-se as colinas baixas e longas revestidas de urze.

De onde estávamos parados descansando, o Sr. Batten apontou os picos de Bengairn e Cairntosh e as terras altas de Balmaghie, além de relatar vários fatos arqueológicos que, em vista de nossas explorações iminentes, eram de grande interesse para nós.

– Estão vendo aquele grande buraco irregular na parede, na metade da fachada do castelo? – perguntou o Sr. Batten, apontando o dedo. – O buraco parece quase uma janela, mas é um rombo causado pelo canhão conhecido como Mons Meg, que agora pode ser visto no castelo de Edimburgo. O objeto de artilharia foi confeccionado por um ferreiro e seus filhos em Buchan, e foi usado pelo rei em seus ataques contra Threave. A munição consistia em um punhado de pólvora e uma bola de granito que pesava o mesmo que uma vaca de Carsphairn. O primeiro tiro causou pânico entre aqueles que estavam no interior do castelo, e o segundo tiro atravessou as paredes e estraçalhou a mão da condessa, a notória bela donzela de Galloway, que estava sentada à mesa no salão de banquetes prestes a levar uma taça de vinho aos lábios. A tropa se rendeu rapidamente e ao ferreiro foram concedidas as terras conquistadas de Mollance e Barncrosh.

– Que curioso! – comentei. – Apenas uma lenda, suponho?

– De forma alguma, é um fato histórico. Em 1841, o Sr. Gordon de Greenlaw, ocupante desta ilha, encontrou uma imensa bola de granito e, depois que ela foi examinada, perceberam que se tratava de uma bala de canhão idêntica, em todos os aspectos, àquelas pertencentes ao Mons Meg. Ademais, um anel de ouro maciço com os dizeres "Margaret de Douglas" foi encontrado por um trabalhador contratado para limpar o local depois que o castelo foi reformado para servir de quartel para prisioneiros franceses. Acredita-se que seja o anel que a bela donzela de Galloway estava usando quando teve a mão destroçada durante o cerco.

Essa descoberta fez a esperança brotar dentro de nós. Troquei olhares com Wyman e vi que ele havia considerado isso como uma evidência adicional de que o tesouro poderia estar escondido sob a relva na qual estávamos deitados.

Logo todos nos levantamos para nos juntarmos ao grupo, e mais uma vez Walter e eu conseguimos nos afastar do restante e fomos perambular pela pequena ilha pantanosa.

Eram três e dez da tarde e o sol, ainda brilhando com força, lançava uma sombra longa, reta e bem definida em direção ao rio largo e às terras altas de Greenlaw. A grande torre quadrada era mais elevada no canto leste do que no oeste, portanto, de sua posição ao sol, o ângulo leste projetava uma sombra mais longa, que seguimos juntos através da vala coberta de relva que um dia havia sido a fossa. Então, subindo a ribanceira e contando 43 passos, paramos em um local coberto de urtigas e grama.

– O ponto de partida para as medições deve estar em algum lugar por aqui. Cinquenta e seis passos com o rosto voltado para Bengairn – comentei. – Não sou astrônomo, mas suponho que, na data mencionada, a sombra estará mais para o leste ou para o oeste. De todo modo, vamos marcar este local. – E então, encontrando um pedaço de madeira quebrada, que devia ter sido usada em tempos remotos para cercear o gado que pastava na ilha, finquei-o profundamente no sol bem no ponto mais afastado da grande sombra oblonga que se estendia pela grama.

O major declara algo

Enquanto o resto do grupo explorava a masmorra, passei por cima das ruínas e galguei a escada sinuosa e quebrada até o topo. Caminhei com Wyman pelo terreno abandonado e coberto de ervas daninhas que ficava além da fossa seca, reconstruindo em minha imaginação a fortaleza a partir da posição da barbacã em ruínas.

Naquele mesmo terreno, o monge desertor de Crowland havia perambulado com seu companheiro de infortúnio, o monge Malcolm. Olhamos para trás, para o portal do castelo, tão alto que ficava no mesmo nível do segundo andar. Por ali, que era a única saída do castelo, o velho Godfrey tinha fugido com sua carga preciosa através da ponte levadiça, seguindo pela ilha e atravessando a estreita ponte temporária, que à época estava lá, até chegar às margens. Então, chegara de volta à segurança na Inglaterra, deixando o baú de Lucrécia, com seu conteúdo valioso, escondido em um lugar seguro.

A sombra longa e reta mudou de posição lentamente; e, por volta das quatro horas, quando o grupo, munido de cestas vazias e artefatos de piquenique, voltou para o ponto de embarque, a sombra havia se deslocado por uma distância considerável do local em que eu havia fincado a estaca.

Todos consideraram o piquenique um grande sucesso. Foi uma novidade ir até aquele local histórico, que passava meses sem ser visitado, e com certeza foi uma experiência muito interessante para nós. Tínhamos feito certas observações que nos seriam de grande utilidade posteriormente.

O trajeto de barco para levar o grupo de volta, feito de dois em dois e conduzido por Sammy Waldron e Bertie Sale, foi tão cheio de diversão quanto a chegada. Descobriu-se que o velho barco estava furado, pois agora havia uma certa quantidade de água no fundo dele, e as damas foram obrigadas a segurar as saias no alto e elevar os pés para escapar do curso da água. Na primeira viagem, Bertie, por conta da falta de pá no remo, caíra de costas ao errar a superfície do rio durante a remada, e o restante do trajeto foi feito à maneira indiana, pois a embarcação, estando sem rumo, seguiu sempre em um curso inconstante. Vez após vez, eles cruzaram o rio e voltaram, até restar apenas Fred Fenwicke, Walter e eu. Nós três enfim embarcamos e, com gritos triunfantes, rumamos para a margem oposta. Porém, antes de termos chegado muito longe, topamos com um banco de areia submerso e, apesar de nossos esforços combinados por quase meia hora, sob os aplausos zombeteiros do restante do grupo, não conseguimos sair de lá.

Com um esforço desesperado no qual Sammy quebrou o remo ao meio, enfim conseguimos nos soltar, e seguimos lentamente até a margem oposta, onde fomos saudados com boas-vindas galhofeiras ao retornar daquela viagem perigosa, durante a qual a embarcação estivera muito atrasada.

Juntos, caminhamos em uma fila irregular de volta à nossa carruagem, que tínhamos deixado na casa de fazenda em Kelton Mains, e, a convite do Sr. Batten, voltamos para a próspera cidadezinha de Castle-Douglas e tomamos um chá com ele depois de analisarmos suas pinturas; pois, além de ser um arqueólogo renomado, era um artista amador de grande talento. Cumprindo sua promessa, ele me emprestou uma coleção de livros valiosos que falavam sobre Threave e, então, durante o pôr do sol glorioso, partimos em nossa longa viagem de volta por Glenkens até Crailloch, com o grupo de ciclistas seguindo à frente. Fred Fenwicke, assim como um amigo chamado Gough, pertenciam a esse grupo e, curiosamente, a roda da bicicleta de ambos estourou a uma distância de cem metros um do outro e eles tiveram de ser apanhados por nós.

Dez dias de alegria se passaram. Certa noite, o jantar, como sempre, foi uma festividade alegre, mas as mulheres estavam cansadas e se retiraram cedo, enquanto os homens ficaram relaxando, conversando e jogando bilhar. A sala privativa de Connie ficava ao lado da sala de bilhar e, por volta de uma e meia, eu estava sentado lá, acompanhado de Fred, antes de ir me deitar. Então, encarando-me fixamente, ele disse:

– Veja bem, Allan! Qual é a sua jogada com Threave? Observei você naquela tarde e o vi analisando os arredores e contando os seus passos. Eu estava no topo da muralha do castelo e observei vocês dois quando pensaram que não tinha ninguém olhando.

Fiquei bastante surpreso por um momento, pois não fazia ideia de que tínhamos sido observados, nem de que havíamos levantado suspeitas. Quando um homem está em busca de um tesouro escondido, ele geralmente não escancara isso para o mundo, temendo ser vítima de escárnio. Portanto, naturalmente hesitei em explicar o nosso real motivo por trás daquilo.

Mas ele continuou me pressionando, e decidi chamar Walter, pois ele era um dos meus amigos mais íntimos e mais antigos. Depois de fechar a porta novamente, expliquei em suma as explorações que pretendíamos fazer e como eu tinha ficado sabendo sobre o tesouro escondido.

Fred me ouviu boquiaberto, embasbacado, principalmente quando descrevi o toque mortal oferecido por aquelas páginas proibidas e a tentativa do conde de Glenelg e de seus companheiros para encontrar o tesouro da Abadia de Crowland.

– Você disse conde de Glenelg? – perguntou Fred quando mencionei o nome. – Eu conheço o conde e a filha dele, Lady Judith Gordon. Nós os conhecemos em Wellington, na Nova Zelândia, três anos atrás. Ele tem uma estância de caça em Callart, em Inverness, e, por coincidência, os dois estão vindo para cá no sábado.

– Vindo para cá? – arfei. – A Lady Judith está vindo para cá?

– Está. Bela garota, não é? Eu mesmo teria ido atrás dela, se fosse solteiro. Talvez você devesse fazer isso, meu camarada.

Não respondi, mas fiz meu anfitrião prometer solenemente que guardaria o meu segredo.

– É claro que não direi nada – garantiu-me ele. – Pai e filha são um par muito estranho, não são? Essa história que você acabou de me contar é muito impressionante. Não gosto de saber que aquele filhote de urso está sendo exposto na janela em Bloomsbury. Há algo assombroso nisso.

Concordei, mas todos os meus pensamentos estavam voltados para o motivo de o conde ir até lá. Ao que parecia, ele, assim como eu, já tinha caçado com Fred antes. E, na temporada passada, meu anfitrião e Connie haviam sido convidados para passar uma semana com eles em Callart. Na Escócia, a hospitalidade sempre parece mais aberta, mais genuína e mais espontânea do que na Inglaterra.

– É claro que Glenelg é quase um arqueólogo, assim como você – declarou Fred. – Mas se o que você disse for verdade, parece haver alguma conspiração extraordinária em andamento, cujo intuito é encontrar o determinado tesouro que, por direito, deveria ser seu, já que foi você quem comprou aquele livro notável. Devo admitir que Glenelg e a filha dele sempre foram um mistério para Connie e para mim. Quando estivemos na cidade no Natal passado, Connie jurou ter visto a Lady Judith usando trajes muito maltrapilhos, saindo de uma padaria na Fulham Road. Minha esposa parou para falar com ela, mas a garota fingiu que não a conhecia. Connie a reconheceu por causa daquele pedacinho de ouro que a menina tem em um dos dentes da frente.

– Mas por que ela faria isso? – perguntei.

– Como posso saber? Achávamos que eles estavam no Canadá ou em algum outro lugar naquela época. Eles estão quase sempre viajando, sabe. Voltamos para casa com eles no *Caledonia* na primeira vez em que nos conhecemos.

– Eles são um mistério completo! – declarou Wyman sem rodeios. – Pelo menos a garota.

– O que você sabe sobre ela? – quis saber Fred.

Mas Walter não disse quase nada, apenas comentou:

– Eu ouvi um ou dois boatos estranhos. Isso é tudo.

Eu estava dominado por desejos conflitantes: o desejo de não encontrar o conde naquela casa e o desejo premente de ter uma oportunidade de estabelecer uma amizade mais próxima com aquela mulher doce e de coração triste a quem eu adorava.

Fred Fenwicke estava tão interessado naquelas circunstâncias estranhas quanto nós, e prometeu de pronto que faria tudo ao seu alcance para nos ajudar. Eu sabia que ele era um homem de grande valor, para quem as promessas eram sérias, e as amizades, verdadeiras e duradouras. O mesmo em relação a Walter Wyman, que era o meu melhor amigo. E, à parte eu ter escondido o meu amor por Lady Judith, fui completamente franco com ele, e contei-lhe o pensamento que tinha passado pela minha cabeça: que talvez fosse melhor eu partir de Crailloch antes da chegada do conde.

– Por quê? – perguntou o major imediatamente. – Ele sabe que vocês estão empreendendo essa busca?

– Creio que sim – respondeu Wyman. – Ele certamente sabe que o Livro Fechado está em posse de Allan e que ele o decifrou.

Fred ficou pensativo por um instante e então disse:

– Mas pode ser que ele esteja vindo para cá com o mesmo objetivo que vocês: ver Threave e investigar algumas coisas. Se for o caso, eu iria para Castle-Douglas e me hospedaria no Douglas Arms, um hotel muito confortável. Vocês vão ficar bem perto do local.

– Sim – concordei. – É isso que vamos fazer. E, nesse ínterim, você vai vigiar os passos do conde por nós, não vai?

– Claro! – respondeu Fred aos risos, entrando totalmente no espírito da coisa, pois a emoção de uma caça ao tesouro agradava o seu caráter enérgico.

Nossos planos, no entanto, foram rapidamente frustrados, pois, na manhã seguinte, durante o desjejum, Fred nos contou que o conde de Glenelg havia escrito de Edimburgo para dizer que assuntos familiares urgentes o impeliam a ir a Paris e que, consequentemente, nem ele nem a filha poderiam ir a Crailloch naquele momento.

O próprio conteúdo da carta, que Fred leu para aqueles que estavam sentados perto dele à mesa, soou suspeito para nós. Ficamos desconfiados de que o conde havia descoberto que éramos convidados de Fred Fenwicke e por isso ficara com medo de aparecer ali. Mais tarde, levei essa suspeita ao próprio Fred e ele concordou inteiramente comigo.

– Eles são misteriosos, muito misteriosos, meu camarada – disse ele. – Eu não tenho uma boa impressão daquelas pessoas de quem você me contou, o corcunda e o outro sujeito, que estão por trás deles. Porém, por outro lado, o conde de Glenelg é um homem distinto, e ganhou uma excelente reputação quando esteve no Parlamento, dez anos atrás. Ele era subsecretário, se não estou enganado.

– Mas qual você acha que é a jogada deles?

– A jogada deles em Crowland era encontrar o tesouro da abadia escondido – respondeu ele. – E é bem provável que eles possam tentar fazer o mesmo em Threave.

– Isso é exatamente o que temíamos – declarou Walter. – Acredito que eles estão em posse de mais alguma informação, sobre a qual nada sabemos. Também há uma conspiração contra Allan em curso, cuja natureza não fazemos ideia.

– Mas por quê? – perguntei, relembrando todos os acontecimentos curiosos do passado, e lembrando-me da minha conversa com aquela mulher estranha de preto que havia roubado o Arnoldus de forma tão engenhosa.

Wyman encolheu os ombros e disse:

– Nada de bom pode surgir ao se questionar as motivações de homens ou mulheres. Nem mesmo o mais inteligente dos homens pode defini-las com precisão.

– Bem – comentou Fred Fenwicke –, a motivação, nesse caso, certamente é encontrar o tesouro.

– Mas o tesouro, se é que ele existe, pertence a mim! – exclamei. – Eu comprei o livro e decifrei o segredo. Sendo assim, certamente posso fazer uma busca que vise o meu próprio lucro, não?

– No que diz respeito a Threave, você pode fazer buscas, mas sem a parte do lucro, temo eu – foi a resposta calma de Fred.

– Eu não entendi – declarei. – O livro foi oferecido a mim por um preço justo, e eu o comprei. Independentemente do que eu tiver encontrado lá dentro, certamente posso usar em meu próprio benefício, não posso?

– Não se esqueça da Lei do Achado do Tesouro – observou meu anfitrião.

– É claro.

– Nesse caso, tudo o que você encontrar deve ir para a Coroa ou para o dono das propriedades.

– Você está se referindo ao coronel Maitland?

– Não, estou me referindo ao conde de Glenelg – respondeu meu amigo.

– Por que o conde de Glenelg?! – questionei de imediato.

– Porque, de acordo com o *Glasgow Herald* desta manhã, ele comprou a ilha e o castelo do coronel Maitland. Então, qualquer coisa que seja encontrada naquela propriedade certamente pertence a ele.

O sol brilhará?

Fred apanhou em sua escrivaninha um exemplar do *Glasgow Herald* daquela manhã e ali, é claro, havia um parágrafo declarando que o conde de Glenelg havia comprado o histórico Castelo de Threave, assim como as ilhas, do coronel Maitland. Os Gordons estavam ligados à propriedade desde o século XVII, conforme afirmado, e por isso o conde efetuara a compra.

– Por coincidência – comentou Fred Fenwicke –, os advogados de Maitland são os mesmos que os meus: Burton, Brooks e Associados, na Union Street, em Glasgow. Posso falar com eles e descobrir a verdadeira situação.

– Telegrafe para eles pela manhã e pergunte se a propriedade foi mesmo vendida. Muitas vezes os jornais recebem esse tipo de notícia antes da hora – comentei, agarrando-me ao último fiapo de esperança, pois nossos inimigos de fato tinham nos frustrado com essa compra, que, se realmente fosse concretizada, atrapalharia todos os nossos planos. Se o conde de Glenelg já tivesse pagado pela propriedade, então as esmeraldas dos Bórgias nunca seriam nossas.

Fred ofereceu telegrafar e, ao meio-dia daquele dia, Wyman e eu estávamos no trem seguindo em direção a Euston.

Por alguns dias ainda seria impossível seguir as instruções do velho monge para encontrar o local do tesouro em Threave; portanto, com a perspectiva de o tesouro de Crowland ser revelado, no dia seguinte fomos até o Museu Britânico e nos reunimos com o professor.

– Eu não fazia ideia de que este documento interessantíssimo existia – confessou ele enquanto se sentava à sua mesa.

Então, ele desdobrou à nossa frente um pergaminho escuro e antigo, sobre o qual estava uma grande planta, desenhada de forma bastante grosseira, de estilo muito semelhante àquelas presentes no Livro Fechado.

– Como vocês podem ver aqui – continuou ele, apontando para uma inscrição em uma pequena letra gótica embaixo –, foi desenhada por Richard Fosdyke, o famoso arquiteto, por ordem de John Welles, o último abade. Pela diferença presente no lado norte do desenho, aparentemente pretendia-se fazer algumas adições aos edifícios monásticos; mas, tendo-o comparado com a planta das ruínas atuais, fica provado que a abadia foi dissolvida antes que o trabalho fosse concluído.

– O que queremos encontrar é a localização exata dos lagos de peixes – declarei. – Qual é a sua opinião?

– Só pode haver uma. Eles estão bem aqui – disse e apontou para dois quadrados desenhados a alguma distância no nordeste da abadia, e em uma direção exatamente oposta ao relato escrito pelo velho Godfrey. – Esse conjunto de edifícios circundava o pátio do mosteiro – continuou o especialista. – E aqui estão a sala capitular, o refeitório e o mausoléu, sendo que todos já desapareceram agora.

Em seguida, ele pegou uma planta das ruínas atuais e nós comparamos as duas minuciosamente, ficando surpresos com as amplas ramificações da abadia original e a extensão das construções externas.

Perguntei se eu poderia fazer uma cópia dela e o nosso amigo professor tirou de uma gaveta uma grande folha de papel de decalque sobre a qual ele já tinha feito uma cópia. Entregou-me a planta, expressando seu prazer por nos ter sido útil em nossas investigações.

– Eu mesmo estou profundamente interessado no trabalho que você fez – declarou ele. – Se você de fato está em posse do Arnoldus de Godfrey Lovel, então poderá, afinal, encontrar os tesouros da abadia e as esmeraldas dos Bórgias.

– Isso é exatamente o que estamos tentando fazer, mas infelizmente não somos os únicos.

– Quer dizer que o corcunda italiano descobriu alguma coisa?

– Por quê? Ele esteve aqui desde a minha última visita?

– Ontem ele passou o dia todo aqui. Ele está em posse de uma ou duas plantas curiosas.

Meu companheiro sugeriu que deveríamos partir naquela mesma noite para Crowland a fim de mostrar a planta ao nosso bom amigo, o Sr. Mason, e então dar início às buscas de uma forma clara e direta. Adotamos esse curso de ação e nos preparamos para partir para Peterborough no trem de Leeds.

Às cinco horas, porém, o capitão voltou para me dizer que tinha recebido um chamado urgente de Paris e que precisaria se ausentar por vários dias. Como não poderíamos fazer nada até o dia dezessete, a ausência dele não interferiria em nossos planos, embora minha paciência tenha sido duramente testada durante essa longa espera. Empreguei esse tempo fazendo pesquisas no Museu Britânico em busca de relatos mais detalhados de Threave, mas não obtive sucesso. Menos de duas semanas depois, Wyman voltou e estávamos fazendo planos para uma viagem tranquila de volta à Escócia quando recebi um telegrama de Fred Fenwicke, que acelerou os nossos planos. Nele, estava escrito:

Voltem esta noite sem falta. Dirijam-se para Castle-Douglas e fiquem no Douglas Arms. Encontro vocês lá amanhã de manhã.

Às dez horas da manhã seguinte, estávamos de volta à Escócia, tomando o desjejum em um quarto aconchegante naquele hotel antiquado, o Douglas Arms, em Castle-Douglas, e aguardando ansiosamente a chegada de Fred Fenwicke.

Tínhamos passado uma noite confortável, embora bastante abafada, no vagão-leito de Euston. E, como nós dois éramos habituados a viajar com frequência, não tínhamos ficado cansados com o longo trajeto de trem. A urgência da mensagem de Fred nos deixara severamente apreensivos e, enquanto estávamos sentados ali, juntos, nossos olhares estavam fixos na janela à espera de sua chegada.

Do lado de fora, a rua comprida e larga, que era a principal via pública da cidade, já estava iluminada pelo sol de agosto, a estrada quase tão branca quanto aquelas estradas reluzentes da Itália, e o céu quase tão azul quanto o da minha outrora amada Toscana.

Tínhamos reservado aquele cômodo para nós, pois parecia haver um grupo de turistas londrinos hospedados no hotel; foi assim que os julgamos com base nos belos tweeds dos homens e os trajes turísticos das mulheres. Uma risada alta ecoou pelos corredores daquele estabelecimento silencioso e extremamente respeitável, e diante da porta estava uma carruagem na qual o grupo vagarosamente se preparava para um passeio pelo belo Glenkens.

Assim que a carruagem finalmente se afastou e a antiga estalagem voltou ao seu silêncio habitual, Fred Fenwicke abriu a porta e a fechou rapidamente atrás de si.

– Estou feliz por vocês terem vindo – disse ele de um jeito rápido e entusiasmado. – Há alguma coisa estranha acontecendo aqui. Ontem eu estava andando de bicicleta por essas bandas e, ao passar pela estrada ao longo do Carlingwark Loch, a mesma estrada que vocês percorreram um dia desses, ultrapassei a Lady Judith. Ela estava caminhando devagar enquanto conversava com um velho corcunda.

– Um corcunda? – gritei. – Então deve ser Graniani!

– Ele era italiano, isso é tudo que sei. Não esperei para cumprimentá-la porque o fato me pareceu muito curioso, e julguei que seria melhor que ela não soubesse que eu a tinha visto. Então, corri para cá e, após fazer algumas perguntas, descobri que a dama, que dera o nome de Srta. Fletcher, havia chegado no dia anterior, e que o velho italiano, que havia assinado seu nome no livro de visitantes em um garrancho tão horrendo que não dava para ler, tinha chegado naquela manhã.

– E os dois estão aqui! Por que será? – perguntei, estupefato.

– Bem, imagino que a visita deles tenha alguma ligação com a busca que pretendem fazer em Threave – respondeu Fred. – De todo modo, achei melhor que vocês estivessem no local e pudessem observar o que está acontecendo.

– Mas e a venda da ilha?

– Brooks me telegrafou ontem dizendo que o contrato foi assinado, mas o valor ainda não foi pago. A venda será concluída no dia 16 de setembro.

– Ah, o conde de Glenelg evidentemente também pensou na mudança de calendários. Bem, teremos que arriscar um confronto com ele. Hoje é dia quinze. Depois de amanhã, às três e meia, precisamos estar em Threave e fazer nossas buscas sob o sol.

– Mas e se chover no dia? – sugeriu Fred, sempre prático.

– Ah, e se chover? – ecoei. – Nesse caso, todas as nossas chances terão ido embora pelo ralo.

Meia hora depois, enquanto o major e o capitão caminhavam para ir conversar com o Sr. Batten no escritório do British Linen Company, do qual ele era gerente, pedi licença e fiquei para trás.

Mal tinham saído, Graniani passou pela janela com Selby, ambos bem-vestidos e com uma aparência elegante. Estavam conversando em italiano a fim de que, imagino, não fossem compreendidos por aqueles que os ouvissem. Porém, pelos gestos do corcunda, eu sabia que ele estava agitado por conta de algum acontecimento desagradável.

Judith certamente estava sozinha; portanto, chamei um funcionário e pedi para que entregasse o meu cartão de visitas para a "Srta. Fletcher".

Cinco minutos depois, ela adentrou o cômodo com relativa timidez, como se temesse ser descoberta. Sua mão tremia, seu rosto estava pálido e percebi que ela estava com os nervos à flor da pele.

– Eu não fazia ideia de que você estava aqui, Sr. Kennedy – balbuciou ela. – O que o traz a este lugar?

– Estou aqui para ficar perto de você, Lady Judith – respondi, segurando sua mãozinha branca. – Você ainda está angustiada. Como posso ajudá-la?

– Como você pode me ajudar? – repetiu ela. – Indo embora imediatamente. Se você continuar aqui, colocará sua vida em risco. Ah! Você não sabe o risco terrível que está correndo.

– Mas por que você está aqui? – questionei. – Eu pensei que você estivesse em Edimburgo.

– Eu não estou aqui por vontade própria – respondeu ela lentamente. – Fui forçada a vir para cá.

– Forçada! Por quem?

– Por seus inimigos, Allan. Ah! Ouça o que eu digo. Por favor, ouça o que eu digo e saia daqui imediatamente.

– Por que não posso permanecer aqui para proteger você? – objetei.

– Porque eu não preciso que me protejam. Não há como me proteger. – E ela estremeceu diante de mim.

– Onde está o seu pai?

– Não sei – respondeu-me ela. – Algumas coisas estranhas aconteceram desde que nos encontramos pela última vez.

– Mas você ainda confia em mim, minha querida? – perguntei apaixonadamente, curvando-me até que meus lábios encontrassem os dela com leveza. Sua boca estava fria e suas feições pareciam feitas de mármore.

– Confio – murmurou ela. – Ainda confio em você, Allan. Eu só temo pela sua segurança, não pela minha. Lembre-se de que estamos lidando com pessoas desesperadas que não vão permitir que nada se interponha entre elas e seus próprios objetivos sinistros.

A lembrança daquele sinal estranho em Bloomsbury surgiu em minha mente, e eu me pus a refletir.

– Se você também me ama, minha querida, isso é tudo o que eu poderia querer – declarei baixinho, com a mais profunda sinceridade. – Você corre perigo, pelo que me contou, e eu vou proteger você. Sei que você só não me diz nada porque é obrigada a permanecer em silêncio.

– Ah, Allan! Não me atrevo a lhe dizer. Se eu lhe contasse, você, até mesmo você, me odiaria. Você odiaria até a memória de mim nos anos vindouros. A vida é curta para mim agora; porém, mesmo cercada por mil perigos e armadilhas, estou feliz porque sei que morrerei sendo amada por um homem íntegro e honesto.

– Morrer? – repeti. – Por que você sempre fala que a morte é iminente? Isso não passa de um mau presságio mórbido. Você deveria parar com isso, pois certamente não faz bem a você.

– Oh! – ela suspirou amargamente. – Você não sabe de nada, Allan, ou então não pensaria isso.

Então, no momento seguinte, ela se virou para mim e implorou para que eu fosse embora de Castle-Douglas e voltasse para Londres.

Isso eu me recusei a fazer, embora não tenha dito nada sobre a presença de Graniani ou Selby, pois mesmo naquele momento ainda não tinha plena certeza se ela estava me enganando ou não. Se Judith era realmente minha amiga, se ela realmente me amava como eu esperava que amasse, por que ela não podia ser um pouco mais franca e direta? Era esse fato que me lançava em meio a um turbilhão de suspeitas. Minha paixão por ela aumentou, mas minha situação parecia, de certa forma, muito insegura.

Que ela estava cercada por um mistério profundo e impenetrável não havia dúvidas; porém, ela parecia determinada a aumentá-lo em vez de me dar alguma pista, por menor que fosse, para que eu descobrisse do que se tratava.

Sugeri que déssemos uma volta pela cidade para conversar, mas ela logo recusou. Era evidente que ela tinha medo de que aqueles dois homens a avistassem em minha companhia, embora tenha alegado para mim que era por conta de uma dor de cabeça. A história toda era tão estranha e incomum que fiquei ainda mais perplexo.

Por fim, no entanto, a convenci a dar uma volta, permitindo que ela escolhesse o caminho. Ela evidentemente sabia por qual direção o corcunda e seu companheiro haviam seguido, pois optou por tomar a estrada que cruzava a cidade e contornava a ponta do lindo lago em direção a Whitepark. Nesse ponto, encontramos uma trilha tranquila e vazia, por onde caminhamos vagarosamente sob a sombra das árvores.

Desde que tínhamos nos visto pela última vez, ela e o pai haviam viajado para Aberdeen, Glasgow e Edimburgo, e ela se separara dele dois dias antes, no County Hotel, em Carlisle. O pai dissera a ela que estava partindo para Londres naquela noite, e a instruíra a ir para Castle-Douglas e aguardar uma carta dele. Ela ainda estava esperando por isso, e era por essa razão que estava ali.

À parte seu comentário sobre ter inimigos desesperados, ela não fez nenhuma menção aos dois homens que também estavam ali.

Vagamos por horas a fio, sem nos importar para onde nossos passos nos levavam, pois ela parecia estar apreciando muito aquela região fresca e radiante repleta de colinas, riachos e lagos. Naqueles doces momentos de felicidade pacífica ao lado de minha amada, me esqueci de todas as minhas suspeitas, de todo o mistério, de todos os esforços desesperados que eu estava fazendo para combater aqueles que pretendiam roubar um segredo que me pertencia.

Foram muitas as nossas trocas de afeto enquanto passeávamos por aquele vale frondoso, e, logo abaixo, havia um córrego ondulante que desaguava em pequenas cascatas com uma melodia doce e refrescante. Percebi que Judith queria me contar tudo, mas era obrigada a permanecer em silêncio. Eu sabia apenas que ela me amava, que confiava em mim, ainda que temesse por minha segurança.

Por fim, ela expressou seu desejo de retornar e, com passos demorados, seguimos em direção às torres pontiagudas da cidade que se estendia ao lado do lago abaixo de nós. Doces foram as palavras dela; doce era de fato a sua personalidade, e doce a sua afeição quase infantil.

Nós nos separamos na entrada da cidade, a fim de que não fôssemos vistos juntos; e, embora eu tenha soltado uma lamúria sob o peso daquela ansiedade e incerteza, estava nas nuvens enquanto seguia meu caminho em direção ao Douglas Arms.

Wyman e Fred não tinham voltado, portanto, também fui ao encontro do Sr. Batten, e lá os encontrei entretidos em um almoço, e ocupei um lugar vago à mesa. Nosso anfitrião, receio, estava um pouco intrigado com o motivo de nossa repentina decisão de passar alguns dias na cidade dele, mas não lhe contamos nada, temendo despertar a atenção dos locais quanto à nossa busca.

Às três horas, voltamos para o Douglas Arms, mas imagine a nossa consternação quando os engraxates nos informaram que a "Srta. Fletcher" havia deixado o hotel às pressas, acompanhada de "um corcunda e de um outro cavalheiro", e partira no trem das duas e meia, o expresso para Carlisle e o sul.

– Ora, ora, isso foi estranho – comentou Walter quando ficou sabendo. – Suponho que a Lady Judith tenha descoberto que estávamos aqui e foi embora em vez de correr o risco de nos encontrar.

– De fato – concordou Fred pensativamente. – Muito curioso. Eu me pergunto qual será a jogada deles, afinal? Vocês frustraram as buscas deles em Crowland, sem dúvida, mas temo que estejam agindo com engenhosidade demais para nós em Threave. Fui até Grierson, o ferrageiro, e lá descobri que o corcunda e o outro homem deram ordens para que novas picaretas e pás fossem enviadas para Kelton Mains, aquela casa de fazenda pela qual passamos para chegar a Threave. As ferramentas foram enviadas para lá hoje.

– Bem – comentei aos risos –, elas podem ser úteis para nós depois de amanhã, se ninguém as pegar antes. Tenho certeza de que esses homens nunca imaginaram que os seguiríamos tão de perto.

– Mas o sol brilhará? – perguntou Walter Wyman, lançando um olhar melancólico para a rua vazia. – Essa é a questão.

O touro vermelho dos Bórgias

O dia 17 de setembro, o dia em que o sol guiaria a nossa descoberta da caixa enterrada, amanheceu cinzento e nublado.

No instante em que acordei, corri até a minha janela e fitei uma paisagem sem sol. Nuvens escuras de chuva se espalhavam por toda parte, e meu coração afundou no peito diante da perspectiva de um dia chuvoso e lúgubre. Havíamos passado o dia anterior fazendo investigações minuciosas na vizinhança a respeito dos nossos inimigos, pois pensávamos que eles talvez tentassem nos pegar de surpresa. A única informação que conseguimos reunir foi que Grierson, o ferrageiro, enviara para Kelton Mains as ferramentas que haviam sido pagas por uma ordem de pagamento emitida em Dumfries; mas o fazendeiro de Kelton nada sabia sobre elas, ao que parecia, mas as recebera e estava aguardando que alguém enviado pelo lorde aparecesse para pegá-las. Tínhamos escrito um bilhete para Sammy Waldron, em Crailloch, durante a noite, e esperávamos que ele viesse até nos pela manhã. Ele ficaria, é claro, agitado com o que estava acontecendo, pois não sabia de nada, exceto que Fred, seu anfitrião, estava fora em alguma missão secreta.

Quando desci, estava chovendo e o cinza da manhã certamente se refletia no semblante de nós três.

– "Se chovendo antes da sete está, até as onze o sol aparecerá" – comentou Walter, tentando nos animar. Porém, fizemos nosso desjejum quase em silêncio, até que Sammy, suado e coberto de lama, apareceu de súbito.

– Mas que raios significa tudo isso? – gritou ele, surpreso ao se deparar comigo e com Walter. – Pensei que vocês dois tivessem voltado para a cidade. Todo o grupo está apreensivo quanto ao paradeiro de Fred. Recebi seu recado às sete e meia e fui embora sem tomar café da manhã e não disse nada a ninguém, com exceção de Connie.

– Escute-me, Sammy! – exclamou Fred. – Vamos fazer uma escavação secreta hoje à tarde para procurar por um tesouro escondido.

– Um tesouro escondido! – repetiu ele e se pôs a rir. – Parece bom, de todo modo. Estou sempre disposto a receber um pouquinho de tesouro, independentemente de onde venha.

– Bem, nós queremos a sua ajuda para cavar. Acreditamos que esteja enterrado em Threave.

– O quê? A velha ruína que visitamos esses dias? – perguntou Sammy. – É melhor comprar um novo par de remos, meu camarada, se você não quiser nos transformar em um bando de náufragos.

Era uma ótima sugestão; e, embora o tempo não estivesse a nosso favor, Sammy saiu para comprar um conjunto de remos maciços de segunda mão e os guardou no fundo de uma pequena charrete que havíamos alugado no hotel para nos levar a Kelton dali a algumas horas.

Sammy estava tão agitado quanto nós e entrou totalmente no espírito da coisa. Assim como Fred, ele nunca fazia as coisas pela metade. Era um homem com músculos de aço e tinha a coragem de um leão, como fora provado pelos muitos apertos que havia enfrentado nos últimos quinze anos durante as guerras nas fronteiras da Índia. A única pessoa que se equiparava a Sammy Waldron no tiro ao alvo era seu anfitrião, Fred Fenwicke; no entanto, apesar de Fred exibir um desempenho melhor em relação a perdizes, Sammy era um excelente caçador de animais de grande porte, e costumava enviar ursos e tigres de presente aos amigos, em vez de faisões e perdizes.

As horas da manhã foram passando e um longo conselho de guerra foi realizado, mas a chuva não deu trégua.

De fato, foi só quando nos sentamos para almoçar, ao meio-dia, que o tempo melhorou e, com isso, nossos ânimos voltaram a ficar elevados. À uma e meia da tarde, as nuvens se dissiparam e o sol apareceu de forma intervalada. Então, nós quatro, ansiosos para fazer buscas e sem saber que dificuldades se estendiam à nossa frente, subimos na charrete e seguimos pela estrada sinuosa até Kelton Mains.

Na descida, fomos recebidos por uma surpresa, pois quando pedimos as ferramentas enviadas por Grierson, o fazendeiro nos disse que três cavalheiros, sendo um deles corcunda, haviam passado ali no dia anterior, pegado as picaretas e as pás e seguido em direção à ilha, onde tinham ficado cavando até o anoitecer.

Até onde sabíamos, os três investigadores poderiam muito bem estar na ilha àquela altura.

Isso foi certamente desconcertante e, apreensivos, nós caminhamos pelos campos até chegar nas margens do rio. Ali, todavia, encontramos o velho barco atracado em seu lugar de costume, o que indicava que o grupo havia retornado à costa.

E assim embarcamos, ansiosos para explorar e seguir as orientações fornecidas, mesmo que naquele dia talvez não pudéssemos fazer a busca.

Sammy pegou um remo e eu o outro, e logo a quilha topou com o banco de areia na costa da ilha, e o antigo castelo cinzento e sombrio, com sua "viga de enforcamento", assomou sobre nós. Em um instante, nós quatros estávamos em terra firme, então atracamos o barco e partimos na direção da grande ruína. Felizmente, o sol agora brilhava com força e lá estava a sombra longa e reta estendendo-se sobre a grama molhada em nossa direção. Consultei meu relógio e descobri que eram três e quinze. Dali a quinze minutos, poderíamos seguir as instruções com precisão.

De repente, para nossa consternação, quando nos aproximamos do ponto em que a sombra terminava, vimos que um grande buraco havia sido cavado nas imediações. Todos avançamos às pressas ao mesmo tempo, e em um instante a verdade se revelou para nós: as buscas já haviam sido feitas!

O buraco era fundo, revelando um lance de degraus de pedra em espiral que levava a uma câmara subterrânea, talvez a masmorra, de alguma construção obliterada muito tempo antes. Seja como for, nos mostrou que os escavadores haviam encontrado alguma construção subterrânea, cuja natureza desconhecíamos. As ferramentas haviam sido deixadas ali, estiradas no solo, como se o trio tivesse partido às pressas.

– Isso é assombroso! – exclamou Wyman para mim. – Leia as instruções do velho Godfrey em voz alta para nós.

Tirei do meu bolso o bloco no qual havia anotado aquelas palavras e li para os meus companheiros o que segue:

INSTRUÇÕES PARA ENCONTRAR A CAIXA.

Vá para o castelo às três e meia da tarde, quando o sol brilhar no dia 6 de setembro, e siga a sombra da extremidade leste da torre de menagem, a 43 passos da borda interna do fosso.

Diante disso, Sammy contou os passos e descobriu que eram, conforme especificado, quarenta e três.

Conferi meu relógio novamente. Eram exatamente três e meia.

– "Então, com o rosto voltado diretamente para Bengairn, dê cinquenta e seis passos" – disse eu, lendo o relato.

Sammy seguiu as instruções e estava se afastando quando ouvi passos na grama atrás de mim e, virando-me de súbito, me vi cara a cara com aquele sujeito Selby, que, até aquele momento, estivera escondido nas ruínas, evidentemente a nos observar.

– Que direito você tem de estar aqui? – exigiu saber ele.

– O mesmo direito que você! – foi a minha resposta. – Que direito você tem de nos desafiar?

Pelo rosto sombrio e imberbe do homem, pude ver que ele não tinha boas intenções.

– O proprietário destas terras me encarregou de cuidar delas – declarou o homem. – Você não tem o direito de atracar aqui sem a permissão dele, portanto, ordeno que volte para a costa.

– Ora, ora! – exclamou Sammy em tom de desafio. – Essas são palavras bonitas, isso é certo. Acho melhor você ficar quieto, ou teremos que ser um pouco rudes com você.

– O que você quer dizer com isso? – gritou o grandalhão em um tom agressivo.

– Quero dizer que não vamos deixar que nos interrompa – retorquiu Sammy com frieza. – Se os seus amigos foram embora e o deixaram sozinho nesta ilha como um Robinson Crusoé, isso não é problema nosso. O lorde deste lugar ainda é o coronel Maitland, e você não tem nenhuma autoridade aqui.

– Eu os proíbo de empreender qualquer busca! – berrou Selby, os punhos cerrados como se fosse nos atacar. – E quanto àquele homem ali – gritou ele, apontando para mim – é melhor que ele vá embora antes que meus amigos voltem.

– Já basta! – berrou Sammy. – Não queremos ameaças. – E, antes que Selby se desse conta, Sammy o agarrou pelos pulsos e nos instou a atá-lo com a corda que eu havia trazido do barco.

O homem praguejou e se debateu violentamente, porém, dentro de um instante, nós quatro conseguimos amarrá-lo e o deixamos indefeso, para seu grande desgosto. Ele começou a berrar, então tirei meu lenço do bolso e o amordacei firmemente. Então, quando o homem se recusou a andar, nós quatro o carregamos para o castelo sem telhado e lá o prendemos a um grande aro de ferro que encontramos em uma das paredes, e assim o transformamos em nosso prisioneiro.

Não tínhamos escolha. O sujeito tinha más intenções, pois encontramos em seu bolso um revólver carregado. Depois de tirar a arma dele, nós o deixamos lá, preso em um local onde ele não pudesse observar o que fazíamos.

Sem demora, voltamos ao lugar que havíamos delimitado, e o atlético Sammy, rindo da derrota absoluta de Selby, voltou seu rosto para a montanha distante de Bengairn e deu 56 passos, enquanto nós três caminhávamos ao lado dele para conferir as medições.

– "Procure ali" – continuei lendo minhas anotações – "pois o tesouro de minha senhora Lucrécia está escondido em um lugar desconhecido por todos". – Então, omitindo vários trechos, cheguei a estas palavras: – "Item: Como encontrar o local em Threave. Primeiro, encontre uma parede de pedras em ruína, uma em que se vê cortado um círculo do tamanho de uma mão. Em seguida, avançando cinco passos em direção à barbacã, encontre…" – E ali o relato era interrompido.

– Vejam! – gritou Fred, apontando para um pequeno destroço de parede em ruínas, com cerca de trinta centímetros de altura, despontando em meio ao emaranhado de relva e urtigas. – Essas com certeza são as pedras, e ainda assim nunca as teríamos notado se não tivéssemos recebido instruções.

Nós quatro nos aproximamos às pressas do local que ele havia indicado e, ao arrancar as ervas daninhas, ali estava, sem sombra de dúvida, uma das grandes pedras de charneca coberta de musgo, e vimos que havia um círculo cortado sobre ela do tamanho da palma de uma mão.

– Cinco passos em direção à barbacã! – gritou Walter. – Um, dois, três, quatro, cinco! Aqui está você! – E ele pisoteou a grama com força. – Ora, ora! – exclamou. – É oco!

Todos nós pisoteamos o solo e vimos que de fato havia uma cavidade logo abaixo.

Acompanhado de Fred, corri até o buraco cavado por nossos inimigos e, apanhando as ferramentas que tinham deixado ali, levei-as de volta. Embora o relato no Livro Fechado tivesse parado naquele ponto, era evidente que havia alguma abertura abaixo de onde estávamos.

Como a escavação feita por nossos inimigos estava a trezentos metros, em direção oposta, concluímos que eles só haviam decifrado a primeira parte das instruções, e não aquela sentença final ou inacabada do relato, no qual faltava uma página.

Sem mais delongas, entretanto, pegamos as picaretas e as pás e começamos a cavar o local onde o solo parecia ser oco. A cerca de oitenta centímetros de profundidade, passando por pedras e entulho, chegamos a uma grande placa plana, como uma pedra de pavimento.

Seria possível que as esmeraldas históricas de Lucrécia Bórgia pudessem realmente estar escondidas ali embaixo? Não havia limites para a nossa agitação, principalmente porque Selby havia se libertado de sua mordaça e conseguíamos ouvi-lo gritar e praguejar ao longe. Não tínhamos, no entanto, medo de que seus gritos chamassem atenção, pois o local era muito afastado e seus gritos não chegariam à margem oposta do rio, visto que ele era muito extenso.

Repletos de entusiasmo, todos nós trabalhamos, cavando a terra ao redor da pedra até que por fim consegui enfiar a ponta da picareta por baixo dela e, usando-a como alavanca, levantei a enorme pedra o suficiente para podermos colocar um pé-de-cabra. Então, com nossos esforços conjuntos, conseguimos içá-la, revelando um buraco profundo, escuro e cavernoso que exalava o odor úmido e terroso de uma cova.

– Quem descerá comigo? – quis saber Fred.

– Eu irei daqui a pouco – respondeu Sammy –, quando o lugar estiver um pouco mais arejado. Imagino que o ar de lá esteja turvo. Talvez seja um poço.

Felizmente, estávamos munidos de dois lampiões, e um deles eu acendi e amarrei a um fio, então o baixei para iluminar o buraco. Continuou aceso e nos mostrou, em primeiro lugar, que o ar não estava turvo; e, em segundo lugar, que não se tratava de um poço, e sim de uma pequena câmara de pedra, cujo chão estava coberto com destroços, e cujas paredes estavam pretas de umidade e lodo. Não era um lugar muito convidativo para a nossa descida.

Fred foi o primeiro a descer e, apanhando o lampião, sumiu de vista.

– Devo dizer – gritou ele um minuto depois – que não é uma câmara. É uma espécie de túnel baixo. É uma passagem subterrânea!

A notícia nos deixou ainda mais agitados e, enquanto Sammy e eu descíamos para nos juntar a Fred, determinamos que Walter, armado com o revólver de Selby, deveria ficar na superfície para que pudesse nos proteger de qualquer artimanha por parte do homem que havíamos tomado como prisioneiro, pois sabíamos que seria muito fácil nos prender como ratos enquanto estivéssemos lá embaixo.

– Espere aqui até voltarmos, Walter! – instruí e, em seguida, munido de meu lampião, fui atrás de meus dois companheiros pelo buraco estreito que descia de forma íngreme na direção sul. Fred seguia na frente, mas tão escuro era o caminho e tão parcialmente bloqueado por pedras caídas que nosso avanço foi demasiado lento. Lembramos que, em locais secretos como aquele, frequentemente havia armadilhas para os incautos, então, prosseguimos com cuidado.

Havíamos trilhado aquele caminho por, até onde podíamos definir, quase quatrocentos metros, Sammy e Fred fazendo piadas durante todo o tempo. Então, a passagem deu uma guinada repentina e começou a se estender para cima. Essa mudança de direção me pareceu curiosa, pois, até aquele ponto, havíamos caminhado sempre em linha reta. Porém, quando me virei para seguir meus amigos, um pequeno relance de cor na parede chamou a minha atenção. Então, parei e levantei meu lampião para analisá-la.

Era um desenho grosseiro de um touro, esboçado toscamente em uma tinta que outrora havia sido escarlate, mas agora estava quase marrom, graças à ação do tempo e da umidade.

– Vejam! – gritei, quase fora de mim de tanta empolgação. – Vejam! O touro vermelho dos Bórgias! A caixa está escondida aqui!

O que nós encontramos em Threave

O touro dos Bórgias, na posição passante e de cor gules, certamente foi um sinal relevante, estando ali, no fundo das entranhas da terra, tão distante do local dos triunfos esquecidos dos Bórgias.

Meus dois companheiros se juntaram a mim em um instante, e ambos concordaram que o touro colocado ali era um sinal para quem fosse o detentor do segredo do Livro Fechado, um convite para fazer uma busca naquele local.

Nós três analisamos de perto as pedras ásperas que revestiam o túnel baixo e arqueado; mas nenhuma delas trazia qualquer indício de ter sido remexida. A passagem, sem sombra de dúvidas, fora construída por Sir James Douglas como uma forma secreta de entrar e sair de sua fortaleza, e muito provavelmente todos os vestígios de sua existência haviam se perdido na época de Godfrey Lovel. Ele e seu amigo Malcolm talvez a tivessem re-descoberto, e o velho Godfrey havia engenhosamente escondido o precioso baú que trouxera da Itália e que durante anos estivera repousando no lago de peixes em Croylande, ou Crowland, a grafia usada agora.

A posição em que o touro havia sido desenhado indicava que tinha sido colocado ali para captar o olhar de quem soubesse o segredo. Para qualquer outra pessoa, não teria significado algum. Ainda assim, embora tivéssemos procurado de um lado ao outro, em cima e embaixo, não encontramos nenhuma cavidade ou qualquer lugar onde a caixa poderia estar escondida.

Então, depois de meia hora de busca, Fred encontrou, sobre a superfície plana de uma pedra um pouco mais afastada no túnel, o número quinze assinalado com a mesma tinta, e evidentemente pela mesma pessoa que havia desenhado o touro, embora estivesse representado com um daqueles cincos esquisitos do século XVI, com o N maiúsculo virado para o lado errado.

– Será que isso significa que estamos a quinze passos de distância do local? – perguntei.

– Ou talvez esteja a quinze pedras de distância – sugeriu Sammy, começando a contá-las imediatamente. – Ora, vejam! – exclamou ele alguns instantes depois. – Aqui está uma pedra que deve ter sido removida em algum momento.

Era um bloco de cerca de sessenta centímetros de comprimento e, quando me aproximei às pressas e o toquei, ele se moveu sob a minha mão.

Sem hesitar nem por um segundo, agarrei-o e, com toda a minha força, puxei-o da parede, e ele caiu no chão com um baque pesado, fazendo com que Sammy tivesse que se esquivar rapidamente.

Então, enfiando minha mão bem no fundo da cavidade na parede, senti uma coisa e a puxei para fora, com um berro alto de alegria, que foi ecoado por meus dois companheiros.

Era a caixa há muito desaparecida!

Com cerca de 45 centímetros de comprimento, 25 centímetros de altura e quinze de largura, era revestida com couro cru, velho e robusto, com a tampa curva e cravejada de pregos. O fecho era antigo e, portanto, seria complicado, sem dúvidas; mas como não tínhamos a chave, logo nos pusemos a tentar abri-la com o pequeno pé-de-cabra que eu levara até ali. Tão robusta era aquela caixa antiga, que já tinha presenciado tantas vicissitudes e se escondido na lama do lago de peixes da Abadia de Crowland por anos a fio, que por algum tempo não consegui abri-la; mas depois de várias tentativas, na luz tênue e bruxuleante, enfim consegui abrir a tampa, e ali encontrei várias caixinhas de joias antigas que, ao serem abertas, revelaram aquelas esmeraldas esplêndidas que consistiam no tesouro mais valioso dos Bórgias.

Sugeri que as manipulássemos com cautela, pois não sabíamos se aquelas caixas velhas e forradas de veludo desbotado estavam impregnadas com o veneno dos Bórgias, do mesmo modo que as páginas de velino do Livro Fechado.

As joias que analisamos eram, todavia, magníficas em suas estruturas de ouro antigo. Três colares de esplêndidas pedras verdes, cada esmeralda do tamanho de uma unha do polegar, e cada conjunto disposto separadamente em formato de gotas, foram os primeiros ornamentos que tiramos da caixa. Sabíamos que o mundo nunca tinha visto colares de esmeralda iguais àqueles. Também havia vários braceletes, pares de brincos e pingentes na coleção; uma esmeralda bruta, quase do tamanho de um ovo de pomba, era evidentemente o maior tesouro daquele conjunto de pedras preciosas verdadeiramente estupendo, como nenhum de nós jamais havia visto.

Eram oito caixas pequenas ao todo, sete delas tão abarrotadas de joias quanto seu interior permitia, ao passo que a oitava continha o que, nos dias de Lucrécia Bórgia, era mais poderoso e potente do que a mera riqueza: um pequeno frasco de quartzo hialino selado e um frasco maior de vidro veneziano esverdeado, sendo que este continha um fluido espesso e marrom-escuro.

Esta descoberta despertou o interesse dos meus companheiros, que ficaram bastante intrigados quanto ao conteúdo. Mas eu sabia o que era e contei a eles. Aquele minúsculo frasco de cristal continha o verdadeiro veneno secreto dos Bórgias, dado ao velho Godfrey por Lucrécia, e o fluido marrom-escuro era o antídoto.

O veneno secreto dos Bórgias não era mais uma lenda. Nós realmente o tínhamos encontrado!

Enfiei a mão pela cavidade novamente enquanto Sammy erguia um lampião para espiar o interior, mas não havia mais nada lá.

Depois de guardarmos nossos preciosos achados nos bolsos, enfim subimos a ladeira no intuito de explorar toda a extensão da passagem subterrânea. A caixa em si havia despertado o meu interesse e, entregando meu lampião a um de meus companheiros, segurei a caixa antiga e pesada, que durante séculos tinha carregado um tesouro que equivalia ao resgate de um rei. Então, radiantes com nosso triunfo, seguimos avante e para cima, descobrindo que o ar ficava mais fresco a cada metro que percorríamos até que, finalmente, a quase um quilômetro do ponto em que tínhamos descido, o túnel deu uma guinada repentina para cima e, mais adiante, nosso avanço foi interrompido por uma enorme porta de carvalho reforçada por uma espécie de rede de tiras de ferro firmemente aparafusadas a ela.

Tentamos abrir a porta, mas ela não cedeu. Estava fortemente protegida do outro lado e todas as nossas tentativas de abri-la foram inúteis.

Depois de tê-la golpeado e tentado abri-la com o pé-de-cabra sem obter nenhum resultado, ouvimos uma voz amedrontada e abafada do outro lado, perguntando quem éramos e o que queríamos ali.

– Deixe-nos passar, velho camarada! – gritei. – Você não pode abrir a porta? Quem é você?

– Meu nome é John Kirk – foi a resposta rouca do homem. – Onde você está e quem é você?

– Estamos em três. Nós estávamos andando por uma passagem subterrânea e este é o fim dela. Onde estamos?

– Aqui é a antiga leiteria em Threave Mains. Aguardem um pouco enquanto busco o mestre.

– Threave Mains? – repetiu Fred. – Então, passamos por baixo do rio Dee e chegamos a Balmaghie! Dá para ver Mains lá do castelo, é uma velha casa branca a cerca de um quilômetro de distância. Espero que o mestre, quem quer que seja, nos deixe sair daqui o mais rápido possível.

Não tivemos que esperar muito, mas alguns painéis velhos da parte antiga da construção, agora usada como uma leiteria, tiveram de ser removidos primeiro, e então a porta foi exposta e aberta, permitindo que retornássemos à luz do dia.

Verdade seja dita, não estávamos nada relutantes em respirar o ar fresco novamente; e a aparência suja e indigna que tínhamos ao emergir, creio, encheu o bom fazendeiro de suspeita. Contamos a ele sobre nossas explorações subterrâneas, sem, é claro, mencionar o tesouro, ao que o velho respondeu, em seu dialeto de Galloway:

– Já ouvi falar de uma passagem debaixo do rio que levava ao castelo, mas achei que fosse apenas uma lenda. Eu não fazia ideia de que ela desembocava nesta parede.

– Bem – disse Sammy –, desça até lá e dê uma olhada por si mesmo. Você vai achar interessante. No futuro, você não vai mais precisar de um barco para chegar à ilha.

Rimos diante disso e, depois de examinarmos os velhos painéis de carvalho e chegarmos à conclusão de que a leiteria costumava ser a parte mais antiga da casa, demos ao fazendeiro uns trocados para reembolsá-lo pela madeira que tivera de retirar. Então partimos, carregando as joias, ainda em suas respectivas caixas, escondidas em nossos bolsos, e deixando o infeliz Selby ainda preso na ilha com Walter a vigiá-lo. Pelo menos havia uma coisa reconfortante nisso tudo: como a caixa havia sido descoberta sob o leito do rio, não poderia ser reivindicada por nenhum dos donos das propriedades, nem de um lado, nem de outro.

Com o humor leve, pegamos a estada principal no córrego Black Bride e andamos apressados por um quilômetro e meio até a ponte do rio Dee, onde sabíamos que poderíamos alugar um barco para buscar Walter na ilha. Foi o que fizemos e, enquanto Fred e Sammy remavam rio acima, fiquei na estação ferroviária perto do curso d'água. Todas as joias estavam comigo naquele momento, ao passo que a velha caixa estava embrulhada em um jornal que tínhamos apanhado na beira da estrada.

O fazendeiro de Threave Mains tinha lançado um olhar desconfiado para a caixa velha até que, para satisfazer a sua curiosidade, mostrei a ele que estava vazia. Nenhuma utilidade tem uma caixa vazia, foi o que disse, aos risos; porém, ele não estava ciente do precioso conteúdo dela, que, naquele momento, estava em nossos bolsos.

Passei um longo tempo esperando na estação ferroviária. No entanto, por volta das seis horas, meus companheiros retornaram, acompanhados de Walter, que, por não termos voltado, temeu que tivéssemos sofrido algum acidente. E ele tinha ficado muito surpreso ao avistar Sammy e Fred, em um barco, a saudá-lo.

Selby ainda estava no lugar em que o tínhamos prendido, mãos e pés atados, gritando e praguejando até ficar rouco, e proferindo todos os tipos de ameaças contra nós. Mas nós tínhamos encontrado as joias históricas da notória Lucrécia, e agora pretendíamos voltar para Crailloch o quanto antes. Então, com esse propósito em mente, nos arrumamos o melhor que pudemos e caminhamos até Dildawn, a bela propriedade de um grande amigo de nosso anfitrião, chamado Charlie Phillips, e ali pedimos emprestado um meio de transporte para nos levar para casa, a uma distância de cerca de 22 quilômetros em linha reta.

Estávamos com uma aparência tão indigna, e tão misteriosos eram os nossos movimentos, sem falar na ausência de armas ou bolsas de caça, que nosso amigo ficou muito curioso; porém, simplesmente explicamos que tínhamos saído para uma excursão de um dia só e ficamos em apuros, e a ferrovia não tinha utilidade para nós. Ele nos ofereceu um pouco de uísque e sorriu deliberadamente, mas parecia bastante intrigado.

– Eu acho, rapazes, que vocês aprontaram algo que não deviam – foi o seu comentário enquanto estávamos indo embora.

– Tudo bem, meu velho – gritou Fred. – Um dia contaremos tudo a você. – E então a nossa charrete seguiu seu caminho.

Combinamos de não dizer nada a ninguém, nem mesmo ao restante do grupo em Crailloch. Em vista de nossas próximas buscas em Crowland, não era sensato, naquele momento, fazer qualquer declaração. Havíamos frustrado nossos inimigos em Threave e, por enquanto, isso bastava.

Nosso retorno tardio e inesperado suscitou muitos comentários, como era de se esperar. As mulheres do grupo logo estavam rodeando Sammy e implorando para que ele lhes contasse por que estávamos agindo tão misteriosamente, e muitas perguntas foram feitas a Fred por parte dos homens. Mas não dissemos nada a ninguém; tínhamos saído para visitar amigos, e essa foi a única explicação que demos.

– Amigos! – exclamou Jack Handsworth, fumando seu charuto. – Devem ter se enfiado em algum ralo, pela aparência de suas roupas! – disse ele, e esse comentário arrancou várias gargalhadas.

Naquela noite, depois que os outros se retiraram, nós quatro tivemos uma reunião secreta no escritório de Fred, onde examinamos nosso achado e descobrimos que era mais impressionante e importante do que tínhamos acreditado de início. Os colares de esmeralda eram magníficos; porém, além das coisas que já enumerei, havia uma esplêndida cruz bizantina incrustada de diamantes, cujo verso trazia uma imagem de São Pedro, um objeto que, notoriamente, havia pertencido ao pai de Lucrécia, o papa Bórgia. Nos arquivos do Vaticano há várias menções a ela, que, depois da morte de Alexandre VI, desaparecera inexplicavelmente, tendo sido entregue, sem dúvida, à sua filha de cabelos dourados. Também havia um pesado bracelete de ouro, em forma de serpente, e vários anéis requintados. Um deles, em ouro, estava gravado com a sagrada cruz tau, que, à época dos Bórgias, acreditava-se ter o poder de proteger da epilepsia quem a estivesse usando; outro, de ágata, esculpido com a imagem de São João, o Divino, que naquela época era usada como proteção contra veneno; e o terceiro era um conjunto de pedra-de-sapo, ou bufonita, o dente palatal fóssil do peixe *Pycnodus*, o amuleto mais potente contra a magia maléfica.

O mais interessante de tudo, porém, era um lindo anel de nielo dourado, datando do século XIV, com um engaste oco com ponta afiada e perfurado por dois minúsculos orifícios, que sem dúvida haviam sido usados para armazenar veneno. Era muito fácil perceber que aquele anel, se munido do líquido letal, poderia ser usado com um efeito mortífero em um aperto de mãos com um inimigo, um objeto raro que interessava ao mundo todo, o verdadeiro anel de envenenamento daquela bacante venenosa Lucrécia Bórgia, que causara a morte de tantas pessoas inocentes e incautas, desde cavaleiros em Ferrara até cardeais em Roma.

Rolei-o na palma da mão e senti a agudez daquela fina ponta de agulha. Certamente isso colocaria um fim definitivo na controvérsia a respeito do veneno dos Bórgias.

Peguei o frasco de cristal, com suas poucas gotas daquele veneno letal de *cantarella*, e o segurei contra a luz, analisando-o atentamente, e procedi do mesmo modo com o antídoto, ambos presentes que Godfrey recebera da própria Lucrécia, com instruções de como usá-los.

Quando fui colocá-los de volta na velha caixa de joias, com seu forro de veludo roxo desbotado, percebi que a parte superior do tecido estava solta e, ao tocá-la, ela se soltou e um pedacinho dobrado de pergaminho embolorado caiu nas minhas mãos.

Estava preenchido com a caligrafia errática e desbotada de Godfrey, e as palavras que decifrei fizeram meu coração saltar no peito.

Mostra a localização exata em Crowland

As palavras, muito desbotadas pela ação da água que aparentemente se infiltrara na caixa durante os anos que ela havia passado submersa, foram decifradas da seguinte forma:

> *Espero que você, que ousou desvendar este segredo, possa se beneficiar muito com ele. Saiba também que pode encontrar o tesouro de nosso bom abade John de Croylande mediante esta planta que aqui desenhei.*
>
> *Godfrey Lovel, outrora monge em Croylande*

Abaixo havia uma planta grosseira semelhante àquelas do Livro Fechado, mas não precisei olhar duas vezes para ver que mostrava a localização exata em que o tesouro da abadia estava escondido.

– Vejam só! – exclamei com animação. – O segredo finalmente foi revelado! O que está escrito no Livro Fechado foi apenas uma forma de enganar qualquer curioso que tentasse empreender uma busca. A verdade estava contida nesta caixa, pois Godfrey a colocou ali antes de deixar a Escócia.

E meus três companheiros se curvaram com avidez e decifraram lentamente por si mesmos as palavras ali escritas depois de eu tê-las repetido em voz alta para me certificar de que não haveria equívocos de leitura.

– Bem, nosso próximo passo, sem sombra de dúvidas, é ir até Crowland – comentou Fred. – Vamos pegar o tesouro primeiro e desvendar o mistério depois.

– Com certeza – concordamos em coro, e então, depois de colocar as joias dos Bórgias no cofre de Fred, ficamos fumando enquanto discutíamos nossos planos futuros, por fim decidindo partir para Londres pela manhã, já que seria mais fácil chegar a Crowland a partir de King's Cross do que da Escócia.

Na noite seguinte, então, chegamos à cidade. Fred e Sammy se hospedaram no Euston Hotel e eu voltei com Walter para me hospedar na casa dele. Na manhã seguinte à nossa chegada, achei prudente empacotar os tesouros dos Bórgias, com exceção do anel de envenenamento, do pequeno frasco de cristal e do antídoto, e os guardei no banco, do mesmo modo que já havia colocado o Livro Fechado em um lugar seguro.

Coloquei aquele anel histórico, que havia causado tantas mortes e permitido que a Casa dos Bórgias se tornasse a mais poderosa da Europa, assim como o pequeno frasco, na velha caixa de joias forrada de veludo e guardei-a em uma gaveta na escrivaninha de Walter, com a intenção de levá-los ao professor Fairbairn, do Museu Britânico, mais tarde.

Fred Fenwicke tinha alguns assuntos urgentes para tratar em Londres, portanto, havíamos combinado de só partir para Crowland no dia seguinte.

Ficamos muito intrigados quanto ao paradeiro do conde de Glenelg e do corcunda, e também nos perguntamos se Selby ainda continuava preso em Threave. A arma que estivera em posse dele era uma prova de que ele tinha intenções vis, e por esse motivo nenhum de nós expressou muito pesar por tê-lo deixado naquela situação. O silêncio dos companheiros dele, entretanto, era agourento.

Enquanto eu estava no banco, Walter caminhou até a Harpur Street e lá descobriu que a casa ainda estava fechada.

Eu não sabia nada sobre o paradeiro de Judith. Ela tinha desaparecido. Durante aquelas semanas, vivi alarmado e amedrontado. Não houve quase um único dia em que não acontecera algo intrigante, e eu ansiava por ver minha amada novamente e ouvir uma explicação completa e franca por parte dela.

Lembrei-me de que quando tínhamos nos separado na entrada da cidade de Castle-Douglas, eu ficara ali dizendo palavras doces, fazendo mil promessas para as quais ela sorrira. Por fim, tornara-se imprudente permanecer ali e, quando nos levantamos para nos despedir, vi suas pálpebras estremecerem, e por isso não me atrevi a beijar seus lábios.

No entanto, era tudo tão estranho, tão misterioso, um enigma tão absoluto, que fui dominado pelo medo e pela desconfiança, perplexo, estupefato e consternado.

Não fiz muitas coisas pela manhã e, por volta do meio-dia, recebi um bilhete daquela mulher, Bardi, em resposta à carta que eu havia enviado a ela, no qual ela marcava de se encontrar comigo sob o relógio da estação Charing Cross às três horas. Cheguei lá pontualmente e avistei a silhueta escura e bem-vestida esperando por mim, tão estranha e misteriosa quanto antes.

Caminhamos juntos por Whitehall e atravessamos o St. James' Park, conversando afavelmente em italiano. Fiz uma série de perguntas a ela, mas obtive poucas respostas. Sua motivação me intrigava, pois ela não estava ali para me ajudar e não repetiu suas palavras de alerta.

– Voltarei para a Itália em breve – contou-me ela. – Suponho que você tenha decidido continuar morando aqui na Inglaterra?

Respondi que sim e então, parando na trilha silenciosa que ladeava o lago, tentei tirar dela a identidade da pessoa que a induzira a roubar meu Arnoldus, mas ela se recusou veementemente a me dizer qualquer coisa.

Pouco antes das cinco horas, depois de pagar-lhe um chá no Blanchard's, me despedi dela e parti, sentindo-me mais intrigado do que nunca. Ela havia se esquivado de todas as perguntas e, com exceção de me alertar de que Judith Gordon não era minha amiga, não me dissera mais nada. À vista disso, resolvi que não me preocuparia mais com a mulher de preto no futuro. Ela mostrara que era uma ladra e, portanto, não era digna de confiança. Naquele momento, porém, meu único objetivo era entender o significado do filhote de urso na janela e a verdadeira motivação por trás daquela conspiração surpreendente.

Ao entrar no vestíbulo da residência em Dover Street, subi as escadas até o segundo andar e toquei a campainha do aconchegante apartamento de Walter. Não houve resposta e, a princípio, pensei que o fiel Thompson pudesse ter saído para tratar de alguma incumbência nos arredores. Apertei a campainha elétrica várias e várias vezes, mas não havia sinal de vida lá dentro. De repente, porém, lembrei-me de que naquela manhã Walter havia me entregado uma chave da casa e, tirando-a do bolso, abri a porta. Porém, imagine o meu desespero quando, no pequeno corredor bem em frente à porta, encontrei o velho mordomo de cabelos brancos estirado no tapete, com o corpo ligeiramente dobrado, imóvel como um cadáver.

A primeira coisa que me ocorreu foi que ele poderia estar embriagado; porém, ao ajoelhar-me ao lado dele e virar seu rosto para a luz, vi que apresentava uma palidez mortal. Ele parecia estar profundamente adormecido.

Então, ao olhar para a sala de estar na outra ponta do corredor, percebi que as gavetas da escrivaninha de Walter haviam sido abertas e reviradas, e que todo o seu conteúdo fora derrubado no chão. A verdade se revelou para mim em um instante. Durante a nossa ausência, alguém havia entrado ali, deixado o velho mordomo inconsciente e saqueado o lugar.

Corri para a sala de estar e fui até a gaveta onde havia guardado a antiga caixa de joias com seu estranho conteúdo, mas ela estava vazia. O anel e o veneno tinham sido levados; mas o que era infinitamente pior era saber que, na tampa da caixa, onde estivera escondido durante todos aqueles anos, eu havia deixado a planta do esconderijo do tesouro em Crowland!

Eu estava possesso de raiva e pesar. No fim das contas, nossos inimigos haviam sido mais espertos do que nós, pois aquela mulher, que deveria ser cúmplice deles, me distraíra com uma conversa de propósito enquanto a busca era feita, mostrando, desse modo, que eles estavam bem cientes do nosso sucesso em Threave.

E, no entanto, quando Walter havia trancado a caixa na gaveta, e depois guardado a chave em seu chaveiro, eu jamais poderia imaginar que alguém faria uma busca daquelas para pegá-la. Foi engenhoso, pois, como mais tarde descobrimos, o próprio Wyman havia recebido um telegrama urgente o instando a partir para Richmond, o que depois se revelou um chamado falso.

A princípio fiquei tão perplexo que não sabia o que fazer; porém, com a ajuda do jovem criado que trabalhava no apartamento de baixo, finalmente consegui reanimar Thompson e ouvir a história dele. Ele contou que, por volta das três e meia, dois homens tinham aparecido ali, um deles baixo e o outro bem barbeado, alto e forte. Perguntaram pelo capitão Wyman e entraram no corredor sob o pretexto de anotar um recado. No instante em que o velho Thompson virou as costas, cobriram seu rosto com lenço e ali o mantiveram com força até que, alguns momentos depois, ele mergulhou em um estado inconsciente.

A descrição de um dos homens coincidia com a de Selby; o outro, porém, que tinha suíças cor de areia, não me era familiar.

Porém, assim que Thompson se sentiu um pouco melhor e começou a inspecionar a bagunça que os intrusos haviam feito, desci as escadas às pressas e telefonei para Fred no Euston Hotel. O major não estava, mas Bailey, o porteiro que me atendeu, prometeu que daria o meu recado ao major Fenwicke ou ao capitão Waldron, quem quer que retornasse primeiro.

Portanto, não me restava nada a não ser esperar. Walter chegou cerca de meia hora depois, e dali a cinco minutos Fred e Sammy apareceram. Os três ficaram estupefatos quando lhes contei o que havia acontecido.

O anel e o veneno secreto dos Bórgias estavam agora nas mãos de nossos inimigos, e nenhum de nós sabia como poderiam ser usados contra nós. Eles também haviam garantido o segredo do tesouro de Crowland, pois sem dúvida encontrariam o pedaço de pergaminho atrás da tampa solta da caixa. O papel caíra na minha mão e também cairia na deles.

Os atos de Selby certamente haviam sido uma tentativa ousada de se apossar da fortuna e eram uma prova cabal de que ele sabia que havíamos sido bem-sucedidos na Escócia. Sem dúvida, o roubo fora cometido na crença de que as joias descobertas estavam na sala de meu amigo. Minha intuição de colocá-las no banco apenas algumas horas antes certamente havia sido um golpe de sorte.

Aquela mulher, Bardi, ainda agia em conluio com os conspiradores, e o fato de Walter ter sido chamado para um compromisso em Richmond por um telegrama assinado por um amigo mostrava como tudo tinha acontecido de forma engenhosa e rápida.

– Pois bem! – exclamou Fred, olhando ao redor da sala de estar bagunçada. – Nosso plano de ação parece bastante evidente. Primeiro, devemos ir até Crowland e impedir que quaisquer buscas sejam empreendidas lá. Em segundo lugar, prenderemos Selby por assalto e roubo, assim que o encontrarmos. E, em terceiro lugar, devemos recuperar o anel e o veneno, custe o que custar, pois não temos como saber que assassinatos abomináveis essas pessoas podem cometer agora que têm em mãos um veneno tão sutil, tão mortal e tão impossível de ser detectado.

– Exatamente! – concordei. – Pensem no que o fato de eles terem o composto secreto pode significar! Eles podem tramar para usá-lo em nós a qualquer momento, enviando-nos uma carta envenenada, colocando-o no cabo de um guarda-chuva ou de uma bengala, impregnando nossas luvas, nossos chapéus, ou qualquer objeto deixado à vista, exatamente como os Bórgias faziam nos velhos tempos.

– Certamente não é uma perspectiva muito animadora – comentou Sammy. – Prefiro enfrentar um revólver a ter de lidar com um veneno secreto. Já presenciei muitos envenenamentos na Índia. Nós, da polícia, temos conhecimento sobre esse tipo de coisa.

O velho Thompson ficou completamente debilitado pela droga; portanto, como estava decidido que nós quatro deveríamos partir para Crowland no último trem, Walter dispensou o mordomo, dizendo-lhe para trancar o apartamento e ir visitar a filha casada em Hackney Wick.

Enviamos um telegrama para Frank, o cavalariço do The Angel, em Peterborough, para que uma carruagem fosse ao nosso encontro na estação na chegada do trem das dez e meia de Londres, e à meia-noite estávamos confortavelmente instalados no The George, em Crowland, a pousada que, tanto para Walter quanto para mim, já estava repleta de lembranças.

Nós tínhamos telegrafado ao reitor e, ainda que já fosse tarde da noite, ele foi ao nosso encontro. Sentados juntos no cômodo privado, contei-lhe brevemente sobre o nosso triunfo na Escócia e sobre como havíamos encontrado a planta verdadeira do local onde o tesouro estava escondido.

Diante das minhas palavras, o Sr. Mason logo se encheu de interesse; porém, quando contei a ele sobre a nossa perda irreparável, sua empolgação passou, ele meneou a cabeça e soltou um suspiro. Expliquei a forma covarde com que os ladrões haviam drogado o mordomo do meu amigo e contei-lhe sobre nossa determinação de mandar Selby para trás das grades.

Então, enquanto discutíamos a possibilidade de usar a planta baixa da abadia que o professor Fairbairn havia me dado, Fred subitamente nos interrompeu ao tirar algo de sua carteira e dizer:

– De fato perdemos a planta que encontramos em Threave, porém, na noite em que voltamos para Crailloch, achei que seria aconselhável fazer uma cópia dela, então tracei um esboço grosseiro. Aqui está.

E então ele abriu um pedacinho de papel diante de nós, revelando uma cópia precisa da planta roubada.

Ele recebeu uma enxurrada de elogios por sua perspicácia, e o Sr. Mason expressou seu desejo de começar as escavações o quanto antes, a fim de frustrar as tentativas de nossos inimigos. Ele ainda não havia exigido de volta os livros encontrados pelo conde de Glenelg, pois tinha preferido esperar para nos perguntar se o momento era propício.

Sobre a mesa, comparamos a cópia que Fairbairn havia nos fornecido com o esboço da planta do velho Godfrey que Fred havia feito, e o Sr. Mason ia reconhecendo os pontos que não conhecíamos. Então, após uma análise vasta e minuciosa, chegamos à conclusão de que o tesouro da abadia, conforme listado no Livro Fechado, estava escondido em um ponto a cerca de um quilômetro e meio da abadia, no charco de Great Postland, a meio caminho entre Thornbury Hall e a Fazenda Decoy, em um campo que ficava dentro da propriedade do Sr. Mason, pois, além de ser o pároco, ele também era o dono do lugar. A posição da Ponte de St. James e da antiga cruz de pedra em Brotherhouse estava exposta ali, bem como o antigo Asen Dike e o Wash-bank em Cloot. A planta mostrava que o velho abade era astuto o suficiente para carregar o tesouro para um ponto afastado, onde, na época, deveria existir um atoleiro perigoso, pelo qual ninguém que não conhecesse o caminho ousaria se aventurar. Porém, desde então, o local obviamente já havia sido drenado e reivindicado para a construção de taludes e a abertura de canais em todas as direções. O Sr. Mason nos disse que, até o fim do século XVI, todo o distrito mostrado na planta era um pântano lúgubre e insalubre, cujos parcos habitantes costumavam ser acometidos por febres, e o tesouro aparentemente estava escondido na parte mais profunda do local, e com toda a probabilidade aquele brejo traiçoeiro havia sido escolhido de propósito com o intuito de frustrar qualquer avanço dos soldados de Southwell.

O relato presente no Livro Fechado que dizia que os objetos de ouro e de prata haviam sido escondidos no lago de peixes certamente tinha sido feito para despistar, pois, no fim das contas, não era nada provável que o abade tivesse se esforçado tão pouco para esconder aquilo que ele desejava salvar de mãos sacrílegas.

– Podem ter certeza, senhores, de que finalmente estamos no caminho certo – declarou o pároco com firmeza. Ele mesmo era um arqueólogo e estava ansioso para ver as esplêndidas joias que tínhamos encontrado, assim como estava ansioso para recuperar o tesouro há muito perdido do abade John.

As medidas na planta que havia sido ocultada tão astuciosamente eram fornecidas em passos a partir da Ponte St. James, a cerca de um quilômetro e meio a sudeste da abadia, e o Sr. Mason declarou que, como Selby e seus comparsas tinham a planta original em mãos, não poderíamos perder tempo em ir até o local.

Olhei para o meu relógio e descobri que já era uma e quinze da manhã.

Fred abriu uma fresta da cortina e viu que a noite não estava particularmente escura, embora nuvens pesadas de chuva tivessem encoberto a lua. A sugestão de marcar a localização era ótima, embora tivesse sido combinado que, como o terreno era propriedade da igreja e não havia motivo para empreender buscas em segredo, as escavações deveriam ser feitas no dia seguinte.

Depois de termos pegado dois lampiões emprestados com o gerente do hotel, nós cinco saímos juntos e, com o Sr. Mason a nos guiar, seguimos pela estrada ao lado da casa paroquial, contornamos a parede norte da abadia e, em seguida, saímos pela ampla estrada plana, passando pelo moinho de vento decadente e seguindo em direção à Ponte St. James. Desse ponto, pegamos outra estrada para o leste, um caminho plano e sem sebes, tão desinteressante quanto a primeira, e seguimos velozes e em linha reta, como uma flecha a caminho do seu alvo.

Logo o pároco se deteve e apontou para um grupo de árvores que assomavam na escuridão ao longe, dizendo se tratar de Thornbury Hall, enquanto à nossa esquerda ficava a Fazenda Decoy. Sob o fulgor bruxuleante do lampião, ele examinou a planta minuciosamente mais uma vez, e então nos conduziu por um portão que dava para um grande campo semeado com batatas do pântano, o qual atravessamos cautelosamente na escuridão, temendo cair nos canais que, naquela região, separavam um campo do outro. Enfim encontramos a divisa, e achamos uma única tábua que servia de ponte para o campo seguinte, que, assim como o anterior, também tinha uma plantação de batatas. Então, tendo contado seus passos cuidadosamente a partir da estrada, o rosto sempre virado para Thornbury Hall, o pároco parou repentinamente e disse:

– A localização exata é aqui, ou a poucos metros deste ponto. De acordo com a planta, são 186 passos ao sul em direção a Thornbury a partir da estrada Guthlac's Drove, como era chamada antigamente, e da qual acabamos de sair.

Baixamos os lampiões e, às apalpadelas, examinamos o solo. A plantação certamente não havia sido remexida. Pisoteamos o solo como tínhamos feito em Threave, mas não houve nenhum som oco na pesada lama do charco.

– Eu acho que devemos pedir para Barrett, o policial da cidade, ficar de guarda aqui até o amanhecer, quando então daremos início às buscas – disse o Sr. Mason por fim. – Seremos capazes de reconhecer o lugar, já que fica perto daquele velho salgueiro ali.

Adotamos essa sugestão e, quando retornamos, uma hora mais tarde, o policial Barrett estava mantendo vigilância sob aquele campo solitário, sem dúvida se perguntando por que o pároco o havia procurado em sua rota na Eye Road e o enviado para aquele local tão ermo.

No qual eu adentro a casa misteriosa

Enquanto tomávamos o desjejum na manhã seguinte, o policial, com a mão enfaixada e suspensa por um lenço preto pendurado no pescoço, veio até nós acompanhado do Sr. Mason, e pedimos para que relatasse o que havia observado durante a noite.

– Bem, senhores, tive de lidar com alguns sujeitos bem durões na noite passada – contou o homem através de sua barba castanha. – Tudo estava silencioso, até que o relógio da abadia bateu três horas, e então ouvi o barulho de rodas e um coche apareceu na estrada na direção do Brotherhouse Bar. Não havia luz incidindo sobre ele, e ouvi quando estacionou bem em frente de onde eu estava fazendo minha vigília. Três homens e uma mulher desceram do veículo, acenderam um lampião e pegaram algumas pás e picaretas, então eu me agachei para observar. Dois dos homens eram altos, e o terceiro, que carregava o lampião, era baixo e parecia deformado, ao passo que a mulher era esbelta e jovem e vestia roupas escuras. Ouvi um dos homens dizer: "Deve ser aqui. Aquela casa lá adiante é Thornbury Hall. Lembro-me de que estava marcado no mapa da Ordnance que analisamos no trem. E ali está a Fazenda Decoy! Agora, 186 passos para o sul. Por aqui." E ele os conduziu até o campo e continuou em linha reta até o canal, atravessou a tábua e, em seguida, na metade do caminho para o próximo campo, eles se detiveram perto do velho salgueiro. "É aqui!", ele exclamou, sem fazer a menor ideia de que eu estava tão perto dele. "É bem afastado da localização em que cavamos anteriormente." Então, outro homem perguntou: "Você tem certeza de que estas são a distância e a direção corretas?", ao que o primeiro respondeu com algum tipo de instrução que ele parecia saber de cor. O homem baixo fez alguns comentários em uma língua estrangeira, mas não entendi o que ele disse.

– E o que você fez? – perguntei ansiosamente.

– Bem, quando os quatro começaram a desenterrar as batatas, saí de trás do tronco do salgueiro e perguntei o que estavam fazendo. Minha aparição repentina atrapalhou a busca deles de imediato, porém, um dos homens, o mais alto deles, quis me desafiar quando ordenei que fossem embora e lhes disse que a terra pertencia aos comissários eclesiásticos, e que eles seriam acusados de invasão de propriedade. Ele tentou me golpear com a picareta que carregava, ao que peguei meu cassetete e, no instante seguinte, vi um clarão e percebi que minha mão estava machucada. O sujeito tinha atirado em mim com um revólver! Esta ação repentina suscitou comentários de censura por parte de seus três companheiros, que declararam que atirar contra a polícia era muito perigoso. Então, esses três, temendo que o tiro tivesse soado como um alarme, largaram suas ferramentas e voltaram para o coche o mais rápido que puderam, sendo seguidos pelo sujeito covarde que tinha atirado em mim. Corri atrás deles, embora minha mão estivesse doendo muito, mas eles conseguiram escapar. Então, voltei para Crowland e chamei um médico, que removeu a bala da minha mão. Escapei por um triz, senhores – acrescentou o guarda rural. – Eu gostaria de saber o que aquelas pessoas estavam tramando...

O Sr. Mason e Fred Fenwicke trocaram olhares, mas ninguém satisfez a curiosidade de Barrett.

– Vejam bem, eu não consegui distinguir o rosto do rufião que atirou em mim – disse ele em resposta à minha pergunta. – Mas eu ouvi a mulher o chamando de Selby.

A mulher! Teria sido Judith quem os tinha acompanhado? Ou Anita Bardi?

Barrett saiu para enviar um telegrama relatando o incidente para o seu inspetor, em Spalding, e o pároco ficou ali conosco. Evidentemente, eles haviam empreendido uma audaciosa tentativa de busca, que só foi abandonada porque um dos participantes tinha agido de forma imprudente. Embora o policial tivesse sido vítima de uma afronta covarde, certamente foi uma sorte termos marcado o local e colocado o guarda para vigiá-lo. Nossos inimigos tinham feito cálculos errados em Threave por não terem notado a segunda parte das instruções; ali, porém, com o auxílio da planta, eles com certeza tinham encontrado a localização exata apontada pelo monge Godfrey.

O Sr. Mason tinha saído para buscar ajuda para nosso trabalho de escavação, que decidimos começar de imediato, quando recebi um telegrama que, conforme constava, havia sido entregue na Estação King's Cross, e que dizia o seguinte:

Venha para Grosvenor Street. Extremamente importante. Preciso ver você imediatamente. Se eu não estiver em casa, vá para a Harpur Street. Mas se você deseja cumprir sua promessa de me ajudar, venha imediatamente. – Judith.

Meu primeiro impulso foi ler o telegrama em voz alta, porém, como meus companheiros não tinham ciência da minha amizade com ela, resolvi guardar aquilo para mim.

– Tenho que voltar para Londres agora mesmo – anunciei, amassando o papel na minha mão. – Vocês devem dar seguimento à busca, e eu voltarei esta noite, se possível.

– Assuntos particulares? – indagou Sammy, que tinha acendido seu cigarro matinal alegremente e estava parado ali, com as mãos enfiadas nos bolsos das calças, fitando-me atentamente.

Respondi afirmativamente e, virando-me, disse à criada para chamar um coche para me levar à estação de Peterborough.

Assim, fui obrigado a me ausentar das escavações naquele campo na charneca, a um quilômetro e meio da abadia. E, ao meio-dia e meia, saltei de um cabriolé na Grosvenor Street, galguei os largos degraus às pressas e, no grande pórtico, toquei a campainha.

– Sim, senhor, a dama está esperando por você – foi a resposta do lacaio à minha pergunta. E, sem mais cerimônias, ele me conduziu através de um corredor refinado, cheio de magníficos troféus de caça, e subimos a ampla escadaria até um cômodo pequeno no primeiro andar, onde, pálida e abatida, Judith se levantou rapidamente para me cumprimentar.

– Oh, Sr. Kennedy! – arfou ela depois que o homem fechou a porta atrás de si. – Estou tão feliz em ver você são e salvo!

– Por que está me chamando de Sr. Kennedy? – perguntei em tom de censura.

– Tudo bem. Allan, então – disse ela sorrindo. – Mas não temos tempo a perder – continuou. – Temo que algo terrível tenha acontecido, mas não sei exatamente o quê.

– O que você quer dizer com isso? Explique-me – pedi, agitado.

– Você provavelmente ficou sabendo do que aconteceu em Crowland na noite passada – declarou ela. – Eles conseguiram o pergaminho com a planta e imediatamente decidiram ir atrás do tesouro que se sabia estar escondido lá, porém, um policial os encontrou e eles atiraram nele.

– Sim, eu sei – respondi. – E o que aconteceu depois? – Essa tinha sido a primeira vez, em todas as nossas conversas, em que ela mencionava a busca pelo tesouro.

– Eles voltaram para Londres, todos os três.

– E a mulher?

– Que mulher? – quis saber ela, encarando-me fixamente.

– A mulher que estava com eles – respondi deliberadamente, lembrando-me de que o telegrama que ela tinha me enviado viera da Estação King's Cross.

– Não sei nada sobre ela – foi a sua resposta. – Estou falando de meu pai, Selby e o corcunda. Eles voltaram para Londres às sete da manhã e foram para a Harpur Street.

– E então?

– Eu fui para lá às nove horas, mas a casa ainda estava fechada e ninguém me ouviu chamar, embora eu saiba que eles chegaram lá por volta das oito horas. A cortina está levantada agora, e o filhote de urso está na janela – acrescentou com rouquidão na voz. – Há morte naquela casa!

– Morte! É isso que aquele sinal estranho significa? – arfei. – Você realmente suspeita de que alguma tragédia tenha acontecido?

– Sim! – gritou com voz rouca. – Temo que sim. Estive lá três vezes esta manhã e ninguém parece ouvir meus chamados. Ah, Sr. Kennedy, você não sabe qual é o terrível segredo… o terrível…

Mas ela parou de falar, como se tivesse medo de me contar toda a verdade.

– É por isso que você teme pela segurança de seu pai? – perguntei, uma nova perspectiva subitamente se abrindo diante de mim.

– Exatamente! – gritou ela, a mão branca e trêmula segurando meu braço. – Eu tenho muito medo. Você pode me acompanhar até a Harpur Street?

– Com toda a certeza – respondi. – Mas se você teme que uma tragédia tenha acontecido, será que não é melhor chamarmos a polícia?

– Chamar a polícia? – arfou ela, o rosto empalidecendo de imediato. – Ah, não! Vamos ver como estão as coisas primeiro. A polícia não pode saber de nada, entende? Não podemos levantar suspeitas. Eu sei que eles voltaram, porque ontem à noite, às onze horas, depois que tinham partido para Crowland, todas as cortinas estavam fechadas, mas agora uma das cortinas está aberta e o sinal está na janela.

Percebi que ela estava nervosa e agitada, e pude notar que suas suspeitas se baseavam em algo que eu desconhecia. Ela acreditava que alguma tragédia horrível tinha acontecido naquela casa misteriosa na Harpur Street e pediu minha ajuda para descobrir o que era.

– Você não vai me culpar, não é? – perguntou ela com uma voz séria.

– Eu sou culpada, sei disso... Porém, como você ouviu tudo e está ciente das circunstâncias extraordinárias que me tornaram a pessoa que sou hoje, sei que você vai me perdoar e que agirá com indulgência em relação aos meus erros. Prometa-me que fará isso – implorou ela com muita seriedade, segurando a minha mão.

Fiz a promessa e então ela seguiu apressada até o cômodo ao lado e reapareceu um instante depois vestindo um chapéu e um casaco. Seguimos rapidamente em direção àquela rua curta e lúgubre em Bloomsbury e, ao me aproximar da casa, vi que as cortinas venezianas sujas estavam todas fechadas, exceto aquela onde ficava o sinal misterioso.

Depois de saltar do cabriolé, galgamos os degraus sujos e abandonados e tocamos a campainha. A sineta ressoou alto em algum lugar nos fundos da casa, mas ninguém atendeu. Eu era a favor de ir até a delegacia de polícia mais próxima e contar as nossas suspeitas ao inspetor, mas Judith não concordava com isso.

– Não! – berrou ela, apavorada com a minha sugestão. – A polícia não pode saber de nada, absolutamente nada. Se ficarem sabendo de algo, eu mesma sofrerei as consequências.

Suas palavras foram, no mínimo, muito curiosas.

– Não – continuou ela –, precisamos tentar entrar por conta própria. Vamos arrombar a porta ou algo assim.

Arrombar uma porta forte e antiga como aquela seria difícil, logo percebi. O trinco era patenteado, e trazia o nome de um renomado fabricante gravado sobre o buraco da fechadura, que parecia nova. Seria quase impossível arrombar a porta da frente em uma via pública em plena luz do dia sem chamar atenção. Portanto, dizendo-lhe para aguardar pacientemente onde estava a fim de não despertar a suspeita dos vizinhos, esperei uma oportunidade e pulei o portão trancado. Então, desci a escada até a porta da cozinha no porão, que também estava firmemente trancada. Ao examinar a janela, porém, percebi que as venezianas estavam apenas fechadas, e não trancadas. Então, pedi para a minha amada ir até a Theobald's Road e comprar um cinzel, um cortador de vidraceiro e uma espátula, e trazê-los para mim o mais rápido possível.

Judith atendeu ao meu pedido imediatamente e, enquanto ela não voltava, agachei-me sob os degraus da frente em um ponto em que os transeuntes não pudessem me ver. Quando ela voltou, quinze minutos mais tarde, jogou as ferramentas para mim enquanto passava em frente à casa, antes de atravessar a rua.

A porta resistiu a todos os meus esforços, então voltei minha atenção para a janela, conseguindo enfim destrancá-la com a espátula. Então, abri o ferrolho das venezianas e rastejei para o interior da cozinha suja e sombria.

Em seguida, a Lady Judith subiu os degraus da porta da frente e, em meio à penumbra, tateei meu caminho escada acima, chegando ao amplo corredor antiquado, e, depois de alguma dificuldade com aquela fechadura complicada, abri a porta para ela.

Então, juntos seguimos para averiguar que mistério aquele lugar fechado e lúgubre guardava.

O cômodo do filhote de urso

Judith, para quem aquela casa de mistério não era desconhecida, conduziu-me até a sala da frente, onde certa vez eu havia esperado por ela; porém, os raios de luz que se infiltravam pelas frestas das venezianas fechadas não revelavam nada de incomum. A sala estava abandonada e empoeirada, mas organizada da mesma forma que antes. O cômodo ao lado era um quarto bagunçado e com a cama desarrumada, mas não havia ninguém nele.

Apreensivos e ofegantes, subimos as escadas até o cômodo em que estava o filhote de urso empalhado, mas descobrimos que a porta estava trancada e a chave, desaparecida. Espiamos pelo buraco da fechadura, mas não conseguimos discernir nada. Demos batidas fortes na porta, mas não recebemos resposta.

– Vamos ter que arrombar a porta – comentei, pois não havia outro jeito. E, recuando, corri em direção à porta e choquei-me contra ela com toda a minha força.

Uma, duas vezes repeti a tentativa, mas foi em vão. Por fim, no entanto, minha amada, em sua pressa frenética de descobrir a verdade, jogou seu peso contra a porta ao mesmo tempo que eu, e, com nossos esforços conjuntos, conseguimos arrancar a fechadura barata do ferrolho, e a porta cedeu. Entramos com tudo na sala de visitas longa e antiquada, decorada com tecidos em um tom de verde desbotado, um estilo que saíra de moda havia muito tempo.

A cortina, que estava parcialmente aberta, permitia a entrada de um pouco de luz e, no instante seguinte, nosso olhar recaiu sobre uma cena que nos encheu de horror e fez com que gritos de consternação escapassem involuntariamente de nossos lábios.

Selby estava estirado em uma poltrona, a cabeça pendendo apaticamente em direção ao peito; ao passo que o corcunda, com as mãos estendidas e com os punhos fortemente cerrados, jazia de bruços no carpete atrás da mesa.

Inclinei-me e toquei seus rostos, um de cada vez. Eles estavam frios como mármore.

Os dois homens estavam evidentemente mortos havia algumas horas.

– Mas e o meu pai? O meu pobre pai! – lamentou-se Judith. – Onde ele está? Ele deve estar aqui nesta casa! Vamos procurar por ele.

E ela começou a ir freneticamente de um cômodo para o outro, enquanto eu a seguia, ofegante e surpreso com aquela descoberta trágica.

No entanto, embora tenhamos revistado os sótãos e até mesmo as adegas, não o encontramos. Era evidente que ele não estava lá.

Subimos as escadas novamente em direção àquela sala dos horrores, onde os dois homens jaziam pálidos e mortos, uma visão realmente pavorosa. E assim que adentramos o cômodo, Judith se queixou subitamente de uma dor aguda no braço esquerdo e de um formigamento curioso na cabeça.

Coincidentemente, senti exatamente a mesma coisa em meu braço esquerdo; sintomas muito semelhantes, na verdade, àqueles que eu havia sentido depois de examinar o Livro Fechado.

– Oh! – gritou ela. – Já entendi. Passei as mãos ao longo do corrimão da escada e senti um arranhão. Olhe a minha mão! Olhe! Eu fui envenenada!

Olhei para a mão esquerda de Judith e vi um leve corte em sua palma. Então, olhei para a minha e percebi, para minha consternação, que tinha um arranhão exatamente igual.

– Por que você acha que foi envenenada? – questionei rapidamente. – Você acha que esses homens morreram por esse motivo?

– Sem dúvida – respondeu ela. Porém, ao fazer uma rápida inspeção nas mãos dos homens mortos, não encontrei nenhum corte. – Ah! – lamuriou-se ela. – Você não sabe de nada. Eu estou condenada à morte, e nada poderá me salvar agora.

Não mencionei meus próprios sintomas, temendo que pudesse aumentar a preocupação dela. Então, apenas disse:

– Se você realmente acredita que foi secretamente envenenada, acho que posso lhe dar algo que pode ser útil. Porém, não temos tempo a perder, e precisamos procurar a farmácia mais próxima.

– Nenhum remédio adianta contra isso. Fui vítima dele, como sabia que seria, mais cedo ou mais tarde. Daqui a meia hora estarei morta – declarou ela com voz rouca, olhando fixamente para o arranhão quase imperceptível em sua delicada palma branca. – Ah! Por que vim para este antro da morte quando suspeitava… não, quando eu *sabia* muito bem da desgraça que acomete aqueles que aqui adentram!

– Venha, Lady Judith! – chamei às pressas. – Não temos tempo a perder. Tenho certeza de que seu caso não é tão irremediável quanto pensa. Temos que ir até uma farmácia imediatamente. – E, levando-a à força pelo braço, a conduzi escada abaixo e em direção à rua.

Não havia nenhum cabriolé à vista, mas eu sabia que havia uma farmácia na Theobald's Road, ao lado do *pub* onde eu havia jantado na minha primeira noite depois de retornar para Londres.

Ao entrar na loja, fiz Judith se sentar e rapidamente comprei uma seringa hipodérmica. Então, tirando do bolso o frasquinho de vidro verde em que o antídoto dos Bórgias ainda estava hermeticamente fechado, abri a tampa, enchi a seringa minúscula até a metade com o fluido marrom-escuro e injetei a agulha no braço esquerdo dela. Era, de fato, uma sorte que eu o tivesse guardado no bolso, em vez de devolvê-lo à caixa junto com os outros objetos.

– O que é isso? – quis saber ela. Porém, prometendo que explicaria tudo mais tarde, administrei em mim mesmo uma injeção daquela substância preciosa.

Judith se sentiu melhor quase instantaneamente, conforme me disse, e eu mesmo também comecei a sentir meus sintomas se dissiparem. As dores agudas em meus membros ficaram mais fracas, e a sonolência que me dominava foi embora. O antídoto agia feito mágica e, qualquer que fosse sua natureza, aqueles três séculos que passara guardado não tinham afetado sua capacidade de neutralizar os efeitos daquele veneno poderoso.

Quando tínhamos descido as escadas da casa, eu avistara de relance uma ponta de aço afiada projetando-se ligeiramente do corrimão de mog-no polido. A madeira parecia mais escura naquele ponto, como se tivesse sido manchada por algum líquido que era aplicado na ponta de tempos em tempos. Seria possível que a ponta de aço realmente tivesse sido envenenada com intenções vis? Certamente parecia ser o caso.

No entanto, a morte misteriosa daqueles dois homens, que haviam sido meus inimigos, certamente não poderia ser atribuída à mesma causa, pois a palma de suas mãos não apresentava qualquer sinal de ferimento.

Olhei para a minha própria mão enquanto dava uma explicação falsa ao farmacêutico, cuja curiosidade havia sido despertada por minhas ações. A pele tinha sofrido um leve arranhão de quase cinco centímetros de com-primento, como um corte causado por um alfinete, e ainda assim eu não tinha sentido nada antes de Lady Judith chamar minha atenção para o fato. O veneno, fosse o que fosse, tinha o efeito de produzir insensibilidade na parte lacerada. O pequeno frasco de cristal que havíamos encontrado em Threave de fato fora roubado em Dover Street; porém, ainda que o antídoto tivesse agido com sucesso, não me parecia que o líquido daquele frasco roubado tivesse sido usado para nos envenenar. Devia haver alguma outra explicação mais profunda, pois a mulher que eu amava não havia admitido que sabia que aqueles que entravam naquela casa lúgubre e sombria estavam condenados, e que o sinal do filhote de urso significava a morte?

Depois, quando Judith se sentiu melhor, saímos de novo para a rua. Era nosso dever informar à polícia a respeito da misteriosa tragédia que acontecera na Harpur Street, mas ela comentou que, nas atuais circunstâncias, teria sido muito melhor permitir que outras pessoas a descobrissem. Algum transeunte sem dúvida notaria que a janela da cozinha tinha sido arrombada, então instaurariam uma busca por ladrões e a verdade seria revelada.

– Mas você não vai me contar o que sabe sobre aquele lugar estranho e seus moradores? – perguntei.

– Mais tarde, depois que eu descobrir o que aconteceu com meu pai – foi a resposta dela. – Tremo só de pensar em como nós dois chegamos perto da morte. Você salvou a minha vida, Sr. Kennedy.

– Era o meu dever. Também fui envenenado do mesmo modo. Nós dois poderíamos ter sucumbido, assim como aqueles dois homens, não fosse pela feliz coincidência de eu estar em posse de um antídoto.

– Ah! – Ela suspirou. – A morte chega mais cedo ou mais tarde para aqueles que visitam aquela casa fatal. – Em seguida, acrescentou: – Vamos pegar um cabriolé para casa. Estou nervosa com o que acabamos de descobrir, pois só torna o mistério ainda maior.

– Então é um mistério até mesmo para você?

– Sim, até mesmo para mim – declarou ela, e então ficou quieta e perdida em pensamentos.

Quando, quinze minutos depois, entramos no átrio da Grosvenor Street, o lacaio entregou a ela um telegrama, que Judith leu e então me entregou rapidamente para que eu também o lesse. Dizia o seguinte:

Nesta manhã, o tesouro da abadia foi encontrado em Crowland pelo pároco e os amigos de Kennedy. Eu estive presente nas escavações. Chego em casa às quatro e meia. Diga a Kennedy. – Glenelg.

– Veja isso! – berrou ela em uma empolgação alucinada. – Meu querido pai está são e salvo, afinal! Ao que parece, ele ajudou na busca de seus companheiros e o tesouro foi realmente encontrado.

Fiquei parado com o telegrama na mão, completamente estupefato.

Ela se recusou a me dar mais explicações sem o consentimento do pai e, como já eram três e meia, resolvi aguardar o retorno do conde. Querendo saber se meus amigos em Crowland haviam me enviado alguma mensagem, peguei um fiacre para a Dover Street, onde o porteiro me entregou um telegrama de Walter, também anunciando a grande descoberta e dizendo que ele voltaria para Londres com o conde e me encontraria na Grosvenor Street.

À vista disso, voltei às pressas para junto de Judith e sentei-me com ela no quartinho aconchegante que ela usava como *boudoir*, até que houve um som estridente na porta e os dois homens entraram.

– Pai! – exclamou Judith, levantando-se e atirando os braços em volta do pescoço dele. – Estamos em segurança! Finalmente estamos em segurança!

– Em segurança? – repetiu ele. – Como assim? O que aconteceu?

– Os dois homens estão mortos – declarou ela. – Eles estão naquele cômodo na Harpur Street. O Sr. Kennedy arrombou a porta e nós dois os encontramos.

– Mortos! – arfou o conde, olhando fixamente para a filha. – Quem poderia tê-los matado?

– Ah! Não tem como saber! – exclamou ela. – Mas eu temia por você, pois sabia o quanto eles eram astutos. Ainda assim, eles felizmente foram vitimados, e você, a quem pretendiam matar, escapou ileso.

– Ora, Lady Judith, isso é muito espantoso! – exclamou Walter Wyman. – Você pode explicar a questão? Quem eram esses homens que morreram?

– Selby e o corcunda – foi a resposta dela. – Pergunte ao Sr. Kennedy. Ele contará a você.

Então, Walter se virou para mim e eu expliquei brevemente a nossa descoberta medonha e como havíamos escapado da morte por um triz. Ele ficou perplexo e, por sua vez, contou-me como haviam encontrado todo o tesouro da abadia, correspondendo quase item por item à lista fornecida pelo Livro Fechado. Assim que tinham começado a escavar, com a ajuda de uma dúzia de trabalhadores, o conde de Glenelg tinha aparecido, se apresentado e, para a surpresa de todos, prestara uma ajuda valiosa. A princípio, é claro, eles tinham ficado desconfiados, lembrando-se da busca noturna de algumas semanas antes; porém, por fim, confiantes de que o conde agia com boas intenções e que seu interesse era o de um antiquário entusiasta, aceitaram a amizade dele.

Ele havia expressado a Walter o desejo de me conhecer, e foi por essa razão que a dupla viajara até Londres, deixando o valioso tesouro nas mãos do pároco, de Fred e de Sammy Waldron.

– Se, como você me diz, os dois homens estão mortos, Sr. Kennedy, então não vejo mais razão para segredos – declarou o conde, enfim virando seu rosto cinzento na minha direção e pousando uma das mãos no ombro da filha em um gesto tenro. – Judith talvez pudesse lhe explicar as coisas melhor do que eu. Mas, como é a vontade dela, relatarei a você os fatos como os conheço.

O olhar doce de Judith encontrou o meu e vi que ela estava ofegante e nervosa, como se tivesse medo de que a verdade fosse revelada. Seu rosto estava pálido e vigilante, e ela estava ligeiramente agarrada ao pai, como se contasse com sua proteção paternal. Parecia apreensiva, como se, mesmo agora, ela fosse manter seu estranho segredo escondido de mim.

Contém a história do conde de Glenelg

Houve uma pausa longa e dolorosa.

– Oito anos atrás, eu estava morando com minha esposa e Judith na Villa Carracci, no Val d'Ema, perto de Florença, e foi ali que conheci o corcunda Graniani, ou Fra Francesco, como ele era chamado à época, pois era um monge no mosteiro Certosa em Galuzzo – disse o conde de Glenelg com uma voz séria e tensa. – Ele veio até mim para pedir dinheiro para caridade. Nossa conversa girou em torno de livros e manuscritos antigos, e descobri, para minha surpresa, que ele era muito versado no estudo da paleografia. Ao descobrir que eu era um colecionador, ele me convidou para ir ao mosteiro certo dia, e lá me mostrou os tesouros da biblioteca, incluindo um manuscrito impressionante de Arnoldus. Lá em Siena, disse o corcunda, morava um amigo inglês, chamado Selby, com quem ele conversava com frequência. Certa tarde, enquanto visitava o mosteiro Certosa, fui apresentado a esse homem, e descobri que ele era uma pessoa com um passado um tanto obscuro e que vivia em Siena totalmente recluso. Logo de cara ocorreu-me que o sujeito, assim como muitos outros que encontramos na Itália e em outros lugares, tinha se metido em encrenca na Inglaterra e morava no exterior para evitar a cadeia. Nós nos encontramos em várias ocasiões, e não pude evitar a suspeita de que havia algum laço de amizade singular entre aquele monge corcunda e o meu compatriota de rosto moreno e de aspecto oleoso, que levava uma vida de eremita, às vezes em Pisa, outras vezes em Siena, e frequentemente em Roma.

"Minha esposa fazia doações frequentes ao Fra Francesco, por isso o irmão leigo era uma visita constante e costumava nos trazer presentes em troca, como uvas, figos e verduras do jardim do mosteiro. Eu mesmo fiquei interessado em relação a ele, pois seus conhecimentos me ajudaram diversas vezes nos estudos paleográficos da Biblioteca Laurenziana e dos arquivos do Palazzo Vecchio. Então, gradualmente, a ligação dele com o eremita inglês desapareceu da minha mente.

"Cerca de um ano depois, uma tragédia esmagadora recaiu sobre mim. Certa manhã, eu tinha ido até Florença para fazer algumas pesquisas nos arquivos e, ao retornar, encontrei minha pobre esposa sentada em seu pequeno cômodo, fria e morta. Ao que parecia, ela recebera Fra Francesco no átrio, pois ele havia aparecido para nos presentear com uvas, e ela lhe deu algumas liras. As uvas foram levadas para a sala de jantar e em seguida minha esposa foi direto para o seu *boudoir*, onde deve ter morrido sem poder gritar por ajuda. A autópsia foi minuciosa e verificou-se que morte ocorrera por conta de uma insuficiência cardíaca súbita.

"Durante as investigações, Fra Francesco alegou que minha esposa parecia bastante bem de saúde quando oferecera a ele a doação em dinheiro e que havia lhe dito para retornar na segunda-feira seguinte. Selby estava em Florença e apareceu para me prestar condolências no dia em que minha pobre esposa foi enterrada no cemitério inglês. Depois disso, peguei Judith e nos tornamos viajantes, seguindo de um lado para o outro através do continente. As pessoas me tachavam de excêntrico por eu ter abandonado Twycross e a minha casa aqui, e por preferir viver em hotéis e pulando de um ponto para o outro."

Ele soltou um suspiro e então acrescentou:

– Mas eles não sabiam que eu viajava com um objetivo fixo, nem que, muitas vezes, quando meus amigos supunham que eu estivesse a milhares de quilômetros de distância, eu estava morando aqui em segredo, saindo apenas à noite por medo de ser reconhecido. Você logo saberá o motivo por trás disso.

– Ah, sim! – interrompeu a Lady Judith, com o rosto um pouco mais pálido. – Um objetivo que agora felizmente foi cumprido.

– Minha filha aqui era só uma criança quando minha pobre esposa morreu – continuou o conde, falando naquele tom mecânico e reflexivo que usou durante todo o relato, narrando uma história dolorosa apenas por seu senso de dever. – Nos três primeiros anos, ela morou, indo e voltando, em um convento em Angers, e depois, como minha companhia constante, levou uma vida de viagens incessantes, uma existência que felizmente se encerrou hoje mesmo. Bem, não preciso descrever nossas perambulações cansativas, nossas mudanças rápidas de uma cidade para outra, nem nossos constantes subterfúgios para disfarces. Basta que eu conte sobre os dias de hoje.

"Por meio de investigações minuciosas e observações pessoais, eu havia descoberto que, cerca de um ano depois da morte da minha esposa, Fra Francesco havia sido forçado a deixar a Ordem por conta de conduta irreligiosa, e que tanto ele quanto aquele sujeito Selby, que descobri ser um químico de considerável competência que havia trabalhado em um dos hospitais de Londres, tinham algum grande segredo. Os dois viajavam juntos frequentemente, hospedando-se nos melhores hotéis, como o Langham, em Londres, o Chatham, em Paris, o Metropole, em Viena, o Shepheard's, no Cairo, o Métrople, em Monte Carlo, o Grand, em Roma, e nas casas de primeira ordem em Bombaim, Sydney, São Francisco e Nova Iorque. Os dois de fato perambularam pelo mundo todo e, estranhamente, em vários dos lugares por onde passavam, alguma pessoa rica, homem ou mulher, morria repentinamente, e os médicos sempre atribuíam a morte à mesma causa vaga da morte de minha pobre esposa: insuficiência cardíaca.

"Desse modo, foi confirmada a minha suspeita de que aquele monge apóstata e seu companheiro duvidoso tinham realmente descoberto algum veneno secreto que, assim como o veneno dos Bórgias, era difícil de ser detectado e poderia ser usado da mesma forma sutil e com o mesmo efeito letal. Minha suspeita tinha surgido quando, ao mexer nos papéis de minha falecida esposa, encontrei um bilhete que Fra Francesco havia lhe enviado pouco antes de ela morrer, que mostrava que, de alguma forma, ela descobrira sobre o veneno secreto e sabia a causa da morte de um pequeno proprietário de terras chamado Bardi, cuja propriedade era adjacente à da Villa Carracci. Sem dúvida, foi graças ao conhecimento dela sobre o crime covarde, e ao medo que o corcunda sentia das denúncias, que minha pobre esposa foi assassinada."

– Então você passou todos esses anos vigiando aqueles homens? – perguntei, totalmente perplexo com essa revelação.

– Exatamente – foi a sua resposta séria. – Eu os segui por toda parte, observando em segredo a forma engenhosa e insuspeita com que matavam, enquanto enriqueciam sem medo de serem descobertos, pois eram espertos o suficiente para nunca serem associados à fatalidade em si. Na verdade, eles podiam controlar o veneno, qualquer que seja ele, de modo que a morte acontecesse quase instantaneamente ou, se assim desejassem, só dali a vários dias. A motivação dos dois sempre era, é claro, o roubo. Sob uma dúzia de nomes falsos eles seguiram com essa artimanha covarde, causando a morte em sete ocasiões diferentes, até onde sei, sem compaixão nem remorso.

"Entre as pessoas que foram vitimadas por eles estavam Clement Harrison, o conhecido corretor da bolsa de valores, de Wall Street, Nova Iorque, de cuja morte repentina em Paris vocês provavelmente devem se lembrar; uma mulher chamada Blacker, criada da duquesa da Cornualha, de quem roubaram alguns diamantes que a desafortunada mulher mantinha no

Hotel Métrople em Viena; um banqueiro chamado Lefevre, que morreu repentinamente em seu escritório no Boulevard Haussmann; e um príncipe polonês chamado Lebitski, que morreu misteriosamente no mesmo hotel em que os dois homens estavam hospedados em Sydney.

"Eu enumero esses casos apenas para mostrar a vocês o progresso dos crimes atrozes cometidos por eles. Com a última vítima que citei, eles conseguiram pelo menos trinta mil libras em dinheiro e títulos; e, não obstante, embora eu tivesse total certeza de que eram culpados, estava de mãos atadas e não podia denunciá-los, pois nunca houvera a menor suspeita de envenenamento. Na verdade, em vários dos casos, a fim de satisfazer a polícia, as vísceras eram submetidas a uma autópsia e, diante do resultado, qualquer suspeita de veneno era deixada totalmente de lado."

– Então você não se atreveu a denunciá-los – comentou Wyman, ouvindo aquela história extraordinária tão atentamente quanto eu.

– Não, não me atrevi. Eu tinha certeza de que sabia qual era aquela verdade surpreendente, porém, em nenhum dos casos houve a menor evidência de que qualquer um dos homens pudesse estar envolvido com a morte da vítima.

"Dois anos atrás, no entanto, a dupla começou a agir de uma forma que me deixou intrigado por muito tempo. Eles se separaram repentinamente enquanto estavam em Nova Iorque. Selby voltou para Liverpool e Graniani pegou um barco no norte da Alemanha e zarpou para Gênova. Era evidente que eles detinham uma quantidade considerável de dinheiro, mas ambos eram espertos o bastante para não demonstrar. Na verdade, nenhum dos dois jamais exibira qualquer sinal de riqueza. Graniani costumava se passar por um homem deformado de vida relativamente tranquila, tendo Selby como um ajudante contratado.

"Ao se separar de seu cúmplice, Selby passou um mês em Londres e depois foi para a Índia durante o inverno, hospedando-se com um amigo militar em Bombaim. Nada aconteceu, entretanto, embora eu e Judith o tivéssemos seguido. As motivações por trás desse último acontecimento me confundiam até que, cerca de um ano atrás, ele voltou para Londres, alugou aquela casa na Harpur Street e pegou um apartamento confortável para si mesmo em Walsingham House, em Piccadilly. Ele contratou uma velhinha de aparência estranha chamada Pickard para trabalhar como governanta na Harpur Street, e passava cerca de metade de seu tempo lá, profundamente recluso, ao que parecia."

Bastante triste, o homem de cabelos grisalhos continuou a contar:

– Com a ajuda de Judith, vigiei aquela casa de modo atento e contínuo, e não demorei a chegar à conclusão de que um filhote de urso empalhado estava sendo colocado na janela em certos momentos como um sinal secreto para algum transeunte. Porém, embora tenha empregado toda a minha engenhosidade e passado dias e noites naquela rua sombria, não consegui descobrir seu significado. Por fim, depois de tantos anos os vigiando, resolvi que estava na hora de abordar aquele malfeitor para prendê-lo e desmascará-lo.

"Foi este o motivo que me levou a participar da conspiração, para descobrir a verdade e livrar a sociedade daquele terrível perigo. Certa noite, portanto, eu o segui de Walsingham House até o Daly's Theatre e, tendo me sentado no assento ao lado do dele, fingi reconhecê-lo de súbito. A princípio, ele ficou intrigado tentando lembrar quem eu era, mas logo se recordou e passamos a nos tratar de forma amigável. Ele provavelmente pensou que poderia me usar para chegar a certos homens ricos que poderiam vir a ser suas vítimas, e com esse propósito me passou seu endereço em Piccadilly, convidando-me para uma visita. E eu fui, apesar do grande risco que corria. Até onde eu sabia, ele poderia me atingir com aquela arma secreta e terrível à qual ninguém poderia resistir, e ele certamente teria feito isso sem remorso se soubesse todos os anos e todo o tempo e dinheiro que investi à procura dele.

"Mas mantivemos uma relação amigável e vocês podem muito bem imaginar como fui obrigado a ser sempre cuidadoso para ocultar o fato de que eu sabia sobre seus anos de viagens e sobre seus crimes covardes. Toda vez que nos encontrávamos, aqui ou em seu apartamento aconchegante em Piccadilly, eu não sabia se ele poderia suspeitar de mim e tentar me matar com seu método secreto. Nos velhos tempos, na Itália, ele sabia do meu amor por códices e manuscritos, e como ele também era uma espécie de especialista no assunto, tínhamos alguns gostos em comum.

"Na verdade, foi com base nisso que fingi consolidar a nossa amizade. Eu o recebi em Twycross certa vez, e mostrei a ele toda a minha coleção. Além disso, fomos juntos à Sotheby's mais de uma vez para que ele pudesse se valer do meu conhecimento ao fazer suas aquisições, pois ele mesmo estava juntando uma pequena coleção. Durante todo esse tempo, ele obviamente não fez nenhuma menção à casa misteriosa na Harpur Street."

– Você realmente esteve em uma posição muito perigosa – comentei.

– Ele certamente o teria envenenado caso suspeitasse de alguma coisa.

– Com toda a certeza. Assim como seu inescrupuloso companheiro Graniani, ele não se detém diante de nada. Ele poderia ter me matado em uma dúzia de ocasiões se quisesse. Eu estava convencido de que ele e o seu cúmplice tinham encontrado, em algum manuscrito antigo, no Mosteiro Certosa, creio eu, o segredo da *cantarella* dos Bórgias. Certa tarde, ele veio me visitar aqui e me contou, confidencialmente, sobre uma descoberta paleográfica muito importante que seu amigo, o Fra Francesco, havia feito. Ele acrescentou que este não era mais um monge em Certosa, pois aquele mosteiro havia sido dissolvido pelo governo italiano, e isso eu sabia que era verdade.

"O manuscrito em questão não era nada menos do que o célebre Arnoldus de Certosa, que caíra nas mãos do prior de San Sisto em Florença e fora comprado por um colecionador inglês: você. Graniani perdeu a oportunidade de pegar o manuscrito, pois acreditava que não era o volume precioso do mosteiro, e sim uma cópia menor e menos valiosa que ele sabia que estava na biblioteca. Depois que você comprou o livro, no entanto, Graniani descobriu, para seu grande desgosto, que se tratava do grandioso Arnoldus, o volume que continha algumas coisas estranhas escritas em inglês por um monge britânico chamado Lovel, que havia passado seus últimos dias naquele ilustre mosteiro. De acordo com ele, havia muitos segredos estranhos e notáveis naquele registro; segredos sobre Lucrécia Bórgia, sua vida e o paradeiro de suas joias, sobre os quais Fra Francesco havia lido anos antes quando, como irmão leigo, tivera acesso ao manuscrito. Naquele momento, ele estava prestes a obter a posse do livro e enviá-lo para a Inglaterra, a fim de que as informações nele contidas pudessem ser investigadas e confirmadas."

– Eles o roubaram da minha casa em Antignano – declarei às pressas. – Foi uma mulher italiana chamada Anita Bardi quem o roubou!

– Eu sei. A velha Sra. Pickard foi até Paris, onde encontrou a mulher, e então levou o livro para a Harpur Street. Naquela noite, Selby o examinou sozinho e começou a ler o relato. Então, foi acometido por dores descomunais e se viu obrigado a chamar um médico. Ele me mostrou o manuscrito em Walsingham House no dia seguinte, mas o analisamos com luvas, pois ele declarou que as folhas de velino tinham sido impregnadas de veneno. Depois disso, o livro desapareceu misteriosamente da Harpur Street.

– Ele voltou para as minhas mãos – admiti, explicando como tinha pedido a ajuda do meu amigo Noyes, que era policial.

– Selby não tinha terminado de copiar o relato todo, por isso erramos os cálculos na localização em Threave – explicou o conde. – É claro que, quando Graniani voltou a Londres e o plano deles de encontrar o tesouro chegou ao meu conhecimento, Judith e eu declaramos que estávamos prontos para ajudar. Em primeiro lugar, para descobrir o segredo daquela casa misteriosa em Bloomsbury e, em segundo, para reunir provas suficientes para acusar os homens por seus crimes covardes. Como participantes da conspiração, finalmente tivemos permissão para entrar naquela casa, e descobrimos que era um lugar sombrio e lúgubre. O sinal do filhote de urso ainda nos intrigava, e os motivos por trás das visitas secretas de Selby ao lugar ainda eram igualmente inexplicáveis. Judith fez tudo que pôde para tentar desvendar o mistério, agindo de forma destemida, embora soubesse muito bem que, a qualquer momento, se levantasse a menor das suspeitas, ela seria vítima de assassinato, do mesmo modo que acontecera com a sua querida mãe.

– Foi para vingar a minha mãe que fiz tudo o que fiz – declarou Lady Judith. – Eu estava determinada a descobrir a verdade sobre aqueles dois homens monstruosos e desvendar o mistério daquela casa e seu sinal secreto. Você queria uma explicação para a minha conduta. Porém, como eu poderia contar a você sem antes narrar a história trágica, estranha e notável que meu pai acabou de relatar? Eu prometi que você saberia a verdade um dia, e agora você a ouviu.

– Eu entendo – respondi. – Mas não tudo.

– Ah, não! Você não sabe de tudo – declarou ela e suspirou, estendendo a mão na minha direção. – Quando souber, não será capaz de perdoar.

– Perdoar! Perdoar o quê? – perguntei, agitado, mas o pai de Judith se apressou em acalmar os ânimos da filha.

– Sim – continuou ela com a voz rouca. – Você deve saber de uma vez por todas que eu estava envolvida no terrível segredo daquela casa. Por sugestão de Selby, convidei um amigo dele para almoçar lá, o jovem Leslie Hargreaves, um homem rico que eu já conhecia e que, creio eu, me admirava. Ele foi à Harpur Street para me encontrar para um almoço no mesmo dia em que você me viu na janela; porém, meia hora depois de ele ter retornado aos seus aposentos na Shaftesbury Avenue, o mordomo o encontrou morto, e sumiram de seus bolsos notas no montante de quase quinhentas libras, que se sabia que estavam lá! Eu suspeitava da intenção daqueles homens, mas ainda assim permiti que a vida daquele rapaz fosse sacrificada! Eu nunca vou me perdoar por isso. Nunca!

– Mas você não sabia qual era a real intenção deles! – declarei, tentando justificar suas ações. – Hargreaves era amigo de Selby, pelo que você disse. Nesse caso, você certamente não tinha ideia de que seriam desleais, visto que você mesma tinha relações amigáveis com aqueles homens, e eles nunca tentaram machucá-la.

– Mas eu deveria ter sido mais cautelosa – lamentou-se ela. – Eu deveria ter salvado a vida dele. Meus atos são imperdoáveis perante Deus, assim como perante o homem! – E ela cobriu o rosto pálido com a mão, soluçando com remorso e amargura.

Inclinei-me na direção de Judith e ali, diante do pai dela e de Wyman, tentei consolá-la. Que palavras apaixonadas e consoladoras eu proferi, não me lembro. Eu só estava ciente de uma coisa: ela enfim havia desmoronado por completo. E então, quando eu garanti a ela que perdoava tudo, e que, em vista daquelas circunstâncias, ela não poderia se sentir culpada pela morte lamentável do jovem Hargreaves, ela ergueu a cabeça e sorriu para mim em meio às lágrimas, enquanto eu expressava meu amor. E ali, diante de Wyman e de seu pai, ela declarou que a paixão que estava me consumindo era recíproca.

E então eu soube que ela era minha: a minha doce amada. Seus olhos se encheram de lágrimas, e por um momento ela apoiou a cabeça no meu ombro, chorando baixinho. Ela estava se lembrando daquele passado longo e terrível, e de como ela e o pai finalmente haviam vingado a morte da mãe e derrotado as vilanias daquela dupla perigosa de assassinos. Eu sabia muito bem disso. Segurei as mãos dela sem dizer uma palavra sequer, pois o meu coração transbordava.

Por meio do qual o livro permanece aberto

Mas vamos seguir em frente.

Talvez eu já tenha me alongado muito neste relato sobre um episódio estranho de minha vida atribulada. No entanto, você, meu leitor, talvez me perdoe quando se lembrar de que, graças àquele volume bolorento e impregnado de veneno, o Livro Fechado – que pode ser visto por você a qualquer momento no departamento de manuscritos do Museu Britânico, exposto sozinho em um mostruário de vidro lacrado –, encontrei o amor e a fortuna de uma maneira totalmente inesperada.

Sobre o amor eu já contei. E, quanto à fortuna, descobrimos que a Lei do Achado do Tesouro é tão flexível quanto todas as outras leis. Você sem dúvida leu um dia desses sobre a venda das esmeraldas dos Bórgias para a esposa de um milionário estadunidense por intermédio de Garnier, o renomado joalheiro da Rue de la Paix, e sobre o valor elevado pago por aquelas pedras preciosas históricas.

Se tiver alguma curiosidade a respeito do tesouro da Abadia de Crowland, você poderá descobrir, se pesquisar, que o altar e alguns outros objetos estão expostos no Museu Britânico. Dois cálices, um ofertório e algumas joias soltas permaneceram, por meio de um acordo amigável, com o Sr. Mason; enquanto Fred Fenwicke, Sammy Waldron e Walter Wyman, é claro, participaram igualmente da grande descoberta. A maior parte do tesouro, no entanto, ainda está em minha posse, e separei uma caixa de joias antigas intactas como um presente para Judith em nosso casamento, ao qual ela anuiu após o consentimento livre e voluntário de seu pai.

Quanto ao mistério da casa na Harpur Street, telegrafei naquela mesma noite para Noyes, para quem contamos toda a história, mas não antes que ele tivesse prometido que nenhum de nós seria envolvido naquela tragédia dupla que ocorrera.

Pela primeira vez em sua vida, o inspetor de polícia, que era genial e bem-treinado, ficou totalmente perplexo. Então, extremamente prático como era, ele nos deixou às pressas, chamou um cabriolé e foi embora.

No dia seguinte, os jornais estampavam a descoberta misteriosa, mas nem a imprensa nem o público jamais descobriram o verdadeiro segredo daquela casa mortal. Na verdade, foi só no mês passado, após investigações exaustivas, nas quais o chefe da inteligência da Scotland Yard estava envolvido, que Noyes nos contou que, durante os nove meses de aluguel, Selby usou aquela casa como um lugar para o qual convidava pessoas e, se servisse aos propósitos dele, as envenenava com uma engenhosidade inigualável.

Certo dia, Noyes me levou até a casa em segredo, e lá me mostrou como o assassinato havia sido aperfeiçoado até virar uma arte. Ele não apenas me explicou sobre a ponta de aço no corrimão polido, que quase causara a minha morte, como também me mostrou uma ponta oca semelhante escondida de forma astuta na maçaneta da porta da sala de estar, que, ao ser aberta, ejetava o veneno mortal do mesmo modo que a presa de uma serpente. Também havia um guarda-chuva com um dispositivo semelhante escondido no cabo de madeira, além de uma caixa de fósforos prateada que, estando bem gasta, mostrava que havia sido carregada por muito tempo no bolso de um colete e provavelmente usada várias vezes!

A morte de Selby e do velho corcunda italiano passaram a ser um dos muitos mistérios de Londres, principalmente porque os exames médicos não encontraram indícios de homicídio. Nossa teoria, entretanto, coincidia com aquela formulada por Noyes e outros funcionários do Departamento de Investigação Criminal. E a teoria dizia que Anita Bardi, sendo filha de uma das primeiras vítimas daquela dupla covarde, e tendo passado anos trabalhando como criada de Judith e viajando ao lado dela, tivera a oportunidade de observar os movimentos dos envenenadores e também de escutar as suspeitas nutridas pelo conde de Glenelg e a filha dele.

Então, ela decidiu vingar o assassinato cruel de seu pai com as próprias mãos, e por isso viera para Londres. As advertências que ela me fizera a respeito de minha amada foram, como a própria Judith admitiu, proferidas propositalmente para que eu me afastasse daquele caso perigoso. Como ela havia sido cúmplice do roubo da caixa que continha o anel e o frasco dos Bórgias, ela certamente tinha se apossado deles. Então, encontrando os dois homens depois que eles tinham retornado de sua viagem infrutífera para Crowland, os matou empregando os mesmos meios que eles usavam contra outros, e em seguida trancou a porta, fugiu da casa e voltou para a Itália.

Esta teoria acabou se mostrando verdadeira graças a uma carta, sem endereço e enviada de Veneza, que foi destinada a Judith.

Graniani certamente tinha ido embora de Nova Iorque e voltado para a Itália dois anos antes com a motivação de procurar o Arnoldus desaparecido, que, até onde se sabia, fora vendido com outros volumes da biblioteca do Mosteiro de Certosa e passado de mão em mão. O padre Bernardo, que agora é um dos meus melhores amigos, era totalmente inocente na conspiração, e contou-me que ele só tinha tentado reaver o Livro Fechado por causa da alegação feita por Graniani, de que o mal recairia sobre quem o possuísse, e porque o corcunda oferecera pagar um preço muito maior – muito italiano – em nome de um colecionador americano. Graniani claramente tinha me seguido de Livorno a Florença; e, de repente, ao descobrir que o manuscrito era o Arnoldus legítimo, insistiu para que o prior cancelasse a barganha e o vendesse para ele. A visita de Anita Bardi ao padre Bernardo ocorrera sob um falso pretexto, porque ela estava, é claro, ajudando Graniani por sugestão do conde de Glenelg.

O conde de Glenelg, como você bem sabe, voltou à vida pública recentemente. Ademais, as investigações sigilosas instituídas pelo comissário de polícia trouxeram à tona a revelação assombrosa que em oitos dos casos em que houve uma investigação sobre mortes súbitas durante o período em que Selby residiu na Harpur Street, a pessoa que viria a morrer tinha visitado aquela casa misteriosa imediatamente antes de sua morte. E se esses oito casos foram comprovados a contento, quantos outros podem ter havido?

Depois de uma longa busca, a Sra. Pickard, a velha enrugada que Selby havia contratado como governanta, foi encontrada e, de acordo com uma declaração que ela havia feito à polícia, parecia que o envenenador tinha um cúmplice chamado Brewer – evidentemente o homem de barba clara que o ajudara no ataque contra o mordomo Thompson –, mas ele nunca visitara a casa. O seu dever era aguardar do lado de fora até que o sinal do filhote de urso aparecesse na janela, e então seguir as pessoas que haviam sido emboscadas ali até a casa delas, a fim de verificar se a morte realmente recairia sobre elas, para que não corressem o risco de as vítimas sobreviverem para prestar queixas.

O filhote de urso servia para sinalizar que alguma pessoa havia sido envenenada em segredo e que era necessário manter vigilância, um fato surpreendente que agora já é de conhecimento de alguns funcionários da Scotland Yard.

Felizmente para a segurança da sociedade, a fórmula para a fabricação do veneno morreu com aquele que a descobriu, Graniani, e com seu cúmplice. E o fato de a polícia ter encontrado o pequeno frasco de cristal de Lucrécia Bórgia vazio no grande sótão da Harpur Street, junto com o anel envenenador – também exposto no Museu Britânico, a propósito –, é evidência suficiente de que as poucas gotas da substância letal dos Bórgias que havíamos encontrado também estão perdidas para sempre. O fólio ausente, que, no entanto, não contém nada de muito interessante, encontrei posteriormente na Biblioteca da Trinity College, em Dublin.

E quanto a Judith, o meu grande amor, e agora a minha esposa? Ela não é uma mulher de muitas palavras, e prova seu amor por mim por meio de ações. Hoje ela está sentada aqui ao meu lado enquanto, no silêncio de nossa casa de campo, concluo esta estranha crônica. Aqui, enquanto escrevo, o sol brilha sobre o gramado do velho mundo, onde as sebes altas projetam suas longas sombras; a neblina já se dissipou e o dia, como todos os nossos dias, está repleto de felicidade plena e esperança bem-aventurada.